高职体育与健康教程

主　编　唐流泉　邓清波　张　燕

副主编　许永莉　陈　浩　陈忠丽　陈恩格
冯芸艺　宾四维　白荣荣　刘　群

重庆大学出版社

图书在版编目(CIP)数据

高职体育与健康教程/唐流泉,邓清波,张燕主编.--重庆:重庆大学出版社,2022.9(2023.7重印)
ISBN 978-7-5689-3525-8

Ⅰ.①高… Ⅱ.①唐… ②邓… ③张… Ⅲ.①体育—高等职业教育—教材 ②健康教育—高等职业教育—教材 Ⅳ.①G807.4 ②G717.9

中国版本图书馆CIP数据核字(2022)第156733号

高职体育与健康教程

主 编 唐流泉 邓清波 张 燕
策划编辑:唐启秀
责任编辑:李桂英 版式设计:唐启秀
责任校对:邹 忌 责任印制:张 策

*

重庆大学出版社出版发行
出版人:饶帮华
社址:重庆市沙坪坝区大学城西路21号
邮编:401331
电话:(023)88617190 88617185(中小学)
传真:(023)88617186 88617166
网址:http://www.cqup.com.cn
邮箱:fxk@cqup.com.cn(营销中心)
全国新华书店经销
重庆华林天美印务有限公司印刷

*

开本:787mm×1092mm 1/16 印张:16.625 字数:404千
2022年9月第1版 2023年7月第2次印刷
ISBN 978-7-5689-3525-8 定价:49.00元

前　言

为深入贯彻习近平总书记关于体育的重要论述和全国教育大会精神，认真落实中共中央、国务院《关于全面加强和改进新时代学校体育工作的意见》以及《深化新时代教育评价改革总体方案》要求，切实加强和改进学校体育工作，充分体现大学体育教育是高等教育课程体系中重要的组成部分，体育课程教学是学校体育教育的核心内容，旨在帮助学生在体育锻炼中享受乐趣、增强体质、健全人格、锤炼意志而编写本书。

本书以习近平新时代中国特色社会主义思想为指导，围绕“立德树人”为根本任务，突出“生命、卫生、体质、锻炼”的体育教学新理念，遵循体育教学规律，结合职业教育教学特点，促进体育文化发展，弘扬中华体育精神，精选体育运动项目，以提高高职学生的体育核心素养，融入体育课程思政，利用现代教育信息技术，集在线微课、融媒体课件和数字化教学资源于一体的新形态教材，充分考虑到新时代大学生的爱好、兴趣与需求，让学生掌握健康知识、基本运动技能和专项运动技能，养成敬生命、讲卫生、重体质、勤锻炼的良好习惯，促进学生的全面发展。

本书体例科学，脉络清晰，编写符合新时代精神，呈现以下四大特点：

1. 与时俱进。该教材深入贯彻落实党的二十大精神，引导学生树立正确的价值观，体现新时代与高职体育相关的最新文件精神。

2. 立德树人。该教材深入贯彻落实习近平总书记关于全国教育大会、职业教育工作等方面的重要指示精神，优化体育课程思政，体现“四位一体”的新教学理念，统筹建设意识形态属性强的高职公共体育课程教材。

3. 职业特色。该教材国绕职业人才培养目标，加强职业属性，丰富职业体育知识，提升职业体育技能和心理素质，体现鲜明的职业特色。

4. 形态提升。该教材适应“互联网 + 职业教育”发展需求，运用现代信息技术优化教材内容和形式，提升教材数字化形态，推动教材配套数字化资源建设，形成可视、可练、可互动的融媒体新形态教材。

本书由重庆城市职业学院组织编写，参考和借鉴了大量的文献和最新研究成果，在此向各位作者表示由衷的谢意。

尽管我们在主观上做了很大努力，但编写人员水平有限，不妥之处在所难免，敬请大家批评指正。

编者

目 录

模块一　理论篇

第一章　高职体育概述

第一节　高职体育的根本任务

在“五育并举”的“五育”中，体育是一门关键的课程，它是校园文化活动的重要载体、校园活动的重要“推动者”，它更是学校育人体系的重要组成部分。

在2018年的全国教育大会上，习近平总书记指出：“要树立健康第一的教育理念，开齐开足体育课，帮助学生在体育锻炼中享受乐趣、增强体质、健全人格、锤炼意志。”“享受乐趣，增强体质”在于发挥体育对身体生理上的塑造，而“健全人格，锤炼意志”在于发挥体育对精神上的打磨，二者结合，即“健体育魂”。最新修订的《中华人民共和国职业教育法》首次以法律形式确定职业教育是与普通教育具有同等重要地位的教育类型，顺应新时代职业教育发展需求，对于推动职业教育高质量发展，提高职业学校学生的技术技能水平，促进职业学校学生就业创业，建设技能型社会，推进社会主义现代化建设具有重要意义。因此高职体育教学与学生职业特色有机融合，能实现职业学校学生毕业后胜任工作岗位的需求。

一、“健体育魂”之“健体”

（一）享受乐趣，促进学生心理健康

当下，社会节奏日渐加快，新时代学生对获得的新知识的质和量都有了新的要求，同时学生的学习压力陡增。因此，学生群体在校期间寻求适当的方法进行心理调适就显得尤为重要。毛泽东同志在《体育之研究》里指出，“体育之效，至于强筋骨，因而增知识，因而调感情，因而强意志”，并且创造性地提出“体育者，养乎吾生，乐乎吾心也”；“体育能生快乐，能生兴味”。由此可见，体育在学校教育中因开放性的场地、师生的充分互动等特点，相较于其他学科，更能为学生带来轻松愉悦的体验。相关研究表明，体育运动可以促进大脑分泌多巴胺，帮助细胞传送脉冲的化学物质，促进人乐观地看待事物，同时可以调节人的紧张情绪，舒缓身心。此外，学生在参与学校体育活动时还可以促进彼此交流，改善孤独心理，享受交际的乐趣，从而产生良好的团队归属感。

（二）增强体质，塑造学生强健体魄

毛泽东同志在1917年《体育之研究》里谈到，“体者，载知识之车而寓道德之舍也。”针对德智体的关系他更是提出“文明其精神，野蛮其体魄”。健康的体魄是一切工作生活的基础，也是培养德智体美劳全面发展人才的先决条件。“皮之不存，毛将焉附”。当今社会，高

质量发展的核心是人才,综合国力的竞争归根结底是人才的竞争。而健康的体魄是人之立命的根本,是人全面发展的必备条件,也是人民对美好生活需要的根本性保障。青年的体质健康关乎着国家的未来和民族的复兴,而学校体育课程的基础功能就是提高学生的身体素质。系统化的学校体育课程可以培养学生对体育运动的兴趣,帮助学生树立锻炼的意识。

二、“健体育魂”之“育魂”

新时代的中国,铸魂的核心是紧紧围绕马克思主义和习近平新时代中国特色社会主义思想,指引全国人民凝心聚力、共同奋斗。以学校体育为载体“育魂”,着重发挥体育对学生精神的打磨作用,强化对学生意志的锻造,从而为实现中华民族伟大复兴的中国梦提供力量支撑。

(一)健全人格,培育学生的高尚品格

教育的根本问题在于“培养什么人”,国家的建设需要的是“有灵魂”、有健全人格、德智体美劳全面发展的社会主义建设者和接班人,学校体育在健全学生人格的过程中有着不可比拟的作用和优势。著名教育家蔡元培先生提出“完全人格,首在体育”的教育思想,即教育的根本任务在于“立德树人”。其中“完全人格”是指,体育在增强体魄的基础上,从精神层面促进人的个性发展,提升学生的道德品质和适应能力,激发学生的创造力。学校体育通过集体项目,能够培养学生的集体主义精神和互相尊重的意识;通过体育游戏、竞技性项目的开展,可以培养学生的规则意识、竞争意识和公平公正的意识。与此同时,学校体育能培育学生正确的胜负观,使其克服“锦标思想”,通过传递体育的核心价值,培养学生的抗压能力,在体育教育中厚植学生的爱国主义情怀,正如习近平总书记曾引述鲁迅的话,“我每看运动会时,常常这样想:‘优胜者固然可敬,但那虽然落后而仍非跑至终点不止的竞技者,和见了这样竞技者而肃然不笑的看客,乃正是中国将来的脊梁。’”

(二)锤炼意志,锻造学生的坚毅品质

要培养学生有对马克思主义的信仰、有中国梦、有理想信念,就需要锤炼其坚忍不拔的意志。学校体育能够通过对学生身体的锻造,磨砺学生的心智,使学生具备一定的抗压能力,同时挖掘学生的潜力和爆发力。学校体育区别于其他类型课堂教育的关键是其实践性,学生学习体育课程不仅需要教师的理论教学,更重要的是需要自身的反复练习,但是量的积累过程是枯燥的,量变是缓慢的,并且在身体的锻造过程中会出现瓶颈期甚至受伤等情况,体育教师的目标导向和鼓励能有效帮助学生培养坚持不懈的意志品质。学校体育通过让学生不断与身体进行对抗性训练,使学生形成肌肉记忆,进而完成一个项目的教学目标,实现质的飞跃。根据行为主义激励理论,学生在体育锻炼过程中“成功感”的不断强化,不断产生自我满足、积极愉快的情感,能使学生坚持体育锻炼,更能促使学生养成坚持不懈的意志品质。

三、体育与职业融合

高职体育以学生职业岗位能力需求为导向,重点突出职业特色,强调职业实用性,剖析

学生专业特点，打造职业体育教学体系；针对就业岗位能力需求，丰富职业教学内容；以学生就业为导向，创新体育教学模式。其不仅做到因材施教和引导学生扎实地掌握体育知识，还能提升学生对社会岗位的适应能力、职业体育能力，培养其良好的职业体育素养，同时帮助学生养成职业意识，促进其优质就业。

在马克思主义理论的指导下，习近平总书记为新时代学校体育培养什么样的人、如何培养人指明了方向，那就是以“享受乐趣、增强体质”为核心的“健体”，谓之“健康体魄”，以及以“健全人格、锤炼意志”为核心的“育魂”，谓之“培养理想信念之魂”。根据习近平总书记提出的育人方向，“健体育魂”“体职融合”可谓学校体育的根本任务。

第二节　体育与生命教育

正当大家喜气洋洋迎接2020年春节的时候，新冠疫情的暴发把大家的生活完全打乱。疫情期间，很多专家的讲解，让大家学到了很多医学方面的知识。例如，有专家说过，在感染病毒初期，并没有特效药物可以对人体进行针对性治疗，关键还是看每位患者的体质，每个人的免疫能力；相关专家还提出，系统体育锻炼可以增强体质，提高人体抵御病毒的能力。这都让我们深深感觉到体育锻炼的重要性，深刻领悟到体育就是一种生命的教育。

一、体育使人的生命更有意义

著名体育教育家清华大学马约翰教授曾讲过一句话，“每天锻炼一小时，健康工作50年，幸福生活一辈子”，这句话至今让我们记忆犹新。同时，体育锻炼可以磨炼一个民族的意志，改变一个民族的基因，是最好的教育之一。它能成就青年的使命担当，助力青年实现梦想，使人生更有意义。

二、体育使人的生命更有保障

体育课程体系包含安全教育，安全教育属于生命的保障性教育，体育课中的课堂常规、着装要求、热身运动、放松练习、运动损伤与急救等都包含了安全教育，可以说，安全教育贯穿于体育教育的全过程，因此，强化体育中的安全教育，就是保障生命安全。

三、体育使人的生命更有质量

体育课程体系包含健康教育，健康教育属于生命的质量性教育，健康包括身体健康、心理健康、道德健康、社会适应力良好四个方面。体育教育可以提升学生的身体素质和心理健康水平，增强学生的社会适应能力，帮助其树立正确的价值观。

（一）体育锻炼可提高人体免疫能力

长期有规律的体育运动，可以改善免疫细胞的再循环功能，特别是非特异性免疫系统的细胞再循环功能，从而提高人体的免疫能力；运动会使人体内免疫细胞的数量与功能提升，促使细胞因子的合成和分泌，从而使人体感染性疾病概率降低。这就需要人长时间坚持系统锻炼，养成科学运动的习惯，这也是新冠疫情给我们每个人敲响的警钟。

（二）体育锻炼能全面提升体质健康水平

体质就是指人体的质量。经常进行体育锻炼，能从三个维度全面提升体质健康水平。第一个维度是改善人的身体形态，包括人的身高、体重等方面；第二个维度是调节人的生理功能，包括运动系统、循环系统、呼吸系统、消化系统、神经系统等的功能；第三个维度是能提高人的身体素质和基本活动能力，包括速度、力量、耐力、灵敏、柔韧素质，以及人的走、跑、跳跃、投掷、攀登、爬越、游泳等运动能力。人通过系统的体育锻炼，可以全面提升体质健康水平，提高人体对自然的适应能力。

（三）体育锻炼能对抗病毒的侵蚀

居家隔离期间，人们慢慢从新冠疫情的恐慌中平静下来，但新冠疫情仍旧肆虐，我们需要树立信心并战胜它。重庆城市职业学院体育教研室根据体育锻炼的一些基本原则，制作了一系列适合室内体育运动的视频，然后借助一些新媒体，让居家隔离的人可以参照视频进行身体锻炼。对于健康人群，中等强度的有氧运动对提高人的免疫功能作用巨大，间歇训练法对心肺循环系统有充分的刺激作用，训练时间要持续 20 分钟以上。一些年龄比较大、身体比较弱的人群，可以进行太极拳、八段锦、易筋经、瑜伽等运动负荷相对柔和的运动项目，从而提升自己的体质健康水平。我们要和时间赛跑，积极行动起来，对抗病毒。

第三节　体育与生存教育

一、生存教育的内涵

生存教育是指对受教育者的生存意识、生存知识、生存能力、生存价值等方面进行的有关教育活动和社会实践活动，从而促进个体自由、全面、健康发展。通过教育，个体可以实现由“自然人”向“社会人”的转变，获得自我意识，得到自由而全面的发展，并实现个体为社会服务的目的。而个体的发展需要建立在人类生存的基础上。生存教育是为获得谋生手段以延续生命所进行的教育，是教育的基本职能。人类的生存需要，是体育运动产生的源头，反过来体育运动又能提升人的生存能力。

二、体育与人类生存的关系

（一）体育源于人类生存发展的需要

体育起源于原始社会中生产力发展和教育的需要，并随着人类社会的发展而发展。人类的祖先在生存斗争中，为了获得生存条件，学会了跑、跳、追逐、角力、投掷，或模仿鸟飞、兽走、鱼游等生物的行为,成人常把自己的生活与劳动经验通过游戏的方式传授给下一代,同时孩子们自发地对周围环境和成人的行为进行观察和模仿。人们利用游戏对自己的后代进行生活、劳动等方面的生存技能教育,并逐渐把游戏发展成为具有一定规则的体育运动。

(二)体育是提高人类生存质量的必要条件

随着科技的发展和社会的进步,人们日常生活、工作中的现代化水平越来越高,人们的体力活动越来越少,运动不足和不健康的生活方式导致肥胖、高血压等现代社会“文明病”不断增加。世界卫生组织认为,人类健康的四大基石是合理膳食、适量运动、戒烟限酒、心理平衡。体育运动是提高人类生存质量的必要条件。适量运动能够使人得到必要的身体锻炼,保持体质健康;运动还具有调整心态、陶冶情操等心理和精神层面的作用。学校体育就是要让学生掌握科学锻炼身体的方法,培养学生对体育运动的兴趣,使其养成体育锻炼的习惯,让学生从体育课程中学到一些必要的生存知识和技能,有利于他们的成长和以后的社会生活,提高其生存质量。

(三)体育有助于提高学生在社会竞争中的生存能力

人的智力因素在人的发展中占有重要地位,但非智力因素也是不可忽略的,非智力因素对智力因素作用的发挥具有很大的限制作用。现代社会的自杀现象、白领阶层的过劳死以及频发的心理疾病等严重威胁人类的生存,这些都是非智力因素对智力因素发展的限制。而学校体育在提高学生非智力因素水平方面有着其他学科无法比拟的优势。在朝气蓬勃的运动场上,良好的群体氛围能使学生热爱生活,让他们保持乐观向上的精神状态。体育运动所表现的顽强拼搏精神能让青少年学生不怕困难、勇于拼搏,面对激烈运动中的对抗和竞争,他们能体验到奋斗的艰辛、胜利的喜悦、失败的痛苦,而这些心理上的体验有助于他们在工作中面对各种挫折和困难。学生时代艰苦训练的体验能够移情到他们未来的工作和生活中,使他们以坚韧不拔的毅力面对工作和生活压力,从失败中总结经验教训,提高他们的社会竞争力,增强他们的社会生存能力。

第四节　高职体育与思政教育

深化体育课程思政改革,是落实“立德树人”根本任务的创新实践,是贯彻党的十九大精神、全国教育大会和高校思政会议精神的重要创举,是将体育本有价值和社会主义核心价值观浸入学生心灵的法宝,是体育课程与思想政治理论课程同向同行、形成协同效应的重要举措。抓住“寓德于体、融道于心”的特点,弄明白为什么教、教什么、怎么教是实施体育课程思政的关键。学校教育要遵循大学生成长规律,结合高职学生职业岗位素质需要,深入融入、挖掘体育课程中的思政元素,在全力推进体育课程思政改革中,实现体育课程的健康体魄与健全人格目标,帮助学生在磨炼筋骨、挥洒汗水过程中形成正确的世界观、人生观和价值观。

一、高职院校为什么要开展体育课程思政教育

(一)它是中国共产党以人民为中心的教育改革需要

从近年来我国印发的一系列教育、体育方面的重要文件和教育改革措施中,我们可以领悟到习近平总书记对体育课程思政教学提出的要求;从“体育救国”到“体育强国”的历史进程中,我们可以感悟到体育课程思政教育的时代性和必然性。

(二)它是弘扬中华传统文化,挖掘体育课程内在价值的需要

体育课程是思政教育的重要载体,思政教育是体育课程的灵魂。体育课程是弘扬中华体育精神的主要渠道,特别是我们可以通过体育课程较强的实践性,将中华优秀传统文化、中国制造、中国革命、中国历史、中华体育等精神润物细无声地浸润于学生心灵。我国著名教育家蔡元培先生讲“完全人格,首在体育”,体育是强健筋皮骨、提振精气神的重要手段。因此,体育中的人文精神需要体育课程作为重要载体加以传输,有了体育课程思政的推进,民族传统体育文化才能发扬光大。

(三)它是解决体育课程突出问题,提高教育教学质量的需要

目前高职院校体育课程问题突出。一是在教学理念方面过度要求技术技能、成绩达标,把体育课程误视为枯燥无味的体能训练,忽视了体育课程的初心和使命;二是在教师综合素养方面大部分高职院校没有将体育课程与专业学科同等对待,教师缺少综合素养提升的机会,这导致教师观念落后、因势利导的能力欠缺,除了运动训练知识外其他方面知识缺乏;三是在教学内容方面重实践、轻理论;重运动、轻生活;重技术、轻观念;重结果、轻习惯。而体育教学内容的偏颇与失衡,不利于体育课程目标的最终实现。

二、高职院校体育课程思政教育,要弄明白教什么

为更好地开展体育课程思政教学,学校首先要深入挖掘体育课程中蕴含的思政元素(见表1.1、表1.2)。

表1.1　体育课程中蕴含的思政元素

序号	体育课程中蕴含的思政元素
1	爱国主义精神、家国情怀、自强不息
2	社会主义核心价值观
3	为国争光、无私奉献、科学求实、遵纪守法、团结协作、顽强拼搏
4	规则意识、服从意识、集体主义、责任意识、公平公正、职业道德
5	分工协作、团结配合、大局意识
6	只争朝夕、奋斗有我、追求卓越、勇攀高峰、“更快、更高、更强、更团结”
7	吃苦耐劳、坚韧不拔、顽强拼搏、勇于竞争

续表

序号	体育课程中蕴含的思政元素
8	克己忍让、脚踏实地、无私奉献、成就他人、注重细节
9	健康第一、健康文明生活、健康工作50年
10	健美形象、审美教育、自信阳光、行为自律
11	文化自信、文化传承、文化自觉、民族自豪感
12	敬畏生命、卫生行为

表1.2　要深入挖掘的体育项目中蕴含的思政映射与融入点

项目	体育项目中蕴含的思政教育点
体育理论	科学讲解疫情防控措施;敬畏生命、讲究卫生、增强体质、终身锻炼; 安全防范、健康第一、文明生活、健康工作50年
足球、篮球	团队配合、分工协作、遵守规则、顽强拼搏
排球	祖国至上、团队协作、顽强拼搏、永不言败(“女排精神”)
乒乓球	胸怀祖国、放眼世界、勤学苦练、不断钻研、不断创新
羽毛球	勇于挑战、勤奋刻苦、坚韧不拔、尊重对手
武术	家国情怀、强国强种、以和为贵、文化自觉(中华武德)
健美操	健美形象、审美教育、自信阳光、乐于奉献、行为自律
体育游戏	吃苦耐劳、坚韧不拔、顽强拼搏、勇于竞争;胜不骄,败不馁
……	……

(一)围绕体育强国梦教信念

只有中国共产党的领导,中国体育才能有今天的发展,实现精神文明和体育成绩的双丰收。我们党始终把满足人民美好生活的向往作为奋斗目标,而美好生活的重要标志就是全民健康,体育作为促进全民健康的重要途径,承载着国家富强、民族复兴的梦想,关乎着人民幸福,民族的未来。体育教育向学生传授着个人梦、体育梦都与中国梦交织在一起,中国梦就是人民的梦。“人生能有几回搏,此时不搏何时搏”。只要我们携手努力,体育强国梦就一定能实现,中国的体育事业就能向着更高的目标奋进。

(二)围绕体育历史教文化

体育和人类都有着悠久的历史,古人的“六艺”教育中,包含的体育内容就有“射、御、舞”,这体现了体育、美育、德育的完美结合。“射”蕴含着礼仪文化,正如子曰:“君子无所争,必也射乎!揖让而升,下而饮,其争也君子”,讲君子的相处之道,对待输赢的态度;“御”蕴含着管理智慧,执辔如组,打造高效能团队。还有中华武德展示的仁、义、礼、智、信、勤、勇、忠的内涵,更有纵观体育救国到体育强国的历史等。

现代奥林匹克运动之父皮埃尔·德·顾拜旦的名作《体育颂》,第一段"啊,体育,天神的欢愉,生命的动力!……"体现的是友善;第二段"啊,体育,你就是美丽!……"体现的是和谐;第三段"啊,体育,你就是正义!……"体现是公平;第四段"啊,体育,你就是勇气!……"体现是敬业;第五段"啊,体育,你就是荣誉!……"体现是诚信;第六段"啊,体育,你就是乐趣!……"体现的是文明;第七段"啊,体育,你就是培育人类的沃地!……"体现的是富强;第八段"啊,体育,你就是进步!……"体现的是法治;第九段"啊,体育,你就是和平!……"体现的是平等。这正与我国的社会主义核心价值观相契合。

(三)围绕体育与健康理论教知识

思想是行动的武器,理论是实践的基础。体育教育要因势利导,充分融入和挖掘体育与健康理论内容中的思政教育元素(见表1.3),通过讲授、示范、举例、讨论、总结等形式,实现理论知识掌握和价值引领双丰收。

表1.3 理论知识中蕴含的思政元素

教学内容	思政融入点	思政展现形式	体现的思政内容
生命教育	以新冠疫情防控工作为切入点,举例全国各地奔赴抗疫一线的医护工作者、人民警察,以及钟南山、李兰娟等专家学者。	课堂讲授、观看案例、小组讨论等。	敬畏自然、热爱生命、尊重生命、感悟体育。从疫情防控工作者身上感受无私奉献的精神,以钟南山等为榜样,厚植爱国主义情怀,培养无私奉献、团结协作的精神。
卫生教育	疫情下,14亿中国人自行待在家中隔离、配合志愿者测体温、出门戴口罩、尽量不聚会等,听从指挥、服从安排就是对国家的贡献。	教师示范戴口罩、洗手、测体温、消毒等动作。	了解卫生常识,掌握疾病预防知识,养成干净卫生的习惯,形成健康的生活方式。
运动与健康	课堂常规;各项比赛规则、著名教练员、运动员的训练和比赛史;锻炼和健康的关系;体育保健、科学锻炼方法;各项运动技战术理论;等等。	课堂讲授、观看案例、小组讨论等。	提高安全意识,让学生深刻认识到强健体魄的重要性,明确积极参加体育锻炼能提升健康体魄,形成终身体育的意识
抱拳礼	中华武德,"未曾习武先习德"的价值观	向学生展示行抱拳礼的正确手势	感受传统文化的内涵;中华武德教育:尊师重道,自律克己。
……	……	……	……

(四)以学生职业素质培养为导向教精神

学校根据国家专业目录,结合“双高”建设专业群,以学生职业素质培养为导向,通过冶炼加工,把课程思政理念全方位融入职业体育教学(见表1.4)。

表1.4 “双高”建设专业群下的“职业体育”教学

专业群名称	教学内容(职业体育)	体现的思政内容(职业精神)
智能制造	乒乓球、跳绳、篮球、排球、足球、短跑、体育游戏、竞赛等。	精益求精、团队合作、自主学习、奋斗有我、追求卓越、勇攀高峰等。
智慧新零售	体育游戏、前后压腿、提腿、转胯、羽毛球、跳绳、健美操、篮球、乒乓球、太极拳、五禽戏、体育竞赛等。	语言表达、人际交往、社会适应、以和为贵、团队合作、勇于探索等。
智慧建造	体能训练、交换跳跃、篮球、足球、跳绳、攀爬练习、单双杠、体育竞赛等。	良好的身体素质,吃苦耐劳、坚韧不拔、安全意识、生命意识、低碳绿色节约意识等。
大数据技术	体育游戏、篮球、足球、乒乓球、拓展训练、竞赛等。	保密意识、规则意识、服从意识、责任意识、公平公正、职业道德。
人文旅游与康养管理	健美操、体育游戏、跳绳、毽球、腿部肌肉拉伸、太极拳、八段锦、啦啦操、瑜伽、形体、竞赛等。	健美形象、审美教育、自信阳光、行为自律、尊师重道、遵纪守规、谦和礼让、以礼相待、有礼有节、卫生意识等。
航空技术	简化体操类成套动作展演、排球、篮球、足球、拓展训练、定向越野、拔河等体育游戏。	责任意识、次序意识、忧患意识、工匠精神、团队精神等。
数字文化创意	腰椎和颈椎训练、羽毛球、乒乓球、竞赛等。	敢于担当、思维敏捷、敢于创新、竞争意识等。

三、高职院校体育课程思政的实施

(一)立足学生做到全面融入

将“课程思政”融入人才培养方案,价值引领融入课程标准、教学计划、教学设计、教学评价等教育全过程。按国家要求设置体育理论课比例,在日常教学中因势利导,找准思政教育结合点,精巧融入体育精神与文化,根据学生身心特点,增加一些学生感兴趣的理论知识点,潜移默化地将其植入学生心灵;体育教师在课前备好课、精心设计每节课,课中教授每项技术或开展体育游戏,融入思政教育,课后通过布置集体努力才能完成的作业等,顺理成章实现思政教育的目的。教师通过学生对体育教学的反馈,调整教学内容和教学设计等,提升课程魅力。

(二)立足教师提升育德能力

教师是帮助学生树立正确价值观的关键。高职院校体育课程思政教育有利于提升教师深入挖掘课程中的思政元素、实践课程思政教学的能力和意识;提升其把握思政教育规律能力,紧跟新时代步伐,坚持理论与实践相结合;提升教师的积极性、主动性、创造性。搞好体育课程思政建设,教师必须牢记教书育人的初心,增强思想育人的自觉性。最终,学校通过体育教学信息反馈(图1.1),可以了解教师的思政教学水平,针对性地开展体育教学,鼓励学生争做拥有"四有好老师"标准的高素质体育专业人才。

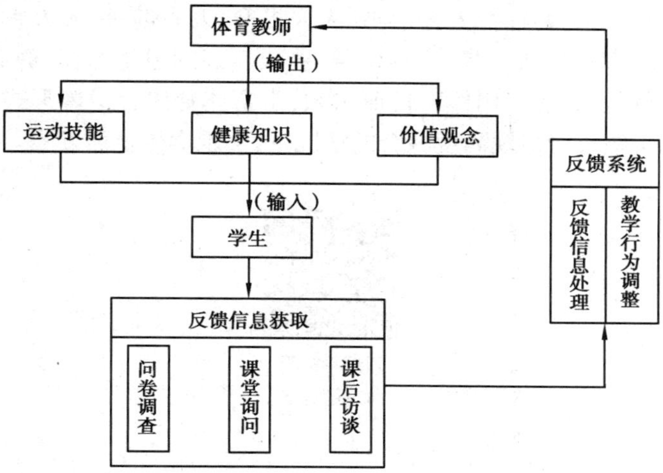

图1.1　体育教学信息反馈流程

(三)立足课堂增值教育效能

课堂是教学的主阵地,"教会、勤练、常赛""多元协同育人"是教育部对学校体育提出的新要求。这表明体育教学的重要性,体育教学内容既要符合课标又要满足当代大学生的求知需求,遵循学生成长规律;学校要加强"术道结合",潜心拓展体育教学内容。课堂设计要丰富教学形式,在体育教学中引入素质拓展、人人参与联赛、"互联网+""智慧+"等新式教学方法,提升课堂学习氛围和知识传播的有效性,适时利用体育课程思政评价体系验证课堂效果(见图1.2),提升课堂育人合力。

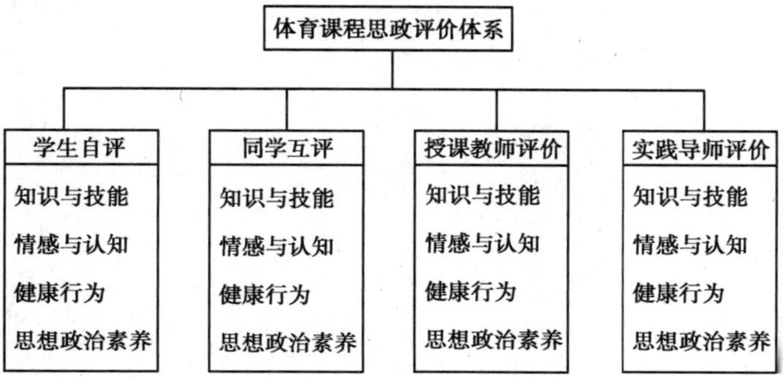

图1.2　体育课程思政评价体系

（四）立足课外丰富德育形式

教会、勤练、常赛是做好学校体育教学的重要保证。广义上讲，课外体育比赛也是体育课程的重要组成部分，发挥业余时间还能广泛参与、积极参与、乐于参与的课程优势，提升德育的覆盖面。利用学生体育社团、体育代表队、体育俱乐部、团队拓展、“物联网+锻炼软件”等载体，传导体育文化知识和亲身感受体育的力量，形成终身体育的意识。学校可以通过班级、年级、院系、校级、省（市）级、国家级体育联赛，让学生拥有健康体魄、健全人格。

体育课程思政的有效实施，既要让学生掌握健康知识和运动技能，还要让学生强健身体、美化心灵、健全品格，更要践行人人参与、人人提升、人人健康、人人幸福的理念，响应国家“健康工作五十年，幸福生活一辈子”的口号，养成良好的卫生习惯、健康的生活方式。深化体育课程思政改革，要灵活运用体育价值引领，丰富体育课程锻炼形式，在全力推动体育价值取向与社会主义核心价值观高度融合的情况下，实现学生全面发展。

习近平关于
体育的论述

第二章　体育与健康

第一节　现代健康观

一、健康的概念

传统的健康观认为，躯体无病即健康。世界卫生组织（WHO）提出，健康不仅仅是没有疾病和衰弱，更是要保持躯体方面、精神方面和社会适应方面的完美状态 。1989 年，世界卫生组织又对这一说法作了补充，即除了躯体健康、心理健康和社会适应良好外，还要保持道德健康，认为只有这四个方面都健康才算是完全的健康。

（一）身体健康

身体健康是指人在生物学方面的健康，即人体的结构完整和生理功能正常。身体的健康是人整体健康的基础。

（二）心理健康

心理健康是指人的内心世界丰富充实，处世态度和谐安宁，与周围环境保持协调。

（三）道德健康

道德健康是指既为自己的健康也为他人的健康负责，把个人行为置于社会规范之下。

（四）社会适应良好

社会适应良好是指人的行为能适应复杂的社会环境，能为他人所理解，为社会所接受，行为符合社会身份，能与他人保持正常的人际关系。同时，不管是对人的角色的适应，还是对人的行为的适应，都应既注意到适度的问题，又考虑到正确选择适应方式和积极的适应态度的问题。

二、健康的价值

习近平总书记讲过："没有全民健康，就没有全面小康。"健康无论是对个人还是对社会，都有着十分重要的作用。有人说，健康是金；也有人说，健康是福；还有人把健康比作阿拉伯数字"1"，把金钱、权力、地位等比作"1"后的阿拉伯数字"0"，如果"1"不存在，其他皆不复存在,以此来阐述健康的价值。

①健康既是学校教育的前提,又是学校教育的首要目标;

②健康是人们奉献社会和享有生活的基础和前提条件;

③健康是社会发展的基本标志和潜在动力;

④健康是社会发展的基本目标。

三、健康的标准

健康向来与疾病相对,因此,人们往往是从生理上把健康理解为体质强壮,身体无病。随着社会的发展和医学模式的改变,健康概念也逐渐更新,社会形成了新的健康观。健康不再仅仅指四肢健全,无病或不虚弱,除身体健康外,还需要精神上的良好状态。人的精神、心理状态和行为对自己和他人甚至对社会都有影响,更深层次的健康观还应包括人的心理、行为的正常和社会道德规范、环境完美。

(一)世界卫生组织提出的健康的十条标准

①有充沛的精力,能从容不迫地负担日常生活和繁重的工作,而且不感到过分紧张和疲劳;

②处世乐观,态度积极,乐于承担责任,事无大小,不挑剔;

③善于休息,睡眠好;

④应变能力强,能适应外界环境的各种变化;

⑤能抵抗一般性感冒和传染病;

⑥体重适当,身体匀称。站立时,头、肩、臂位置协调;

⑦眼睛明亮,反应敏捷,眼睑不易发炎;

⑧牙齿清洁,无龋齿,不疼痛牙龈颜色正常;

⑨头发有光泽,无头屑;

⑩肌肉丰满,皮肤有光泽。

这十条标准具体阐述了健康的定义,体现了健康所包含的体格方面、心理方面和社会方面的内容。

(二)"五快""三良好"

世界卫生组织提出了人类新的健康标准,这一标准包括肌体和精神健康两部分,具体可用"五快"(肌体健康)和"三良好"(精神健康)来衡量。

1."五快"

①快食。快食并非狼吞虎咽,不辨滋味,而是指吃饭不挑食、不偏食,主餐吃时感觉津津有味。如果出现持续性无食欲状态,则意味着胃肠或肝脏出了毛病。

②快眠。上床后能较快睡着,睡眠舒畅;醒来后头脑清醒,精神饱满。睡的时间过多,且睡后感觉乏力不爽,是心理及生理的病态表现。神经系统兴奋,抑制功能协调,内脏无病理干扰,是快眠的重要保证。

③快便。能畅快地进行大小便，且感觉轻松自如，在精神上有一种良好的感觉，便后没有疲劳感。这说明胃肠功能好。

④快语。说话流利，头脑清楚，思维敏捷，没有词不达意现象，且中气充足，心肺功能正常。

⑤快行。行动自如、协调，迈步轻松、有力，转身敏捷，反应快速，动作流畅，证明躯体和四肢状况良好，精力充沛。诸多疾病导致的身体衰弱，均先从下肢开始，如人患有内脏疾病时，下肢常有沉重感；心情焦虑，精神抑郁，人往往感觉四肢乏力，步履沉重。

2.“三良好”

①良好的个性人格。情绪稳定，性格温和；意志坚强，感情丰富；胸怀坦荡，豁达乐观。

②良好的处世能力。观察问题客观、现实，具有较好的自控能力，能适应复杂的社会环境。

③良好的人际关系。助人为乐，与人为善，对维护人际关系充满热情。

四、亚健康

（一）什么是亚健康

世界卫生组织提出，健康是一种身体、精神和交往上的完美状态，而不只是身体无病。根据这一定义，经统计学统计，人群中真正健康者（第一状态）和患病者（第二状态）不足2/3，有1/3以上的人群处在健康和患病之间的过渡状态，世界卫生组织称其为“第三状态”，国内常常称为“亚健康”状态。“第三状态”处理得当，则身体状态可向健康状态转化；反之，则会患病。

亚健康状态是指人的机体虽然无明显疾病，但呈现疲劳、乏力、反应能力差、适应能差、创造能力较弱、自我有种种不适应的症状的一种生理状态，也称为“第三种状态”“灰色状态”。亚健康介于健康与疾病之间，是一种生理功能低下的状态。又因为其主诉症状多样而且不固定，如无力、易疲劳、情绪不稳定、失眠等，被称为“不定陈述综合征”。亚健康这一提法在我国是1996年5月被提出的。

（二）亚健康的特征

①它是一种短暂的临床状态，可反复出现；

②它以主观感觉或体验为依据，不能发现客观的病理学证据；

③它主要表现在个人本能行为障碍或自主神经功能紊乱，如睡眠障碍、食欲不振、兴趣缺乏等；

④亚健康状态多与个人存在的危险因素相关，评价或消除健康危险因素是处理亚健康状态的关键。

（三）亚健康的表现

①失眠或嗜睡；

②食欲不振；
③性欲低下；
④失控或易怒；
⑤抑郁或低沉；
⑥焦虑；
⑦疲乏无力；
⑧胸闷心悸气短；
⑨大小便问题和肢体不适；
⑩免疫功能低下。

(四)亚健康状态相关的危险因素

①理化因素:环境污染、高温、冷辐射、噪声、接触有毒化学物质等；
②营养因素:饥饿、营养不良、微量元素缺乏、脱水等；
③生物学因素:细菌、病毒、寄生虫、昆虫或有毒动物咬伤等；
④内分泌因素:处于内分泌功能波动时期,如青春期、妊娠期、更年期；
⑤躯体因素:肥胖、消瘦、缺乏锻炼、职业习惯等；
⑥行为因素:酗酒、吸烟、被动吸烟、吸毒、药物依赖、不良习惯等；
⑦精神因素:遭遇生活事件、人际关系紧张、经济压力大、人格障碍等；
⑧社会因素:宗教信仰、文化传统、社会风俗、社会动荡、经济危机等。

第二节　体育促健康

人体由神经系统、呼吸系统、消化系统、生殖系统、循环系统、运动系统、排泄系统、内分泌系统和感觉器官组成。体育锻炼对人体各生理系统及其功能具有重要的影响和作用。

一、体育锻炼对神经系统的影响

神经系统是人体内起主导作用的系统,是人体发育最早、最快的系统,由神经细胞(神经元)和神经胶质组成,可分为中枢神经系统和周围神经系统。人的任何活动,都是在神经系统支配下进行的,人体的每个动作、生理活动都以刺激的形式作用于神经系统。

体育锻炼时,人体肌肉活动及内脏器官的活动要比其安静时复杂得多,负责指挥协调各器官的神经系统的活动自然也比其安静时繁忙得多,这对神经系统是很好的锻炼。人在运动时,通过神经系统的调节,人体的其他相关系统和器官发挥各自的功能与作用而完成相应的动作。身体的各种活动反过来又会使神经系统得到锻炼。经常进行体育锻炼的人,其神经系统的功能会得到很大的提升,其兴奋性和灵活性会得到较大的改善,对外界刺激的反应会变得更加准确迅速,体内各器官的活动也更为协调。

体育锻炼还有助于增强人思维的敏锐性,增强人的记忆力,提高大脑的运转效率。适当的运动可以使人体的循环血流量增多,从而增加脑细胞的血液供应和氧气供应。这有利于人脑思考能力的提高。此外，在进行长时间学习思考时，那些“专管”学习思考的神经细胞会产生一定疲劳感，由活跃转为抑制。此时进行一定的体育活动，可以使指挥运动肌肉的神经细胞群兴奋，而使原本“专管”学习思考的神经细胞获得充分的休息，从而有助于头脑清醒，思维活跃，提高工作效率。

长期坚持体育锻炼的人，除神经系统反应迅速、灵活性高以外，对疾病的抵抗力和对外界环境变化的适应能力也会明显提高。比如，在炎热的环境下，这些人的身体能够迅速进行散热，而在寒冷的环境中他们却能够及时收缩表皮层的血管，从而维持体内的新陈代谢水平；当遭受病菌的侵袭时，他们能很快调动体内各个防御系统和器官来抵御疾病。另外，对于某些神经系统的疾病，我们可以采用体育锻炼的方法来治疗。

二、体育锻炼对心血管及呼吸系统的影响

体育锻炼不但可以使骨骼肌肉明显增大，也可以使心肌增大增粗。经常参加体育锻炼的人，心肌细胞能获得更充足的氧气及营养，产生营养性肥大，使心脏重量增加，容积增大。一般人心脏重量约 300 g，心容积约 750 mL，而运动员心脏可增重至 400 ~ 500 g，心容积可达 1 000 mL。此外，心肌增粗会使心肌收缩力增强，每搏输出量多，因而运动员安静时心跳次数比一般人慢。一般人每分钟心跳 75 次左右，而经常运动的人可减少至每分钟 60 次，高水平耐力运动员更少，这被称为运动性心动徐缓。由于心跳的减慢，心脏获得了更多的休息时间，这对心脏的保护及心泵功能的储备是极为有利的。生理学者曾对 40 ~ 80 岁坚持长跑锻炼的部分人群做心脏检查，发现这些人的心脏无论大小和功能均类似于不进行锻炼的 20 岁左右的年轻人的心脏，这进一步证实了体育锻炼对心脏的良好影响。由此一些专家认为，坚持运动起码可使心脏延缓衰老 10 年。而事实上，经常参加体育锻炼的人在完成定量负荷的工作时，其心率、血压等身体各项生理指标比一般人恢复得都要快，从而有较多的休息时间来修复疲劳，承担更多的劳动任务。

体育锻炼还对预防心血管系统疾病有良好的作用。运动加快了体内物质代谢的过程，减少了脂质在血管壁的沉积，保持与增进血管壁的良好弹性；运动同时促进了体内脂肪的消耗，并能使具备保护性的高密度脂蛋白增加，这些都能对心血管疾病起到积极的预防作用。难怪当今世界各国都把跑步与步行锻炼称为“心脏健康之路”。

体育锻炼还能大大地增强呼吸系统的功能，增强呼吸肌（如膈肌、肋间肌、腹壁肌）的力量，增大肺活量，加深呼吸深度，增加气体的交换量，从而促进机体新陈代谢，保证运动时的能量供应。经常进行体育锻炼，会使人的呼吸肌发达，使人变得强壮有力，肺活量明显增大，经常锻炼的人的肺活量男性可达 5 000 mL，女性可达 4 000 mL，当其需要大量氧气供应时，可以充分吸入氧气。

三、体育锻炼对运动系统的影响

体育锻炼有助于人的形体健美和机体柔韧性的提高，对运动系统的肌肉、骨骼等组成部分具有积极影响和作用。

第一,体育锻炼有助于人的形体健美。形体健美是指具有强壮的体格、健美的体形、良好的姿态及高雅的气质和风度的一种综合的身体美。在人类文明发展史上,形体的健美历来为人们所重视。古人所崇拜和赞美的,往往是那些肌肉发达、体格健壮的勇士或竞技运动中的胜利者。现代社会也不例外:①强壮的体格是形体健美的基础;②匀称的体形是形体健美的基本特征;③良好的姿态为形体健美添色彩;④高雅的气质是形体健美的灵魂。我国体育美学研究人员结合古今中外美学专家对人体健美的理解,根据我国民族体质和体形现状,提出了人体健美的十条基本标准:①骨骼发育正常,关节不粗大突出;②肌肉发达匀称,皮下有适当的脂肪;③头顶隆起,五官端正,与头部比例配合协调;④双肩平正对称,男宽女圆;⑤脊柱正视垂直,侧视曲度正常;⑥胸廓隆起,正背面均略呈倒三角形,女子乳部丰满而不下垂,侧看有明显曲线;⑦女子腰略细而结实,微呈圆柱形,腹部扁平;男子有腹肌垒块隐现;⑧臀部圆满适度;⑨腿长,大腿线条柔和,小腿腓肠肌稍突出;⑩足弓较高。

第二,体育锻炼可提高人体的柔韧性,发挥关节周围组织的功能,产生适合于柔韧性功能改善的体温。柔韧性主要是通过骨关节来展现的,骨关节周围组织功能的改善是增强关节柔韧性的重要途径。发展具体某一个关节的柔韧性时,主要是发展控制关节屈、伸肌肉的伸展能力和协调能力,牵拉限制关节活动幅度的对抗肌,逐渐增加它们的伸展度。肌肉温度升高时,机体的新陈代谢会加快,供血量会增多,肌肉的黏滞性降低,从而可以提高肌肉的弹性和伸展性,使其柔韧性得到提高。各种不同的体育锻炼活动可以从不同的方面对机体关节柔韧性的发展和提高发挥作用。比如压肩、吊肩、转肩等运动可以发展肩关节的柔韧性;弓箭步压腿、后拉腿、正压腿和侧压腿等活动可以发展下肢柔韧性;跪压踝关节、提踝等活动可以发展踝关节的柔韧性;转体、体前屈、体侧屈等可以发展腰腹部的柔韧性;等等。

第三,体育锻炼可以使肌肉体积增大,增加肌肉的力量和弹性。体育锻炼不但能使肌纤维逐渐增粗,而且能使其存储氧的能力相应提高,同时增加了肌糖原的储备和毛细血管的数量,使肌纤维和肌腱与骨骼的联系更为紧密和牢固,使肌肉能够承受更大的牵拉力。当人体进行各种运动时,肌肉的收缩成分(肌纤维)主动缩短,弹性成分(肌腱和肌肉中的结缔组织)被拉长,将收缩成分释放的部分能量吸收、储存起来,然后以弹性反作用力的形式发挥出来,促使肌肉产生更大的力量和更快的运动速度。进行体育锻炼或活动时,肌肉中的毛细血管会大量扩张,肌肉会获得更多的血液供应,从而得到更多的氧气和养料,大大加强肌肉内的新陈代谢,从而使肌纤维内的蛋白质增多,肌纤维粗壮起来,肌肉内供能物质的含量也随之增加,肌肉结缔组织的弹性得到改善,肌腱弹性和柔韧性得到加强。这不仅使人的体格健壮,还大大益于人体健康。

第四,体育锻炼对骨骼的生长发育也具有很重要的影响。骨骼作为人体运动器官的主要组成部分,有丰富的血管、淋巴管和神经,它在人体中起着支架作用,在运动中起着杠杆作用。体育锻炼可以促进骨骼的发育和生长,使骨密质增厚,骨直径增粗,改善骨的血液循环,加强骨组织的新陈代谢,使骨质的排列规则整齐,随着骨形态结构的良好变化,骨的抗折、抗弯、抗压缩等方面的能力会得到较大提升。体育锻炼对支撑骨有很好的重力刺激,可以减少或防止钙质从骨中外溢,有助于增强人体对钙的吸收,延缓骨骼的老化。体育锻炼会使肌肉力量加强,对骨关节有保护作用,可分散外力对骨骼的直接撞击,具有减震缓冲作用,可降低骨折的发生概率。有研究数据显示,通过对比练习太极拳的老年人和一般老年人发现,经常练拳组的老人的骨质疏松发生概率为36.6%,而一般老年组的老人的骨质疏松发生概率为63.8%,相差近一倍。

第三节 营养与运动

一、健身运动项目的营养特点

随着物质生活水平的提高,大众的健身意识得到进一步提升。参加健身运动可产生增进健康、缓解压力、保持体能、减少疾患的积极效应,已经被越来越多的人所认可。但健身运动的效果要通过人们对待事物积极的态度、良好的情绪管理、合理的营养调配等综合因素,才能有效的展示出来。这些因素中合理的营养在健身运动中具有重要地位。合理的营养是健身效果的一个有力保证,不同的健身项目有不同的营养要求,其营养特点如下。

(一)跑步的营养特点

1. 基本代谢

(1)短距离跑

短距离跑(以下简称"短跑")是人体运动器官和内脏器官在大量缺氧条件下完成的高强度工作,被称为"极限"强度的周期性运动。短跑包括60 m、100 m、200 m、400 m项目。短跑的特点是时间短,强度大,肌肉的活动需要达到最高强度。短跑是以无氧供能为主要的供能形式,肌肉中可供运动的能源物质主要有三磷酸腺苷、磷酸肌酸和肌糖原。

①60 m、100 m主要由磷酸原系统供能:此项目是短距离跑的典型,短时间激烈运动基本上依赖磷酸肌酸系统供能。当运动超过10 s时,糖酵解供能的比例增大。随着运动时间延长,血乳酸水平呈上升趋势,直至运动终止。

②200 m、400 m主要由糖酵解供能系统供能:受磷酸原贮量限制,在数秒激烈运动中,糖酵解供能是维持运动肌肉做功的重要途径。400 m跑的运动强度仅次于100 m、200 m,运动时间45~60 s,耗能总量约为42 kJ,其80%~85%能量是在无氧条件下提供的,全程跑要求运动员具有很高的速度耐力素质,在运动开始的前10 s中,主要由磷酸原系统供能,在之后的跑程中,其所需能量已远远超出磷酸原系统的供能能力,主要靠糖酵解系统来提供。这一反应过程是肌糖原逐步分解成为丙酮酸时,分别在磷酸激酶、磷酸果糖激酶及醛缩酶等作用下完成的,其后又在乳酸脱氢酶的作用下,酵解生成血乳酸和能量,供二磷酸腺苷和磷酸基合成三磷酸腺苷。

(2)中距离跑

中距离跑是指800~3 000 m距离的运动,包括男子800 m、1 500 m、3 000 m和女子800 m、1 500 m等。中距离跑的运动员既要具备短跑运动员的爆发速度,又要具备耐乳酸能力。

中距离跑的运动时间相对较长,人体在血液调整后,对能量的需求可由有氧代谢得到满足。与此同时,人体的血乳酸浓度会保持在较高的水平,说明中距离跑在整体上依靠有氧代谢供能(其中以糖有氧代谢功能为主)时,部分骨骼肌内有糖酵解合成三磷酸腺苷。即中距离跑主要由糖有氧代谢和无氧代谢混合供能,能量供应要求三个能源系统都要有较高水平。

(3)长距离跑

长距离跑(以下简称“长跑”)是指 5 000 ~ 10 000 m 距离的运动,包括男子 5 000 m、10 000 m 和女子 3 000 m、5 000 m、10 000 m。长跑主要要求运动员具有耐力,人体主要由有氧供能系统供能。

长跑属于长时间低强度的运动,主要以糖、脂肪的有氧代谢为主。但在运动开始时,骨骼肌内血流量不能及时增大,心输出量和毛细血管床的开放需要迟缓几分钟,因而在运动开始后一段短暂的时间内,磷酸原是磷酸肌酸无氧代谢的主要来源;在运动开始几秒钟后,氧的糖酵解开始发挥作用,填补氧亏空,直到有氧代谢能力被充分调动起来后(数分钟),糖酵解供能逐渐减少。

2. 营养特点

(1)短跑

短跑是群众体育活动中经常进行的一个项目,它是以力量、速度素质为基础,以无氧代谢供能为特点,时间短、强度大,要求运动员有较好的爆发力。

①能量需求:60 m、100 m 运动时间短,磷酸原消耗较多;200 m、400 m 随着运动时间的延长肌糖原消耗逐渐增加,因此应对主要消耗的物质进行相应的补充。

②合理的营养补充:食物中要含有丰富的蛋白质,以提高肌肉质量。另外,膳食中增加磷和糖类物质的含量,为脑组织提供营养,改善神经控制和增强神经传递,以便运动员更多的运动单位参与收缩。还要在膳食中增加矿物质,如铁、钙、钠等,增加维生素 C、B 和 E 的含量,以增加肌肉收缩质量。也可以适量补充磷酸肌酸。饮食中肌酸的主要来源是牛肉和鱼,1 kg 牛肉含肌酸大约 5 g。蔬菜中含有的肌酸低于肉类,其储存的肌酸在烹饪过程中部分容易丧失。由于肌酸主要存在于肉类和鱼类食品中,素食者的肌酸无外源性来源,全由自身合成,因此素食者可能出现肌酸缺乏症状。同时应当适量增加体内的碱储备。增加碱储备,应多吃些蔬菜、水果等碱性物质,一般要求蔬菜、水果供应的热量达到日热量的 15%。经常进行短跑的运动者会在摄取能量时平衡膳食,基本无需额外补充维生素和矿物质。

(2)中长跑

中长跑是以有氧耐力素质为基础,以有氧代谢供能为特点,要求运动者有较高的心肺功能及抗疲劳的工作能力,运动时间较长,体能消耗较大。

①能量需求:中长跑运动时间较长,运动者体能消耗较大,其需要进行足够的能量补充。

②合理的营养补充:膳食中含有较全面的营养成分,增加机体能源物质的储备,在丰富的维生素和矿物盐成分中,突出增加铁、钙、磷、钠、维生素 C、B 和 E 等成分,其有利于提高运动者的有氧耐力。

在进行中长跑时,运动者运动时间较长,糖类物质消耗量较大,容易疲劳。因此饮食应含有充足的糖类物质,增加人体内的糖含量。人体内的糖储备应以摄入淀粉类食物为主,同时摄入适量的蛋白质和铁,保证血红蛋白维持在较高水平。但不宜补充大量蛋白质,否则会增加肝、肾的负担,影响身体健康。也可适当增加脂肪的摄入量,但不宜过多,一般供给量应占总热量的20%。此外还要摄入充足的维生素 B 和维生素 C,以促进疲劳的消除和体力的恢复。运动者在高温环境下进行中长跑要预防脱水,运动前饮水 300 ~ 500 mL,保证体内水分充足。

(二)操类项目的营养特点

目前,操类项目种类繁多,但大多数属于体操的内容。体操是通过徒手、持轻器械和在器械上完成不同类型与难度的单个动作或成套动作,并具有一定艺术要求的体育项目。体操内容十分丰富,根据体操练习的特征和其对人体产生的主要作用,体操的内容包括队列队形练习、技巧运动、徒手体操、器械体操、艺术体操、健美操、团体操等。

1. 基本代谢

一套竞技体操开始是靠磷酸原系统供能,但由于它所供能量有限,运动时单独依靠它释放能量只能维持很短时间,不能满足成套动作的能量需要,必须同时利用糖酵解供能来合成三磷酸腺苷,糖酵解供能是竞技体操运动合成三磷酸腺苷的重要无氧供能系统,它能提供一套竞技体操顺利完成而需要的主要能量。随着运动时间的延长,有氧代谢供能比例逐渐增加,直至运动结束,即竞技体操能量代谢特点是以无氧代谢供能为主,以有氧代谢供能为辅。而大众健身操一般是小强度、长时间的运动,运动中主要靠有氧系统供能。艺术体操属于灵巧性运动项目,其热量消耗不大。

2. 营养特点

竞技体操类一般要求运动者有较强的力量与速度素质以及良好的灵巧与协调,对神经系统的要求较高。

一些群众体育活动中的艺术体操以及其他类型的操类运动要求运动者有较强的力量与良好的协调性,对神经系统有较高的要求,运动者要补充高蛋白质、高热量、低脂肪的食物,维生素和矿物质,如铁、钙、磷的含量及维生素 B_1、C。同时不要过分控制饮食,以免造成营养不良。

在进行长时间健美操锻炼时,人体总的能量消耗很大,要求运动者有较好的耐力。因此饮食应含有充足的糖,以增加体内的糖储备。增加体内的糖储备应以淀粉类食物为主。补充蛋白质保证肌肉的力量,适当进食肉类、乳制品及豆制品等,以消除疲劳、恢复体能。同时补充适量的维生素 B_1 提高人体有氧代谢能力。维生素 B_1 主要来源于豆类、花生、核桃、芝麻、小米等。为提高人体的柔韧性和协调性,运动者要摄入大量的蔬菜水果,保证维生素和矿物质的含量。以减脂、瘦身为目的的健美操练习者,应减少脂肪的摄入,每人每日不超过 25 g,在摄入脂肪时也应尽量食用不饱和脂肪酸含量高的植物油,其主要来源是花生、杏仁、葵花籽、芝麻等。在运动前、中、后也可以考虑补充水或运动功能性饮料,防止脱水,维持体内水钠平衡。同时不要过分控制饮食,以免造成营养不良。

总之,进行操类健身运动项目时,膳食应含有足够的能量,补充运动中的能量消耗,以消除疲劳、恢复体能,为保证紧张神经活动的顺序进行,食物应含有充足的蛋白质、维生素和矿物质，突出铁、钙、磷的含量及维生素 B_1、C 的含量。

(三)球类项目的营养特点

当前，我国球类活动开展得比较普遍，常用的可以作为健身运动的球类项目有篮球、排球、足球、羽毛球、乒乓球、网球等。这类项目不是周期性运动项目，且有一定对抗性，运动强度不易控制；需要一定场地、设备、器材，还需要掌握一定的技术。一般体力较好，有一定锻炼基础的人，可以选择这类项目。

球类运动能培养灵敏、速度、力量、爆发力、耐力等素质和迅速判断周围情况的能力。各项球类运动有许多基本动作，根据现场情况灵活运用。因此必须全面巩固这些运动技能，使它们达到高度自动化。球类运动锻炼可使人的视觉、听觉、本体感觉、平衡感觉等得到提高，如视野扩大、眼球运动的协调改善、关节运动的灵敏度提高等。

球类运动是一项无氧代谢与有氧代谢混合供能的运动，不同项目无氧运动和有氧运动所占的比重不同。一般来说，奔跑较多的篮球和足球能量消耗最大，网球、排球次之。在这样高强度的肌肉运动中，人体的摄氧量不能完全满足完成这些动作所需要的氧量。

1. 基本代谢

(1)篮球

篮球运动深受广大青少年的喜爱，是一项非周期性的、复杂多变的、速度快、强度高的运动，也是攻守双方不断变换的一项运动。力量、速度、耐力、弹跳力是篮球运动的基础。在篮球运动中，既有强度很大的攻守转换，也有较慢的放松跑、攻守转换，因此提供能量须通过三种供能方式联合完成。有报道分析，篮球运动能量供应中无氧代谢占 90%，有氧代谢占 10%。在无氧代谢能量供应中又分磷酸原系统供能和糖酵解系统供能，篮球运动特别是篮球比赛时，供应能量更多的是磷酸原供能系统。

(2)排球

排球运动是一项中高强度的运动，耐力素质是决定排球比赛胜负的关键因素之一。中等强度的运动，主要依靠肌糖原，但在完成高强度爆发性用力的扣球、拦网等动作后，其主要募集快肌纤维，其中磷酸原系统供能占能量消耗的 95% 左右，而乳酸系统供能只占 5% 左右。因此，人在用力扣球、拦网时基本上依靠无氧供能。

总之，排球运动是一项中高强度和高强度爆发性用力相结合的运动，是一种以有氧能力为基调和以无氧能力为主体的特殊类型的运动。运动者除了要有良好的爆发力、弹跳力，还要有良好的耐乳酸能力。

(3)足球

现代足球的特点是对抗激烈，运动量大、强度高，持续时间长，能量消耗大。足球运动是球类运动中能量消耗最大的一项运动。在足球运动中，人体活动所需能量的 75% 左右是由有氧代谢供给的(走动和慢跑)，因此有氧代谢供能是足球运动者最基本、最主要的供能方式。而无氧代谢供能(快冲跑)只占所需能量的 25% 左右。但是，这并不是说无氧供能就不重要，足球比赛中的起动、急停、急转、射门等爆发式的动作都需要无氧供能。所以，无氧供能系统也是足球运动者重要的供能系统。因此，足球运动者的供能方式是以有氧代谢供能为主，并且是以无氧代谢的磷酸盐和糖酵解供能贯穿整个运动。

(4)羽毛球

羽毛球运动的特点可概括为一“快”,二“全”。所谓“快”,即起动快,弹跳高,击球快,回位快。“全”就是要求运动者有全面的耐力素质和有氧代谢能力。在羽毛球运动中,击球特别是扣球的一瞬间、救球时的最后一个跨步、比赛中忽然变换方向以及经常出现的加速跑,人体基本都由磷酸原供能系统提供能量。而在运动中,为调整和恢复体力,采用打四角球、打落点等方式时,糖酵解供能系统和有氧代谢供能系统就会发挥它们应有的作用。三种供能系统相互影响、相互作用、紧密相连,共同完成了羽毛球运动中所需能量的供给,即运动者在进行羽毛球运动时的主要能量代谢方式为有氧、无氧混合型方式。

(5)乒乓球

乒乓球运动是老少皆宜的运动,也是国人值得自豪的“国球”运动。从人体能量代谢途径分析该运动,其属于有氧代谢运动。然而每次击球瞬间,因速度快、爆发力强、步伐的移动不同于一般的周期性运动等,所以其是一项多次重复的高强度运动,能量代谢方式属于无氧代谢,且以磷酸原系统供能为主。也就是说乒乓球运动是一项无氧代谢与有氧代谢混合供能的运动。

(6)网球

打网球是一项极好的运动,它可以使全身肌肉得到锻炼。众所周知,网球运动的持续时间是不固定的,长的多达2小时,从持续时间上看,其主要以有氧供能为基础,但在运动中快速移动、迅猛扣球等又要求人体具备较好的无氧代谢能力。一位网球爱好者无论在力量、速度、耐力、柔韧性和灵敏性方面,都必须具备良好的素质。可以说网球运动既是有氧运动与无氧运动的混合体,又是一项复杂的竞技项目。

2. 营养特点

球类项目对体育运动者的力量、速度、耐力、灵敏、柔韧等素质均有较高的要求。因为能量消耗较大,饮食应根据运动量的大小,保证充足的能量。饮食也应该是全面和平衡的,食物中要含有丰富的蛋白质,糖以及维生素 A、B_1、C、E。因为球的体积越小,对运动者的眼力要求越高,所以食物中维生素 A 的含量应更高些。篮球、足球运动时间较长且更多是在室外进行,矿物质、水分丢失较多,应在休息时间适当补充一些运动饮料(150 mL/次)。篮球运动者饮食中的热量应为糖类占 55% ~65%,蛋白质占 12% ~15%,脂肪占 25% ~30%。若1名参加篮球运动的运动者每天需摄取 230 ~251 kJ/kg 的热量,那么他每天每千克体重就需要补充 8.5 ~10g 的糖类,1 ~1.2g 的蛋白质,少量的脂肪。

(四)游泳的营养特点

游泳是受群众欢迎的健身运动项目之一,尤其适合于体重较重、想减肥的人。因为游泳时可以依靠水的浮力支撑体重,所以大大减轻了重体重者在陆地上运动给下肢造成的负担。水的传导性比空气好,因此游泳可以增加能量的消耗,有利于增强减肥效果。不少人将游泳视为终身的体育锻炼项目,但是我们在选择游泳作为锻炼项目时要确保自己已经掌握了游泳技术,并且没有高血压、心脏病等游泳的禁忌。

游泳运动属周期性运动,由于其在水中进行,水有浮力,入水后人体漂浮,缺少支撑的感觉,除部分躯干肌保持紧张外,很少有静力紧张的动作。游泳时的能量消耗较大,其与以下因素有关。

①水的温度：水温越低，人体散热越多，能量消耗也就越大，如人在水中停留 4 min 散发的热量就相当于在陆上 1 小时所散发的热量。

②游泳的姿势：用相同速率不同姿势时，爬泳消耗的能量要大于蛙泳。

③游泳的速度：能量的消耗与速度成正比，而水的阻力又与速度的平方成反比，因此加快速度是增加能耗的原因之一。

④游泳的时间：从所需要的时间来看，游完 50 m 和 100 m 只需 30 s ~ 60 s。根据能量代谢理论，在这一时间内，运动主要是依靠磷酸原和糖原的无氧酵解混合供能。200 m 以上游泳距离的任何项目均需要氧气的供给，游泳过程中人体主要依靠糖酵解供能系统和有氧供能系统混合供能，也就是说无氧酵解和有氧分解供能都十分重要。相关研究发现，50 m 游泳距离的无氧代谢占 95%，有氧代谢占 5%，100 m 游泳距离的无氧代谢占 80%，有氧代谢占 20%，200 m 游泳距离的无氧代谢占 60%，有氧代谢占 40%，400 m 游泳距离的无氧代谢占 40%，有氧代谢占 60%，1 500 m 比赛距离的无氧代谢占 30%，有氧代谢占 70%。从上述不同距离的无氧与有氧代谢比例关系可以看出，游泳项目随着游泳距离的增加，有氧供能的比例逐渐增加，而无氧供能的比例则逐渐减少。由此可见，不同距离的能量供应都不是单一的，只是有氧与无氧代谢比例关系不同而已。可以说，游泳运动是由两种或两种以上能源系统混合供能，只是在比例上有一定的差别。

游泳由于在水中进行，水的密度和导热性都与空气不同，水的阻力大、温度越低，游泳者在水中的散热量会增加，热量消耗会很大，冬泳更是如此。因此人体对能量的需求较大。

游泳运动要求我们有一定的力量和耐力素质，且能量消耗较大。因此要求人的食物中热能要高，要含有丰富的蛋白质、糖类和适量的脂肪，增加含糖量高的米、面，蛋白质含量较高的鱼、禽类、牛肉等；还需要一定的脂肪和维生素 A，以便保持体温和保护皮肤；还应摄入含维生素 B_2 的奶蛋类和富含维生素 C 的蔬菜、水果，以及矿物质如碘、钙、铁、磷、氯化钠等。老年人在水温较低的水中冬泳时，出于抗寒冷的需要，可增加脂肪的摄入量，维生素的摄入量，维生素的摄入以 B_1、E、C 为主。可适当摄入含碘量较高的矿物质，以适应低温环境甲状腺分泌过多的情况。摄入含铁量较多的食物，如瘦肉、鸡蛋、猪肝、绿叶蔬菜等，以增加血液中氧的含量，保持人体耐力。

二、健身运动与合理膳食营养

（一）能量平衡的基本原理

1. 能量的基本原理

能量的类型很多，如光能、化学能、电能、位能、核能、机械能、动能、热能等。能量不会无中生有，也不会凭空消失，但是可以从一种形式转换成另一种形式。能量就是“做功”（Work）的能力，当人运动或移动物体时，都是在“做功”。身体利用食物所产生的能量来“做功”。

2. 热量平衡原理

摄取的热量与消耗的热量之间的关系决定热量的平衡状态，用公式表示为：热量平衡=摄取的热量 - 消耗的热量。

平衡关系分为正平衡、负平衡和平衡三种状态。若以上结果的差值>0，就是正平衡；若<0，就是负平衡；若≈0，就是平衡。

所谓能量平衡（energy balance）就是人体消耗和摄入的能量趋于相等，体重维持不变。这种能量平衡状态能使人体保持充分的体力活动和维持健康的状态。

进食量和体力活动是决定能量平衡的两个基本因素。人体所需能量主要来源于食物，体力活动或运动则是能量消耗的主要形式。在能量平衡方程式中，能量摄入是一项高度变化的组成部分，除总能量摄入外，其还与食物构成密切相关；能量消耗包括基础能量消耗（BEE）、运动生热效应（TEE）、食物的生热效应（TEF）三个方面，其中 BEE 和 TEE 是能量消耗的两大组成部分。其中体力活动能量消耗与运动强度、运动时间有关，并受其他多种因素影响，不同体力活动每小时能量消耗不同。在食量摄入恒定时，体力活动不足，将会出现能量正平衡，可引起人的体重超标或肥胖，并且很多慢性病是以腹部肥胖介导而发病的。

随着经济的迅速发展，我国人民的生活水平显著提高，肥胖的人也越来越多，许多人除通过健身运动来增强自身对疾病的抵抗能力外，更主要的是通过运动来减肥，而健身运动项目较多，并不是所有的项目都能减肥。因为有些项目的运动时间较短（如短跑）或强度太小（如棋牌），还不能完全消耗人体所摄入的能量。只有消耗能量比摄入能量更多，人体的脂肪细胞才会分解，转化成能量，补充人体摄入不足的部分，达到能量平衡，从而起到减肥的作用。

健身运动所消耗的能量小于人体所摄入的能量，属于正平衡状态，摄入的多余能量便会在机体内以脂肪的形式储存起来。也就是说，虽然运动了，但还是没有能够减肥。如果健身运动所消耗的能量等于人体所摄入的能量，则属于平衡状态，即虽然运动了，体内脂肪没有净分解也没有净合成，体重不会改变。只有健身运动所消耗的能量大于机体所摄入的能量，属于负平衡状态时，体内脂肪才开始被动员、分解，使体重才会下降，达到减肥的目的。

成年人保持体重稳定的基本原则是能量的摄入量和消耗量平衡。增加体力活动或健身运动有利于保持健康的体重。1 小时的走路、跑步或游泳的能量消耗可以是静坐的几倍到几十倍。运动后摄入的食物成分对能量平衡也有作用，运动后低脂肪食物成分是引起能量负平衡的一个因素。增加活动消耗来控制能量平衡，减少的是体脂肪，而减少饮食量则会降低体重，减重速度过快还会出现脱水症状。增加体力活动和适当限制饮食相结合（尤其是限制脂肪的总摄入量和饱和脂肪酸的摄入量），是控制肥胖的最好方法。提倡健身运动和合理膳食是促进人类健康的一个重要举措。

（二）合理膳食、均衡营养的基本要求

合理膳食、均衡营养是指为人体提供符合卫生要求的食物，膳食的质和量都能符合人体的生理、生活、劳动以及一切活动的需要。也就是说体力活动者一日三餐所含有的热量和多种营养素与其完成日常生活和锻炼所需能量和各种营养素之间保持平衡。从营养素来看，合理膳食、均衡营养系多种食物，我们既需要食物中有充足的热能，而且蛋白质、脂肪、糖类

的含量和比例要适当，也需要食物中有充足的无机盐、维生素、微量元素和水分，从而满足人体的正常生理需求，并保持各营养素之间的数量平衡，促进人体消化、吸收和利用。合理膳食均衡营养的要求如下。

1. 食物的多样性

应注意协调食物结构：第 1 类为谷物、薯类、杂豆类食物，主要为人体提供糖类物质，是人体所需热能的主要来源；第 2 类为动物性食物，包括肉、禽、蛋、鱼、奶等，主要为人体提供蛋白质、脂肪、矿物质、维生素 A、B 等；第 3 类为大豆及其制品，主要为人体提供蛋白质、脂肪、膳食纤维、矿物质 B 等；第 4 类为蔬菜水果，主要为人体提供膳食纤维、矿物质、维生素 C 和胡萝卜素；第 5 类为纯热能食物，主要包括植物油脂、各种食用糖和酒类，可直接为人体提供热能。从这 5 类食品来看，我们在膳食时应注意多种食物均衡摄入，应以植物性食物为主，动物性食物为辅。为了避免西方发达国家膳食模式所造成的人体摄入脂肪过多、热能太高的弊端。在食物的选择中，我们应尽量选择不同的食物，尤其应更多选择深绿色蔬菜，以补充人体所需的胡萝卜素和矿物质。

2. 饮食适度

保持和维持人体的正常体重是维持身体健康的重要方式。人应适度饮食、饥饱适当，热能和蛋白质的摄入与消耗相适应，避免身体超重或消瘦。进食时应细嚼慢咽，使人体能准确地反映食欲状况，从而避免暴食引发的热能过量。体重状况可用正常男女体重标准来衡量。

3. 油脂摄入要适量

应避免过多摄入脂肪，尤以少食饱和脂肪酸为主，过多摄入饱和脂肪酸会明显增加血液中的胆固醇，而胆固醇是引发心血管疾病的主要因素之一，这类食物的摄入应以不超过总热量需求的 30% 为宜。

4. 适度增加膳食纤维含量较高的食物

膳食纤维指的是不容易被身体消化系统吸收和溶解的一种纤维。这类纤维能刺激肠道蠕动，减轻慢性便秘，而且对心血管类疾病、糖尿病、结肠癌等有一定的预防作用。在每天的饮食中，应适度增加富含膳食纤维的食物，如粮食、杂粮、豆类、蔬菜、水果等。

5. 少吃甜食

少吃甜食，尤其要少吃糖。食糖仅是为人体提供热能，而其他营养物质极少。过多摄入食糖，必然会影响人体其他营养物质的摄入，同时可能诱发多种疾病。因此，一定要避免大量摄入甜食。

6. 合理搭配三餐

合理搭配三餐，既有食物的选择搭配，又有热能的合理分配。就热能的合理分配来说，应以早餐占全日总热能的 30%，午餐占总热能的 40%，晚餐占总热能的 30% 为宜。其中早餐的质量应更好一些。在一些经济发达的城市，人们早餐饮用 150 mL 牛奶是较好的。

（三）健身运动合理营养的基本要求

1. 食物的数量和质量应满足健身运动的需要

食物的数量应满足健身运动能量消耗的需要，使人体能保持适宜的体重和体脂；在质量方面应保证摄入营养物质的比例合理。摄取的食物中的物质，如蛋白质、脂肪和糖类的比例应符合不同健身运动的需要，一般情况下蛋白质能量应占总能量的12% ~15%，脂肪能量应占能量的25% ~30%，糖类的能量应占总能量的55% ~65%，有氧健身运动需要摄入的糖类能量可达总能量的70%。

2. 摄取的食物应当营养均衡和多样化

摄取的食物应包括谷物食物（米、面和适量的粗杂粮、薯类），蔬菜水果，牛奶和奶制品，水产品、鱼、肉、禽、蛋、豆等高蛋白食物及烹调用油和白糖等纯能量食物。能量不足时，可用主食或甜食等进行调节。

3. 一日三餐摄取的食物的能量分配应根据健身运动的量和强度进行调整

健身运动者的早餐应含较高的能量，并含有丰富的蛋白质、无机盐和维生素等。午餐摄入能量应适当增加，但要避免肠胃道负担过重。晚餐摄入的能量一般不宜过多，以免影响睡眠质量。早、中、晚三餐摄入的能量大致为30%、40%和30%。运动量较大、能量消耗增加时，可考虑适当加餐。

4. 应考虑消化机能和健身运动者的饮食习惯

健身运动前的一餐一般应当在运动前的3 h完成，因为正常情况下胃内食物的排空时间为3 ~4h，不容易消化的食物如牛肉，可在胃内停留5 ~6 h。运动时，若内脏缺血，进食时间和运动时间间隔过近，既影响消化，又影响运动。运动结束后，血液主要分布在肢体皮肤血管内，内脏仍处于暂时性缺血状态。因此，运动结束后，不宜立即进食，需要休息至少40 min再进食。

均衡膳食是指同时在四个方面使膳食营养供给与集体生理需要之间建立平衡关系，即氨基酸均衡、热量营养素构成均衡、酸碱均衡及各种营养素摄入量的均衡。均衡膳食的基本作用是在各种营养素消化、吸收、运输、利用的动态过程中使身体各组织都能正常工作。任何一种营养素过多或不足都会影响其功能发挥，造成均衡关系失衡，会对人体健康造成不良影响，甚至导致人体产生某些营养性疾病或慢性病。

三、儿童、青少年健身运动的营养需求

儿童、青少年的年龄段一般是6 ~18岁，他们的生长发育过程呈现时快时慢的波浪式过程，阶段性规律很强。青春期是这一过程中的突增期，年龄在10 ~11岁至14 ~15岁，突增期过去后其成长渐渐缓慢下来。儿童、青少年整体上处于生长发育的快速时期，这一阶段的儿童、青少年活泼好动，教师、家长引导其进行适当的体育运动，并注意合理摄取营养物质对其身体素质发展的重要影响。

儿童、青少年处于生长发育期，体内物质代谢旺盛，并且合成代谢大于分解代谢，不同性

别、不同个体及不同年龄段，生长发育速度和持续时间都存在较大差异，所需营养素也多有不同。儿童、青少年身体发育过程中，家长应注意其均衡营养，避免营养过剩或不足，进而影响其健康和体质。

（一）能量物质代谢及营养要求

1. 能量——做到膳食均衡

运动时能量的消耗取决于运动的强度、密度和持续时间。根据心搏峰理论和最佳心率范围理论，体育课和课外活动的适宜生理负荷的平均心率一般在 120 ~ 140 次/min，运动强度不大。中、轻度的运动量对能量的需要和平时基本相同，因此，如果人体日常能量供应充足，不需要额外增加摄入能量。如果参加较剧烈的体育活动，能量消耗增加，就需要及时补充能量。一方面满足机体的正常需要，另一方面使运动者保持充沛的运动能力，并有一定的能量储备。当然，能量也不宜过多，过多的能量将使体脂增多，身体发胖。一般认为，儿童、青少年如果每天锻炼 2 ~ 4 h，能量应比不运动或轻度体力活动的人多摄入 300 ~ 900 kcal。

不同的运动项目、运动强度和时间，总的能量消耗不同。为此，补充的能量时要根据人体能量消耗情况而定。大多数运动项目的参加者每天能量消耗在 14 647.5 ~ 16 740 kJ。大多数运动项目需要消耗的蛋白质、脂肪、糖的比例为 1 :（0.7 ~ 0.84）:4；而耐力项目需要消耗的蛋白质、脂肪、糖的比例为 1:1:7，即人体需要摄取高糖、低脂肪的食物。

2. 蛋白质

在运动时，人体蛋白质分解代谢加强，为体力活动和运动训练提供能量，蛋白质提供的能量约占总能量的 12% ~ 14%。运动后人体的蛋白质合成增多，可根据运动情况确定蛋白质的摄入量，儿童、青少年的蛋白质摄入量应高于成年人。蛋白质过多会增加肝脏和肾脏的负担，酸性代谢产物增多，不利于运动。蛋白质供应不足，就会影响机体的生长发育和运动能力，不利于身体素质的提高。

有人建议，经常参加体育运动的青少年蛋白质摄入量为 80 ~ 90 g。摄入食物时除保证蛋白质的摄入量外也要保证其质量。食物中的优质蛋白质应占总摄入量的 30%，如鸡蛋、牛奶、禽肉等，这些食物除了容易被消化吸收外，还含有较多的酪氨酸和谷氨酸，有利于刺激神经系统。

3. 脂肪

脂肪的能量高，体积小，是一种比较理想的储备能量，也是耐力性运动中产能的重要物质，可以维持人体的饱腹感。在强度较高的运动中，脂肪消耗较多，脂肪经有氧氧化生成二氧化碳和水，并为人体提供能量。

由于脂肪不容易被消化，人体过多摄入脂肪会影响其他营养素的吸收。在运动当日的膳食中，脂肪含量不宜过多，其所提供的能量占总能量的 25% ~ 30% 比较适宜，其中饱和脂肪酸的量要少于 10%，脂肪中的饱和脂肪酸、单不饱和脂肪酸和多不饱和脂肪酸的比例应为 1:1:（1 ~ 1.5）。脂肪易产生饱胀感，尤其在比赛前，应避免摄入油腻食物。但在冬季参加体育活动时，可适当摄入一些脂肪含量较高的食物。

4. 糖

运动时糖容易被氧化，因此不增加体液的酸度有利于能量储备，糖代谢的某些中间产物可调节脂肪代谢。运动时糖消耗较多，容人体易产生疲劳感。运动前，可适当增加糖的摄入，以提高糖的储备。如果运动时间较长，可在运动过程中饮用含糖饮料。儿童在长时间运动后，可适当补充糖，增加肌糖原和肝糖原储备，同时增加维生素 B_1、维生素 C 的摄入量。

谷类、蔬菜和水果中含有较多糖类物质，家长应注意儿童、青少年食物搭配和膳食平衡，使其膳食中含有各种糖，如单糖、双糖和多糖，使其肝脏、血液和肌肉之间的各种糖原保持平衡，这样有利于其对能量的摄取。

根据中国营养学会的建议，普通儿童、青少年以及其他人群每日的糖摄入量占总能量的比重为 55% ~65%。若考虑运动时消耗较多的能量，应适当提高糖的比重，因此，儿童、青少年每日的糖摄入量占总能量的 60% ~65% 比较适宜。

（二）非能量物质代谢及营养要求

1. 水

儿童、青少年的体表面积相对较大，而排汗量相对较少，体温的调节功能相对较差。因此，在热环境下中小学生体育运动时产热量大，易引起身体散热不畅，容易脱水甚至中暑，应注意水和电解质的合理补充。儿童、青少年运动时，体内产生的能量增加，身体主要通过排汗来调节体温平衡。一般运动时，身体对水的需要和平常没有明显差别，为 2 000 ~2 500 mL，但在气温高、运动量大、出汗较多时，人体对水的需求量就会增加。在热环境下，学生在体育课前、课中和课后都应适量补充水分。课前应适量饮水，使体内储备充足的水分；课中和课后的饮水应少量多次，不超过 1 L/h，一次 120 mL，每次间隔 15 ~20 min，饮用水的温度最好在 5 ~15 ℃。

运动时水的供应要以补足耗水量、维持水平衡为原则。运动后可根据体重减少的量来补充，一般每减少 1 kg 体重，补水量为 1 L。一次性大量饮水会加速人体排尿和出汗，使体内的盐分丢失，还会增加心脏和肾脏的负担，因此不要单纯饮用白开水。在补水的同时要注意无机盐的补充，最适合的饮料是运动型功能饮料，运动型功能饮料既可以补充水分，又可以补充汗液中丢失的无机盐。

2. 维生素

由于维生素 B 族与机体物质代谢和能量代谢的关系密切，且维生素 B_1、B_2、C 都有助于提高肌肉的耐力，有消除疲劳的作用。因此，我国一些专家建议，经常参加运动的儿童、青少年每消耗 4.184 MJ（1 000 kcal）的能量，需要供给的维生素 B_1、B_2 为 1 mg，烟酸为 10 mg，维生素 C 为 35 ~40 mg。高强度的体力运动后，儿童、青少年应多吃水果、蔬菜，尤其吃深绿色和橙黄色的蔬菜、水果，以补充各种维生素，但必须防止维生素补充过多。

维生素需求量与运动量、人体状态及营养水平有关。剧烈运动后，人体对维生素的需要量会增加，可能出现维生素缺乏症，而儿童、青少年对维生素缺乏的耐受性又比成年人差，早期维生素缺乏症表现为运动能力下降，容易疲劳、免疫力减弱。一旦维生素得到补充，运动能力将会随之恢复。而过多服用某一种维生素可造成不同类型维生素间的不平衡,人体长期、过多地摄取维生素不但不能改善工作能力,还会产生不良影响。不同类型的维生素摄入量应保持合理的比重,这样才能使各种维生素在体内发挥良好的作用。

3. 无机盐

儿童、青少年运动时出汗量较多,容易造成无机盐的丢失,直接影响其运动能力和健康水平。运动时人体红细胞被破坏,铁的消耗量较大,如不及时补充铁,则易产生缺铁性贫血。相关调查表明,经常参加体育运动的成人,发生运动性贫血者占4.9%,青少年运动性贫血的发生比重为16%,而儿童运动性贫血的发生比重高达39.5%,其中男性达33.3%,女性达45.3%。因此,儿童、青少年的食谱中应含有足够的铁、钙、磷、镁等。

四、减、控体重者的营养调节

超重和肥胖主要是不良的生活方式和不均衡的营养摄取造成的。合理营养配合科学运动是减重和长期控制体重的有效方法。

(一)何谓超重和肥胖

超重是指就一定体形和性别而言,实际体重超过标准体重。肥胖是体内脂肪过度积聚和分布异常的一种多因素慢性代谢性疾病,而许多人超重但并不肥胖。单纯性肥胖占肥胖人群的95%。单纯性肥胖的根本原因是热能不平衡,即热能摄入量大于消耗量,多余的热能以脂肪的形式储存在体内,使体重和体脂超出正常水平。

评估体脂的方法:双能 X 射线吸收测定法(DXA)、生物电阻抗法(BIA)、体成分指数(BMI,kg/m^2)及4成分体脂百分比(脂肪、水、矿物质和蛋白质)模式等。

BMI 指数易于测试,广泛应用于对体脂的评价。

体重指数(BMI)= 体重(kg)/身高的平方(m^2)

BMI 值>25 即为超重,BMI 值>30 即为肥胖。

肥胖和超重并没有严格的界限,一般17~27岁的男子体脂超过体重的20%为肥胖;27~50岁的男子体脂超过体重的30%为肥胖。女子体脂超过体重的30%为肥胖。

肥胖与超重是长期能量摄入和能量消耗不平衡所致,这种不平衡主要是因为摄入能量过多和体力活动不够。

肥胖与一系列的疾病或健康有关。它可能引起高脂血症,即血胆固醇、甘油三酯浓度上升、高密度脂蛋白浓度下降,当胆固醇沉积在冠状动脉内膜生成脂斑层时,动脉管腔变狭,就会发生冠状动脉粥样硬化性心脏病;它还可能引起高血压和非胰岛素依赖型糖尿病(80%的糖尿病患者体重都超重);肥胖还可导致肾功能异常;肥胖者也容易产生退行性骨关节病;肥胖者患某些癌症的可能性较大,尤其是肥胖妇女患乳腺癌、子宫癌和宫颈癌的概率为正常妇女的3倍,患子宫内膜癌的概率为正常妇女的7倍,男性肥胖者患结肠癌和前列腺癌的概率也在明显增加。此外,肥胖还会造成人的各种心理障碍,如情绪不稳定、性格孤僻等。

尽管有证据表明减肥可改善体质,但没有确切证据显示超重或肥胖的人减肥后可以延长寿命。事实上,许多观察性研究结果表明,减肥者的死亡率高于体重稳定者。因此减肥应立足于身体素质的提高，而不是一味地减去体重。

（二）快速减体重者运动的营养知识

1. 快速减体重常用的措施及物质代谢特点

快速减体重往往对人体的健康和身体素质不利，常伴有身体素质的下降，因此从健康和身体素质的角度考虑，不应该快速减体重。但是，在某些特殊情况下，比如有些为了参加举重、摔跤等项目的健身者有时需要采用快速减重。常用的方法有：

（1）脱水法

水在人体中占相当大的比重，适量排出体内多余的水分是减轻体重最直接的方法。常用的脱水方法有发汗和利尿，以此排泄体内的水分，达到减轻体重的目的。但发汗只能减少体内水分，不能减少体脂，减重只是应急的、暂时的，并且短时间内不能大量发汗，否则会造成体内缺水、电解质紊乱等，影响心脏、肝脏、肾脏的功能。

（2）饮食控制法

该方法主要是减少食物摄入，使人体内的过多能量被消耗掉以达到减肥的目的。开始控制饮食期间，体重减轻的速度较快，但减掉的成分主要是水分和瘦体重（包括糖原和蛋白质），体脂减得并不多。随着体重进一步减轻，脂肪消耗量会增加。但这种减肥方法会影响人体健康，容易造成节食者营养不良、体力不佳、基础代谢率低下等，也不能起到改善身体成分的作用。值得注意的是，如果在不加指导的情况下，盲目节食会引起人体新陈代谢紊乱，抵抗力下降，严重者可出现低血钾、低血糖，容易患传染病，甚至由于厌食而死亡。

2. 快速减体重者运动的营养要求

（1）脱水法

脱水法一般是运动者在比赛前 1 ~ 2 天实施的方法，这种方法不宜超过 2 天。长时间缺水容易导致身体素质下降，此时的营养补充措施显得尤其重要，稍有不慎就容易造成身体损伤。

脱水法实施过程中，限制运动者在比赛期的食量和饮水量，必然导致其营养摄入不足，有损体力，不利于其参加比赛。因此，常采用特殊营养补剂的方法，比如复合能量补剂（以糖和蛋白质为主要成分）、复合维生素及复合的无机盐制剂等，以期在减少水体重的同时，保证各种营养素的摄入，尽可能保持良好的身体素质。

（2）饮食控制法

饮食控制法一般是运动者在比赛前 2 ~ 3 周实施的方法，这种方法比脱水法给身体带来的伤害小，是比较合理的快速减重法。

饮食控制法的核心是减少体脂、热量的摄入，并在这一阶段保持热量的负平衡状态，使体重逐步下降。每日饮食应减少热量摄入，主要是减少饱和脂肪酸的摄入，应保证蛋白质和一定量的不饱和脂肪酸的摄入，其他营养素也不应减少，保证人体所需的氨基酸、微量元素、无机盐、维生素等的摄入。但仍应当注意是，即使是不训练的日子，热量减少后的数值，总热量也不得低于 900 kcal，以保证基础代谢和一般活动的需要。

参加比赛的运动者应该在赛前较早实行渐进性减体重，只要安排合理，是能达到满意的效果的。如果渐进性减体重因某种原因(如开始太迟或赛期提前)未达到预期要求,可在赛前实施一定的快速减体重措施,应在赛前7~10天开始。具体要求如下:

①减少热量摄入:每日至少摄入1 200~2 400 kcal,每周体重减轻不超过1.5~2.0 kg。

②供给充足的蛋白质、无机盐和维生素:由于食量减少较多,蛋白质、无机盐和维生素易缺乏,因此应及时供给人体所需的相关物质。例如,可服用一些维生素制剂和复合盐片,必要时服用专门配制的强化食品。

③饮食措施:参加比赛的运动者可能有饥饿感,晚上睡前更明显,因此可食用少量间餐(含100 kcal热量),晚上睡前吃一些水果。

④适当控制饮水量:在比赛的前几天可适当控制饮水量,以减少体内的水分储备,但不能过分减少。每天的尿量必须超过500 mL。如果有渴感,可将喝水方式改为少量多次。

⑤赛前称体重后不要暴饮暴食:如果短时间内大量进食,胃肠道来不及消化、吸收,会引起胃肠道疾病,所以这时应少量多次地补充一些易消化、吸收的食物和饮料。

运动者在减体重期间生活要有规律,按时进餐、就餐、睡眠要充足。不良的饮食方式对减体重不利,比如不吃早餐。因为上午要工作、学习,需要消耗大量的能量和营养,长期不吃早餐就会使体力、脑力活动下降,甚至因人体抵抗力下降而患各种疾病。而细嚼慢咽有助于减肥,因为延长咀嚼时间,可刺激唾液和胃液的分泌,有利于食物消化吸收。反之,狼吞虎咽会影响食物的消化吸收,不仅容易饥饿,而且会导致营养物质的缺乏。所以延长进食时间,给大脑一段反应的时间,虽然吃得量少,但可起到饱腹作用,而且容易把食量控制在理想范围内。

还应注意:食物种类要多样化,不要偏食;避免食用高脂肪、高胆固醇食物;改变烹调方法,多用蒸、炖、煮、拌等方式,减少油量摄入,避免食用多油的煎炸食品;避免过多的糖、饮料和甜点的摄入;多食用高纤维素食物,如水果、蔬菜及粗粮等。

(三)长期控体重者调节营养的具体措施

1. 摄入热量低于消耗量

一般认为人体每周可减少体重0.5~1.0 kg,不宜超过1 kg,而且基本上是减少体内的脂肪,减少1 kg脂肪相当于减少33.484 kJ热量。因此为了每周减轻0.5~1 kg体重,每天的热量摄入大约应比需求量少2.09~4.18 kJ。减体重措施的持续时间可根据体重减轻多少等具体情况而定,一般为1.5个月左右,也可以持续3个月左右,当体重减轻至适宜体重后,热量摄入就应与需求量保持平衡。

2. 供给充足的蛋白质、无机盐和维生素

降低热量摄入是通过减少食物中的糖和脂肪来实现的。而蛋白质、无机盐和维生素的供给应充足,不能因减体重而减少这些物质的摄入。例如,蛋白质的摄入量应为每日每公斤体重1.0~1.5 g,而且应含较多的优质蛋白。

3. 饮食措施

运动者饮食中应减少主食和油脂含量高的副食,增加蔬菜、水果以及蛋白质丰富的副食(鱼、鸡、蛋、牛奶、豆制品等),要改掉平时爱吃零食的习惯,必要时可适当补充维生素和无机盐制剂。

4. 不限制饮水

长期限制饮水对身体不利，而且通过限制饮水减轻体重的效果只是暂时的。

5. 特殊减肥营养品

①丙酮酸具有促进人体减脂、改善运动能力的作用。补充丙酮酸能提高乙酰辅酶 A 的水平，抑制丙酮酸脱氢酶的作用，从而阻止糖的氧化，提高脂肪酸的氧化率；补充丙酮酸还可引起血浆胰岛素水平降低，从而促进脂肪酸的氧化。

②L—肉碱是食物的组成成分，被认为是类维生素的营养素，它是一种氨基酸衍生物。其主要功能是转运长链脂肪酸通过线粒体内膜进入线粒体基质进行 B—氧化供能，并参加支链氨基酸如亮氨酸、异亮氨酸等代谢产物的运输，从而有利于这些氨基酸的正常代谢，起到减脂的作用。

综上所述，控制体重只有采用科学有序的方法，才能取得好的效果。

习近平关于
体育健康论述

第三章　体育与科学

第一节　运动是良医

一、体医结合

全民健身行动作为《健康中国行动(2019—2030 年)》15 个专项行动之一,在全民健身和全民健康深度融合方面发挥了重要作用,健身这件“小事”也慢慢成为关系更多人的健康的“大事”。

《健康中国行动(2019—2030 年)》着重强调了体医结合的重要性,利用体育的优势和资源努力使群众不生病、少生病,实现从“治已病”到“治未病”转变,这同时对着眼于体医结合领域的医务工作者提出了更高的期望和要求。

“体医结合就是体育运动与医疗有机结合,即用体育运动的方式参与医疗行为,增强人体体能,使人身心愉悦,实现预防、治疗、康复的目的。”国家体育总局运动医学研究所运动健康中心主任、健康中国行动推进委员会专家咨询委员会专家厉彦虎接受记者采访时表示:“运动需要科学,科学运动要根据人体生理病理情况,通过严格的临床医学检测、评估、指导、反馈、修订、提升,根据人体性别、年龄、身体状况进行系列科学监测评估,进而制定科学的运动方案。”

科学运动是良医,科学运动是良药,这是世界运动医学界的共识。“体医结合”是落实健康中国行动的重要途径,对改善和促进群众健康发挥着积极的作用。“科学运动不仅可以有效提升人体的心肺功能,增强肌肉韧带力量,促进人体新陈代谢,增强骨骼质量,形体健康美观,同时可以使人身心愉悦,锻炼抗压能力,从而使人身心共同健康。”厉彦虎补充道。而从微观角度讲,骨骼通过科学运动,可以促进人体对钙质的吸收;关节面的软骨没有血供,通过合理弹力运动,可以促进人体对营养的吸收和代谢;脊柱椎间盘没有血供,通过弹力运动挤压,可以完成椎间盘的呼吸功能代谢;呼吸带动膈肌运动,可以促进人体胃肠道的蠕动;术后韧带的重建与康复,也依赖于合理的运动牵拉恢复机能。甚至每个细胞每时每刻都需要呼吸代谢,其也需要人体的科学运动。

随着工业化、城镇化、人口老龄化进程加快,我国居民生产生活方式和疾病发生类型不断发生变化。据了解,目前心脑血管疾病、癌症、慢性呼吸系统疾病、糖尿病等慢性病已成为我国居民的主要死因,其造成的负担占总疾病负担的 70%;肝炎、结核病、艾滋病等重大传染病防控形势仍然严峻,职业健康、地方病等问题也不容忽视。此外,一些重点人群都有各自亟待解决的健康问题。我国居民健康知识水平偏低,吸烟、过量饮酒、缺乏锻炼、不合理饮食等人群较多。戒烟、戒酒、低盐、低脂等健康生活方法以及科学运动应该是第一行动方案,它们具有不可取代的位置。

厉彦虎说:“当前全民健身热情高涨,但缺乏科学指导,这造成了群众健身误区。科学运动必须落实适度、柔和、均衡、循序渐进与个性化基本原则。因人、因时、因地制宜,在运动方式、运动强度、运动频率、运动时长、运动地点等方面科学评估指导,根据性别、年龄、身体状况制定个性化方案”。

聚焦当前人民群众面临的主要健康问题和影响因素,厉彦虎认为:“要从政府、社会、个人(家庭)三个层面协同推进,通过普及运动知识、提供健康服务,促进全民健康,提供科学保障,促进落实。要从以‘疾病’为中心向以‘健康’为中心转变。防治疾病策略上,从注重‘治已病’向注重‘治未病’转变。在运动健康主体上,从依靠卫生健康系统向社会整体联动转变。”

每个人都是“健身第一责任人”,都是健身主体,我们应当努力树立个体健康在家庭、集体、社会、民族、国家整体健康中的重要意识,努力学习健身理念,掌握科学健身方法,养成健康的生活方式、饮食习惯、作息习惯、思维习惯,尽量不得病、少得病,为健康中国做出贡献。

二、运动助力身体康复

如今,体育“治未病”的理念深入人心,越来越多人会在健身时寻求专业人士的科学健身建议,还有许多身体有潜在疾病或已经身患疾病的人士会主动询问医生专业的健身建议,运动处方开得越来越多,“体医结合”“运动是良医”成为大家越来越接受运动的一大动因。那么,运动如何干预以及防治疾病、助力身体恢复呢?

国家体育总局运动医学研究所梁辰表示,疾病的防治或者身体恢复不会是运动的单一效果,但是我们也不能忽视运动的作用。以心血管病为例,根据心血管病患者科学锻炼的试验研究,运动能够改善心血管病患者的静息血压,其中收缩压改善较显著;运动能改善心血管病患者的体适能,其中握力适能、柔韧适能、平衡适能改善较显著;运动同时能改善心血管病患者的骨密度以及心肺运动能力。

梁辰补充道:“运动对疾病危险因素的干预作用也是明显的。例如,对于高血压症状,有氧运动可以有效抑制高血压;对于心力衰竭,运动可以改善心脏收缩功能 减轻慢性心力衰竭的症状;对于2型糖尿病而言,运动可以保护胰岛β细胞功能,减轻胰岛素抵抗和氧化应激,同时减少2型糖尿病危险因素;对于高血脂症状,运动可以加速脂肪组织分解,促进游离脂肪酸和胆固醇利用改善机体激素分泌,促进脂代谢酶的有益性改变。”

梁辰也提醒道:“虽然运动对疾病有改善作用,但是普通的健身人群对待运动一定要慎重,要对自己的身体负责,比如运动前进行一次全面的体格检查,而且要适当延长热身时间和运动恢复期,给身体更多的缓冲,运动时一定要循序渐进,量力而行,运动耐力有所改善时可以逐渐增加运动强度和运动时间。同时,要及时补充电解质和水分,运动时按医嘱服药,在运动的过程中,要有家人或者他人陪同。另外一定要注意,锻炼要持之以恒,如停止锻炼,运动效果会在2周内完全消失。”

梁辰强调:“大家可以认识到运动对于疾病的改善,但是也一定要将运动放在生活管理的‘大健康’范畴内来理解,不能过分依赖运动的单一作用。包括日常生活中的自我管理能力，自身所患疾病和常用药物的知识，了解运动的作用和合适的运动模式，自我情绪和睡眠管理技巧，了解营养的重要性，并保持良好营养状况的‘五位一体’自我防治疾病和康复才能让运动对健康生活的干预更稳定，也更健康。”

第二节　科学体育运动

一、体育运动的基本原则

（一）自觉性原则

自觉性原则是指参加体育运动者，为追求行为目标所采取的一种自觉主动的行为。体育运动是人们认识自我、完善自我的一种有目的、有意义的健身活动，只有自觉主动地揭示体育的奥秘，才能收到良好的体育锻炼效果。

影响自觉性原则的因素较多：其一，大学生在课余时间或毕业后，很少有固定的组织、时间、地点和明确的要求为自己锻炼提供便利，更没有体育教师给予专门的指点和监督；其二，锻炼身体是一件辛苦的事，要坚持系统地进行身体锻炼，就要起早贪黑，风雨无阻，还要忍受肌肉“做功”产生的酸痛和身体的疲劳，克服自身的惰性，一些人往往会产生畏难情绪；其三，对于那些学习负担重的青少年和工作繁忙的人来说，其缺少时间锻炼；其四，体育运动对体质的增强是一个长期的过程，它的效果不是那么立竿见影，这往往被人们所忽视；其五，有的学生为了应付学业，在体育课上不认真学习，应付了事。上述五个因素，人如果没有自觉性就难以克服，更难取得锻炼的实际效果。

贯彻自觉性原则，应注意以下几点：

①要做到自觉运动，首先必须明确运动目的。学校是培养人才的地方，我们应努力把自己锻炼成为一个有理想、有道德、有文化、有纪律的人，将来更好地为国家的建设和人类的进步事业做贡献。一个人只有树立这一远大目标，才能使体育运动具有长久的动力和自觉性。另外，参加体育运动应该带有直接目的和动机。例如，为了丰富文化生活、调节情绪、活泼身心、陶冶情操、锻炼意志等，或是为增进身体健康，促进身体的正常发育和造就一个健美的形体，以及防病治病等。不论带着哪种目的和需求，只要是有目的地去运动，这种运动就更具主动性和自觉性。

②应充分认识体育运动的特点和作用。体育运动的内容与形式是多种多样的，每个人都可以选择自己较喜爱的运动项目和形式，并可以有意识地培养运动的兴趣。当一个人对体育运动产生兴趣后，他进行运动的情绪才是高涨的，感受才是积极的。但是，仅仅停留在兴趣阶段是不够的，而应从兴趣入手，逐渐形成一种自觉行动和良好的体育运动习惯。

③要使运动更具自觉性，还应经常检验运动的效果，如定期测试一下身体素质、某些生理机能指标和运动成绩等方面的增长、变化及提高情况，也可通过饮食、睡眠、精神状态以及学习时的注意力等情况的前后对比来检验运动的效果。这样不仅可以检查运动方法是否有效，还可以看到运动的成效，从而使个人体育运动的兴趣与信心进一步增强，自觉性进一步

提高。

（二）全面性原则

全面性原则是指，在运动中统筹兼顾，身体各部位、各器官、各系统的机能及各种身体素质、活动能力得到均衡发展。人体是一个复杂的生命有机体，各个方面的运动是相互影响与制约的，只有全面运动，各个方面才能互相促进，共同提高。否则，人体就容易畸形、不健康。尤其是正处在生长发育阶段的大学生，贯彻全面运动的原则尤为重要。

1. 运动形式多样化，全面提高身体机能

体育运动项目非常多，经常运动对人体都有良好的影响。人体是一个互相联系、互相制约的有机体，各器官、系统的功能受体内其他器官和外界环境的影响而发生变化。任何局部功能的提高，必定促进肌体其他部位机能的发展；如果没有肌体各部位机能的普遍改善，就不会有局部机能的大幅度提升。如进行经常性的长跑运动，腿部力量得到加强，呼吸和血液循环系统的功能也会显著提高。只有心肺功能得到相应提高，下肢活动才能顺利完成，也才能获得较好的运动成绩。

2. 运动项目多样化，全面提高身体素质

全面提高身体素质，对提高身体的基本活动能力和运动技术水平起着重要作用。全面发展各项身体素质，必须根据自身特点、专业特征和兴趣爱好，选择 1 ~ 2 个能弥补和发展自身所需素质的项目，作为每天运动的主要内容。学生应多选择一些能促进全身血液循环、提高心肺功能、调节中枢神经系统的运动项目，如长跑、球类、游泳、体操、武术等，以达到全面提高身体素质的目的。

3. 运动条件勤变化，提高人体的适应能力

人体对外界环境的适应能力是人体健康状况、体质好坏的重要标志之一。因此，学生应注意加强对外界环境适应能力的锻炼。在校期间，多学习一些锻炼身体的原理和方法，养成锻炼身体的习惯；毕业后，结合自然环境进行运动，积极适应变化的环境。运动可以使自己精力充沛，意志坚定，从而提高工作效率，使生活愉悦。

（三）循序渐进原则

循序渐进原则是指体育运动必须根据人体身心发展规律，在运动内容、方法、运动负荷等方面逐步改善和提高。由于体育运动的过程是人体对内外环境适应的过程，在这个过程中我们不能急于求成，必须逐步提高才能获得良好的效果。

1. 运动负荷的循序渐进

进行体育运动时，当人体对一定运动负荷适应后，这种负荷对人体的刺激会变小，此时，可以适当增加练习时间和练习次数，让人体重新适应。但运动负荷的增加要由小到大，逐步提高。体育运动的开始阶段或中断运动后恢复运动时，强度宜小，时间宜短，不能急于求成。

2. 运动内容的循序渐进

练习内容要由简到繁，动作应由易到难，逐步加大难度。应首先考虑简单易行、容易达到运动效果的项目和内容。每次运动时,应先从动作简单、强度不大的内容开始练习,然后逐渐增加动作难度和运动负荷。体育运动只有遵循人体生理、心理发展的基本规律,根据自己身体健康状况,科学地安排适宜的运动负荷和运动内容,才能收到良好的运动效果。

(四)持续性原则

持续性原则是指运动者按预定的运动计划不间断地进行身体锻炼,使之成为日常生活的重要内容。

坚持运动能使人的新陈代谢功能增强,促进人体内的异化作用,继而加强同化作用,加快体内物质合成,使人体骨骼坚硬、韧带结实、肌肉粗壮、肺活量增加等,这种变化产生的关键是保证体育运动的时间、强度、次数的衔接性和连续性。假如运动时间间隔过长、中断时间过久,已经获得的运动效果就会减退甚至消失。

贯彻持续性原则,应注意以下几点:

1. 合理安排运动时间

体育运动的效果并非一劳永逸,不论什么年龄的人中止锻炼一段时间,都会导致前阶段的运动效果减退,因此每次运动的间隔安排要合理。

2. 运动要有恒心

把坚持运动作为一种培养毅力、锻炼意志、陶冶情操的手段和过程,排除各种外界因素的干扰,把体育运动作为日常生活不可缺少的部分,养成经常运动的习惯。

经常参加体育运动并不是说无论什么情况都必须每天运动,而是根据自身实际,每周运动3~5次。如果工作繁忙不能按计划进行,可充分利用零散时间运动。一天进行几次短时间运动同样会取得较好的效果,只要不长期停止运动,就能保持旺盛的体力和精力。

(五)从实际出发的原则

从实际出发的原则是指,锻炼身体应从个人的实际情况和外界环境条件的实际出发,确定运动目的、选择适宜的运动项目、合理地安排运动时间和运动负荷。这是增强身体素质、提高运动水平必须遵循的原则。

1. 从自身的实际出发

由于性别、年龄、体质和健康状况的差异,体育运动要从自己的实际情况出发,要有目的地选择和确定运动项目、运动方法,合理地安排运动时间和运动负荷。在每次运动前,都要评估自己当时的健康状况,运动项目的难度和强度不能超过自己身体的承受能力,否则会损害身体健康。

2. 从外界条件的实际出发

参加体育运动时,一方面要考虑自身的实际情况;另一方面要从季节、气候、场地、器材等外界条件的实际情况出发,按照科学运动的方法,合理选择运动项目、运动时间、运动负荷,这样才能获得良好的运动效果。例如,冬季应着重发展耐力和力量素质,春、秋季应重点进行技术性的项目,炎热的夏天,游泳是比较理想的运动项目,但尽量不要在阳光下运动太长时间。

二、体育运动的方法

体育运动时要想获得良好的运动效果，就必须按照科学的锻炼方法进行锻炼。锻炼身体的方法很多，运动者可根据自身的年龄、性别、职业、体质、健康状况等进行选择。

（一）锻炼身体的方法

1. 重复锻炼法

重复锻炼法是根据某一锻炼方法，按照一定要求，多次重复同一动作进行锻炼的方法。这种方法适用于：

①负荷较小或用时较短的练习；

②动作技术比较复杂、难以掌握的练习；

③运动负荷较大、难以一次完成的练习。

采用重复练习法应注意以下几个方面：

①合理安排重复练习的总次数，每次练习的时长、时间间隔，每次练习的强度等。

②保证每次练习的质量。不能因重复练习的次数多而降低动作要求或减少计划练习的次数。

③注意克服重复练习的枯燥感。练习时一方面要锻炼自我意志，树立信心；另一方面可在练习前后或间歇穿插一些轻松、有趣的辅助性练习。

2. 间歇锻炼法

间歇锻炼法是指，在锻炼过程中对安排的多组练习间的间隔时间做出严格规定，并反复进行锻炼的方法。该方法的关键是间隔时间必须严格控制，必须在机体尚未完全恢复的状态下就进行下一阶段的锻炼。该方法的特点是每次练习的时间较长，强度适中。

3. 连续锻炼法

连续锻炼法是按一定要求，持续进行规定动作的身体锻炼的方法。它是指在锻炼过程中，为了保持有价值的负荷而不间断地进行锻炼。该方法要求的锻炼强度较低、锻炼时间较长。

该种方法多用于发展人体的一般耐力，如较长时间的匀速跑。也可在非周期性项目中用于巩固某一技术动作和发展专门耐力，如篮球投篮训练中连续的原地肩上投篮练习。

4. 变换锻炼法

变换锻炼法是指改变锻炼内容、强度和环境进行锻炼的方法，如变换锻炼的项目、提高或降低锻炼强度、调整锻炼要素、改变锻炼地点等。

采用变换锻炼法应注意以下几个方面：

①要以锻炼的实际需要为前提，针对性地变换锻炼条件。

②合理制订、采用变换锻炼法的锻炼计划，在锻炼中注意收集、反馈信息，加强医务监督，及时根据个人的身体反应加以调整。

③变换锻炼法是短期锻炼计划采用的方法，而锻炼时间过长不利于该锻炼计划的

执行。

④锻炼项目无论如何变换，注意力都应集中在锻炼项目上，不能因为环境的变化忽视锻炼内容，从而使锻炼失去了意义。

5. 循环锻炼法

循环锻炼法是根据身体锻炼的需要，确定循环锻炼的各项锻炼内容，在一次锻炼中依次循环锻炼的方法。这种锻炼方法，可以弥补单一锻炼对身体发展作用的不足，有利于身体的全面发展。此外，由于锻炼内容多样，该方法能够调动运动者的积极性。

采用循环练习法应注意以下几个方面：

①要根据锻炼目的，确定循环练习的各项内容，使之互相配合。锻炼项目的组合一定要兼顾发展身体的不同部位、不同的运动素质，使锻炼能够取得促进身体全面发展的效果。

②合理确定各项锻炼的比例和顺序。进行循环锻炼时，首先需要确定一个核心锻炼项目，其他锻炼项目可围绕这一核心锻炼项目适当安排。

③合理确定练习项目间的间隔时间，保证顺利过渡到下一项练习，这需要根据运动者的身体状况而定。

（二）评定运动负荷的方法

运动负荷包括运动强度和运动量，无论以哪种运动方式进行健身或健美，合理的运动负荷都是非常关键的，下面将介绍一些实用的评定运动负荷的方法。

1. 即刻心率测定法

在一次运动后，运动者立即测定自己的心率，以此来确定运动负荷的大小。一般认为，180 次/min 以上为大负荷运动，130 ~ 180 次/min 为中等负荷运动，130 次/min 以下为低负荷运动。体弱或初次进行运动的人一般选择低负荷运动；身体健康、有一定运动基础的人可以选择中等强度的运动；体质强壮、运动水平较高的人采用大、中运动负荷相结合的运动效果会更好。

2. 基础心率测定法

在运动前及运动后的第一天运动者分别测定自己的基础心率（早晨醒后立即测定自己的心率三次，取平均心率），然后进行比较。经常进行运动的人，基础心率应该是稳定的或略有起伏；刚进行运动的人，运动后的基础心率会比之前略快，但变化不会过大，一般不应超过 6 次/min，若超过了 12 次/min，而又持续不下降，说明运动负荷过大，应及时调整。

3. 自我感觉

用运动中的自我感觉来衡量运动负荷的大小。要想达到健身的目的，必须要有一定的运动负荷做保障。如果运动者运动中过于轻松，说明运动负荷过小，而一般人在运动时，会有一定的疲劳感，表现为呼吸紧促、心跳加快、出汗等，这是比较适宜的运动负荷的表现，但运动中若感到吃力，出汗过多，说明自己的运动负荷过大。运用这种方法判断运动负荷虽然不够精确，但由于简便易行，运动者可以根据反馈信息及时调整运动负荷，比较适用。

(三)适量运动的界定

适量运动是指根据运动者的个人身体状况,场地、器材和气候条件,选择合适的运动项目,使运动负荷不超过人体的承受能力。运动过程中的运动强度、运动时间和运动频率适宜,运动时的心率范围控制在 120 ~ 150 次/min;人体无不良反应,运动后略觉疲劳,体能恢复速度快,情绪和食欲良好,睡眠质量高,醒后感觉精力充沛。

研究表明,心率低于 110 次/min 时,人体的血压、心电图等多项指标没有明显变化,健身价值不大;心率在 130 次/min 的运动负荷时,每搏输出量接近和达到一般人的最佳状态,健身效果明显;心率在 150 次/min 的运动负荷时,每搏输出量开始出现缓慢下降;当心率随运动负荷增加到 160 ~ 170 次/min 时,虽无异常反应,然而未能呈现更好的健身迹象。因此,只有运动时的平均心率在 120 ~ 150 次/min,运动时间为 20 ~ 60 min,每周运动 3 ~ 5 次,才能取得理想的运动效果,从而有利于人体的健康。

第三节 体育运动的自我监督——运动处方

世界卫生组织将“运动处方”概括为:对从事体育锻炼者或病人,根据医学检查资料(包括运动试验及体力测验),按其健康、体力以及心血管功能状况,结合生活环境条件和运动爱好等个体特点,用处方的形式规定适当的运动种类、时间及频率,并指出运动中的注意事项,以便有计划地经常性锻炼,达到健身或治病的目的。实践证明,按照运动处方进行科学的锻炼,既安全可靠,又有计划性,可在短期内达到健身保健和治疗疾病的双重目的。个人运动处方应由从事运动科学研究的专业机构设定。此指数适用于体格发育基本稳定的成人,一般是 18 岁以上,评价的标准为:女性在 20 ~ 25 岁、男性在 19 ~ 24 岁为正常,超过 30 岁即为肥胖。以一位 28 岁的男性为例,假设 A 先生是一位企业白领,身高 175 cm,体重 80 kg,他的 BMI 指数为 26,属于轻度肥胖。经过测算,A 先生的理想体重应该在 73.5 kg 以下,那么他每天所消耗的能量应该是以下三项之和:维持生命基础能量消耗 1 500 kcal+活动能量消耗 870 kcal+进食自身能量消耗 150 kcal=2 520 kcal(1 kcal≈4.186 kJ),也就是说 A 先生每天从摄取的食物中获得的能量应等于或小于 2 520 kcal,或者在他的运动处方中必须有比较大的运动量,以消耗其多余的能量。

一、运动处方的内容

运动处方的内容应包括运动方式、强度、时间、频度和体力活动的进展速度 5 个部分。

①运动方式:大肌肉群运动,持续长时间、有节律的有氧运动,如徒步行走、慢跑、各种球类运动、游泳、滑冰、自行车、越野滑雪、跳绳和各种游戏活动等。

②运动强度:65% ~90% 的最大心率(最大心率=220-年龄)或 50% ~85% 的最大耗氧量。

③运动持续时间:15 ~60 min 持续或间歇的有氧活动。持续时间取决于运动强度,低强度运动持续的时间较长,且易提高耐力水平。人进行高强度运动存在潜在风险,所以非运动

员的成人适合做较长时间的低、中等强度的活动。

④运动频度:每周 3 ~5 天。可隔日进行。

⑤运动进度:随着运动强度和时间的增加,运动效应逐渐出现,大部分运动者的运动效应是在运动的第 6 ~8 周出现。医生、治疗师和健康指导者应根据运动者的特点、新的运动试验和训练课中的运动能力,不断调整运动处方。

二、运动处方过程中的注意事项

①准备活动应包括伸展、体操和低强度的有氧运动。这些活动不易引起身体损伤和肌肉疼痛。

②整理活动包括慢跑、伸展运动和放松运动。

③环境因素会影响运动时的生理反应,如天气炎热或寒冷、空气污染都会影响运动时的生理反应。当运动环境改变时,运动处方也应随之改变,以保证运动者的健康和安全。环境热应激是温度、相对湿度和辐射热作用人体的结果;过多出汗和心血管呼吸系统功能差也会增强环境热应激。人在热环境中应减少运动,运动中和运动后应补充适当水分。寒冷天气运动应防止冻伤,保暖头部和四肢。有症状者应在温和天气运动。高原的氧分压强低,会损害人的氧输送系统,增加极限运动下人的心肺反应。在 1 500 m 以上的高原运动应降低运动强度。在被污染的环境下运动,应降低运动强度和减少运动时间,这对于慢性肺部疾患者来说尤为重要。

④慢性病人、临床症状不稳定的人和心肺病患者在进行运动时,应在医生或有训练经验的职业专家的指导和监测下进行运动。

三、有助于健康的运动处方

虽然运动形式多种多样,但运动方式都基本相同,如有氧运动、力量训练、伸展运动等,只要根据自己的年龄进行不同的运动,保持不同的运动强度,就能达到健身的目的。否则,过度运动反而有损健康。下面的运动处方可供参考。

①最大心率:用 200 减去你的年龄,就是你运动时被允许的最大心率值。如果你今年 35 岁,最大的运动心率就是 200-35=165 次/min,运动时一般要求心率控制在最大心率的 60% ~80% 。

②有氧运动:游泳、骑自行车、跑步、跳舞、爬山、爬楼梯、跳绳、打篮球、踢足球、打网球、打乒乓球等,这些运动对心、肺功能和心血管系统以及神经系统都有很强的锻炼效果。

③力量训练:可以在家里做俯卧撑,也可以到健身房进行器械运动,这对身体的肌肉和骨骼有很好的作用。

④伸展运动:它是指练习关节、韧带的柔韧性,比如瑜伽、体操等。

⑤能量掌握:一次持续半小时的中强度有氧运动,消耗能量为 150 ~300 kcal,同等强度的举重训练耗能只有 100 kcal。每人每周的体育运动要消耗能量 800 ~1 500 kcal 才能起到运动的作用。

四、减肥运动处方

随着物质生活水平的提高，肥胖者日益增多，肥胖症已成为当今重要的流行病之一，严重威胁着人类的身体健康，于是各种各样的减肥方法应运而生。然而经过实践证明，预防肥胖症的最佳方法还是运动。

1. 运动减肥的机理

运动之所以作为减肥的有效方法之一，是因为：

①人体运动时的主要能源来自糖和脂肪。人在有氧运动中，肌肉收缩活动初期能源为糖，当持续运动120 min以上时，游离脂肪酸供能为50% ~70%，此时肌肉对血中游离脂肪酸和葡萄糖的摄取和利用增多，脂肪细胞会释放大量的游离脂肪酸，这使得脂肪细胞缩小，同时使多余的血糖被消耗而不能转化为脂肪，结果体内脂肪减少，体重下降。

②研究表明，体育运动能改善脂质代谢。运动时人体的肾上腺素、去甲肾上腺素分泌量增加，可提高脂蛋白酶的活性，加速富含甘油三酯的乳糜和低密度脂蛋白的分解，故而会降低血脂使高密度脂蛋白升高，最终加快游离脂肪酸。

③经常进行耐力运动的人，外围组织尤其是肌肉细胞膜上的胰岛素受体敏感性提高，与胰岛素的结合能力会增强。胰岛素对脂肪的分解有很强的抑制作用，它的减少伴有儿茶酚胺和生长激素等的升高，最终加快游离脂肪酸。

④肥胖者安静状态时的代谢率低、能耗少。人体经过系统的运动，机能水平会提高，特别是心脏功能会增强，内分泌调节的改善，这使得肥胖者在静息时的代谢水平提高，能耗增大。根据相关报道，静息时肌肉组织的能量96%来源于游离脂肪酸的分解。

⑤肥胖者进行适宜强度的运动后，常会食欲下降，食物摄入量减少，从而会降低了热量摄取，这使得人体能量代谢出现负平衡，体脂减少。另外，运动后消化食物能力的增强，有利于人体能源物质的分解。

2. 青年肥胖者的运动处方

①运动项目：长跑、步行、游泳、划船、爬山等，也可练习有氧体操，如健美操、迪斯科、球类运动等。

②运动强度：一般运动强度为本人最大吸氧量的60% ~70%，或最高心率的70% ~80%。

③运动频率：由于青年肥胖者多有减肥的主观愿望，自觉性较强，为增强减肥效果，运动频率可适当增大，一般每周锻炼4 ~5次为宜。

④运动时间：每次运动时间不少于1 h，持续时间可视减肥要求而定。晚饭前2 h运动最佳。

上述减肥运动处方在实施过程中，若能配合适当的节食措施，减肥效果会更佳。

五、心理缺陷的运动处方

现实生活中，在心理健康和心理疾病的两个极端间，有一类为数不少的心理缺陷人群，他们常常无法发挥正常人具备的心理调节能力。针对性地进行体育运动是培养健全人格的有效心理训练方法,不过选择的体育运动项目应有的放矢。

①孤独、怪僻,不大合群,不习惯与同伴交往的人可以选择足球、篮球、排球以及接力跑、拔河等集体项目。坚持参加这些集体运动项目,会帮助他们逐步适应与同伴的交往过程,并热爱集体。

②腼腆、胆怯,容易脸红的人可以多参加游泳、溜冰、滑雪、拳击、摔跤、单双杠、跳马、平衡木等运动项目。这些活动要求人们不断地克服害怕摔倒等各种胆怯心理,以勇敢、无畏的精神去战胜困难。

③优柔寡断,犹豫不决的人应多参加乒乓球、网球、羽毛球、拳击、摩托、跨栏、跳高、跳远、击剑等运动项目。在这些运动项目面前,犹豫、徘徊等心理将会延误良机,运动者会走向失败。

④遇事易急躁,感情易冲动的人应多参加打太极拳、慢跑、长距离的步行及游泳和骑自行车、射击等缓慢、持久的运动项目。这一类体育运动项目能帮助他们调节神经活动,增强自我控制能力。

⑤遇事过分紧张,容易发挥失常(如考试)的人应多参加竞争激烈的体育比赛,特别是足球、篮球、排球等比赛项目。因为场上形势多变,比赛紧张激烈,只有冷静沉着地应对比赛,才能在比赛中占据优势,才不会过分紧张。

⑥自负、逞强的人应选择一些难度较大、动作较复杂的技巧性活动,如跳水、体操、马拉松、艺术体操等体育项目,也可找一些实力超过自己的对手打乒乓球或羽毛球等,不断提醒自己“山外有山,人外有人”。

弥补心理缺陷并不是简单的运动和游戏,它必须有一定的强度、质量和时间。每次锻炼时间在 30 min 左右,运动量从小到大,循序渐进,3 个月为一个周期,一般进行两个周期左右。训练过程中,要注意运动的适应症和禁忌症,同时要防止发生事故。

科学减肥

第四章　运动防护与卫生

第一节　运动损伤的预防与处理

运动中发生的人体损伤，统称运动损伤。体育运动中发生的运动损伤、创伤或者运动性疾病是在所难免的，应尽量避免和减少损伤，一旦发生损伤就要迅速准确地进行急救处理。

一、运动损伤的预防

无论哪种类型的人体损伤，都会影响到你的生活和学习，所以针对运动中的损伤，我们主要以预防为主。

①加强安全意识，提高预防运动损伤的意识，切忌盲目进行体育运动；运动时情绪上要稳定，要量力而行，循序渐进，不要急于求成；要克服畏难、恐惧、害羞等心理，以免在完成动作时犹豫不决和过分紧张而造成身体受伤。

②准备活动要有针对性，加强对易伤部位的防范措施。国内相关资料表明，缺乏准备活动或准备活动不正确是运动损伤的重要原因。

③遵循教学规律，特别是对技术较难和容易受伤的环节，应事先做好预防，注意技术动作的合理性，合理安排运动量，避免负荷（尤其是局部负担）过大，切忌急于求成。

④加强自我保护，提高自我保护能力，如摔倒时立即屈肘、低头、团身，以肩背着地，顺势滚动，而不能直臂撑地。

⑤加强医务监督，要善于把握自己在运动前后的生理变化，患有慢性病者要定期体检，并在医生和体育老师指导下进行体育锻炼。

⑥重视运动器材、场地的安全和卫生，场地器材应经常检查和维修。锻炼者的服装、鞋子要符合体育卫生要求。同时应避免不良天气状况下的运动。

二、运动损伤的分类

（一）按伤后皮肤黏膜是否完整进行分类

按伤后皮肤黏膜是否完整，运动损伤可分为开放性损伤和闭合性损伤。

1. 开放性损伤

开放性损伤是指受伤的皮肤或黏膜破裂，伤口与外界相通，有血液或组织液从伤口渗出，容易引起感染。常见的有擦伤、撕裂伤、刺伤、开放性骨折等。

2. 闭合性损伤

闭合性损伤是由一次较强的运动所致，损伤的皮肤或黏膜未破裂，伤口不与外界相通。常见的有挫伤、扭伤、肌肉拉伤及肌腱腱鞘炎等。

（二）按受伤的组织结构分类

按受伤的组织结构不同，运动损伤可分为软组织损伤、骨折、脑震荡。

1. 软组织损伤

软组织损伤又分为开放性软组织损伤和闭合性软组织损伤两类。开放性软组织损伤包括擦伤、撕裂伤、刺伤等；闭合性软组织损伤包括挫伤、肌肉拉伤、关节扭伤等。

（1）开放性软组织损伤

①擦伤。擦伤是指身体某部位受外力摩擦，皮肤被擦破出血或组织液渗出。例如，人运动时摔倒，造成皮肤与地面摩擦发生人体擦伤，创面有擦痕，并出现血点或组织液渗出。

②撕裂伤。撕裂伤是指因钝器打击或挤压所引起的皮肤和软组织开裂。撕裂伤以头、面部撕裂较多，创缘不整齐，周围软组织损伤严重，从而引起出血肿、水肿。

③切伤和刺伤。切伤和刺伤是指由于尖锐器物切入、刺入皮肤所致。其创口有不同程度的深度和宽度，创缘整齐。

（2）闭合性软组织损伤

①挫伤。挫伤是指用钝力直接作用于人体，使局部软组织受伤。例如，运动中人体互相冲撞等造成的挫伤，常见的有大、小腿前部挫伤，另外头、胸、腹部及睾丸的挫伤也很多见。

②肌肉拉伤。肌肉拉伤是外力的直接、间接作用，使肌肉、肌腱和韧带过度牵拉引起的损伤。

③关节扭伤和关节脱位。关节扭伤是由于动作不慎，关节发生了超常范围活动，这就容易造成关节囊、韧带及肌腱的损伤，常见的有踝关节扭伤、肩关节扭伤、膝关节扭伤等。关节脱位是因外力作用，关节面之间失去了正常的连接关系，体育运动中，以肩、肘关节脱位为多见。

2. 骨折

在外力作用下，人骨的完整性和连续性遭到破坏，这称为骨折。根据骨折处是否与外界相通，可分为开放性骨折、闭合性骨折；根据骨折的程度与形态又分为完全性骨折和不完全性骨折。

3. 脑震荡

脑震荡是指大脑神经细胞和神经纤维受到外力打击后，意识和机能发生暂时性障碍。

（三）按受伤的病理过程分类

按受伤的病理过程不同，运动损伤可分为急性损伤和慢性损伤。

1. 急性损伤

急性损伤是指瞬间遭受直接或间接的暴力造成的损伤。

2. **慢性损伤**

慢性损伤是指劳损或陈旧性劳损造成的损伤。

三、运动损伤的急救原则

急救是指对运动中突然发生的严重损伤进行的紧急、初步和临时性的处理。

正确的急救处理可以减轻患者痛苦,预防并发症,为转送医院进一步治疗创造条件。若处理不当,轻则会加重损伤、招致感染等,重则危及生命。因此,急救者必须及时、准确、合理、有效地采取措施,判断正确,抓主要矛盾,分工明确。这对保护患者的生命安全具有十分重要的意义。

急救的一般方法是:止血、抗休克、包扎固定、速送医院。

1. **止血**

运动创伤一般都有出血现象,出血可分为内出血和外出血两种。外出血又有动脉、静脉出血和毛细血管出血之分。这里仅介绍外出血的常用止血方法。

小的外伤静脉出血,在出血点上加压包扎,使血管闭塞形成防御性血栓或血块即可达到止血的目的;动脉出血常采用指压止血法,达到止血目的。6 个重要的压迫止血点位置如下:

①颞动脉点。用拇指指腹在耳屏前上方一指宽处压迫,用于头部、颞部出血。

②颌外动脉点。压迫下颌角前一横指处,用于面部出血。

③颈总动脉点。在甲状软骨一寸处压迫,用于颈、口、喉部出血。

④锁骨下动脉点。压迫锁骨上窝,用于肩部、上肢出血。

⑤肱动脉点。食指、中指、无名指三指指腹将肱二头肌内侧的肱动脉压向肱骨,用于前臂和手出血。

⑥股动脉点。用整个手掌压迫腹股沟,用于下肢的止血。

2. **抗休克**

休克是许多有害因素引起全身循环障碍、组织血灌注量不足的一种严重的临床综合征。在体育运动中,创伤性休克较为多见。

抗休克的措施一般包括:使伤员安静平卧,注意保暖;控制大的活动性出血;若呼吸困难,应进行人工呼吸或给氧急救;疼痛剧烈者可给服止痛片或镇静剂。之后,迅速送医。

3. **包扎固定**

正确的包扎、固定可限制伤肢的活动,保护伤口,防止感染。

包扎时动作要轻柔、敏捷,松紧适度。对于制动程度要求高的损伤(如骨折、关节脱位等),则需夹板固定。

4. **速送医院**

经现场急救处理后,应迅速送医做进一步治疗。

四、常见运动损伤的一般处理

(一)开放性软组织损伤的处理方法

开放性软组织损伤一般都有不同程度的外出血,因此首先要及时止血,而后处理创口,以防感染。

1. 擦伤

小面积的擦伤,一般先用生理盐水或凉开水(也可用自来水)等冲洗伤口后,再用红汞或紫药水涂抹伤口(脸部不宜涂紫药水),无须包扎。

如是关节部位发生较大面积擦伤,注意不可用紫药水,可在创口上抹磺胺药膏或抗菌软膏,并用消毒敷料覆盖包扎,以防干裂影响关节活动。

大面积的、严重的擦伤或创口有异物的擦伤,应先用消毒镊子将异物取出,而后再进行创口处理。

2. 撕裂伤、切伤、刺伤

对于小的撕裂伤、切伤可用创可贴做简单处理。

刺伤的创口一般比较深而小,可致深层肌肉组织或内脏器官的损伤,有些刺入物还可能带入污物碎片,应先将其取出,再彻底清创、止血、消炎、包扎,同时应到医院进行抗菌素治疗,注射破伤风抗毒血清,以防破伤风。

对于撕裂伤、切伤、刺伤伤口较大的患者,还须及时对其进行缝合和包扎。

(二)闭合性软组织损伤的处理方法

闭合性软组织损伤通常应按损伤的病理过程进行处理。

1. 急性损伤

急性损伤的一般处理原则是:制动→止血防肿→活血散瘀,消肿止痛。

(1)制动

闭合性损伤发生后,首先要检查有无合并伤,如腹部挫伤后有无合并内脏器官破裂,头部挫伤后有无合并脑震荡等。若有合并伤,先处理合并伤,再处理软组织损伤。在确定无严重合并伤后,再进行下一步处理。

(2)止血防肿

伤后 24 ~48 h,应进行冷敷、加压包扎、制动和抬高患肢。要停止伤部的活动或对伤部做局部固定,同时应对伤部进行冷敷(如冷水浸泡或用冷毛巾敷于患处,有条件的可用氯乙烷喷射于伤部表面,使局部组织降温和血管收缩,达到止血目的),加压包扎(用棉花贴在患处,再以绷带加压包扎),还可外敷新伤药、内服止痛片(如跌打丸、七厘散),之后抬高伤肢,适当固定。

(3)活血散瘀,消肿止痛

受伤 24 ~48 h 后,可以在局部进行按摩、热敷、理疗等,促进组织的新陈代谢,加速瘀血与渗出液的吸收,活血散瘀,消肿止痛。当损伤基本恢复后,应开始进行适当的力量练习和肌肉、韧带的伸展练习。

2. 慢性损伤

慢性损伤的一般处理原则是改善伤部血液循环,促进组织新陈代谢,合理安排运动量,通常也采用按摩、热敷、功能锻炼等方法。

3. 骨折、关节脱位

体育运动中四肢长骨的闭合性骨折为多见。骨折发生时会有啐骨声,骨折发生后的症状一般比较严重,主要表现为骨折处疼痛、局部肿胀和皮下瘀血。肢体失去杠杆和支持作用,使得人体发生功能障碍或失去活动能力。肢体完全骨折后,局部会畸形或出现“假关节”,有压痛和震痛感。人体移动时会产生骨摩擦音,严重骨折常伴有出血和神经损伤,甚至危及生命。

关节脱位时,局部有疼痛、压痛、肿胀、关节畸形和关节活动丧失的症状。

骨折或关节脱位的处理原则是:抗休克→临时固定→送医院。如果出血,应止血→抗休克→包伤口→固定→送医院,即发生骨折或关节脱位,都应首先止痛抗休克。对于开放性骨折,应先止血,再做局部无菌处理和包扎伤口,最后再就地取材,用夹板及绷带固定伤肢(非医护人员不能随意使用整复手法)。简易处理后,应迅速送医院进行整复和治疗。

4. 脑震荡

脑震荡发生后,患者会出现短则数秒、长则几分钟或更长时间的意识丧失。意识丧失时,呼吸表浅、脉搏稍缓、肌肉松弛、瞳孔放大但对称,神经反射减弱或消失。清醒后,患者不能回忆起受伤情况、反应迟钝,并伴有不同程度的头疼、头昏、恶心、呕吐等。

脑震荡的处理方法是:立即使患者平卧,冷敷头部,使身体保暖;掐其人中、合谷、内关等穴位,使其苏醒。对呼吸发生障碍的伤员,可做人工呼吸。对昏迷时间超过 4 min 的患者,两侧瞳孔大小不一,口、鼻、耳出血,眼球青紫及清醒后头疼,剧烈呕吐或再度昏迷者,应立即送医院抢救。对短时间意识恢复的轻度患者,应尽可能使其平卧并送其回宿舍休息,一般应卧床休息到头痛、头晕的症状完全消除。其不宜过早进行运动,以免留下头痛、头晕等后遗症。

(三)中暑和运动性贫血的处置

由于天热和身体弱等,学生在体育运动中易中暑或出现运动性贫血。

1. 中暑的处置方法

首先,将患者移至通风阴凉处,用凉水擦拭患者并冷敷其额头;其次,患者昏迷时要使其侧卧以保证其呼吸道畅通,可让患者适量饮用淡盐水。

2. 运动时贫血的处置方法

运动时若贫血,应立即停止运动,并将脚抬高加速血液的回流;松解衣服,加速血液流动。昏迷时要使患者侧卧以保障呼吸的畅通。

第二节　职业病的预防

一、职业病概述

(一)职业病的定义

职业病是指企业、事业单位和个体经济组织的劳动者在职业活动中,接触粉尘、放射性物质和其他有毒、有害物质等而引起的疾病。一般来说,各国法律对职业病的范围都有一定的规定。

(二)职业病的特点

中国职业病的五大特点分别是:

(1)受到职业病危害的人数多,患病者数量大。

(2)职业病危害分布行业广,中小企业危害严重。

(3)职业病危害流动性大、危害转移严重。

(4)职业病具有隐匿性、迟发性特点,危害容易被忽视。

(5)职业病危害造成的经济损失巨大。

(三)职业病的分类

我国法定职业病包括十大类,分别是:

①尘肺。有硅肺、煤工尘肺等。

②职业性放射病。除外照射急性放射病外,还有照射亚急性放射病、外照射慢性放射病、内照射放射病等。

③职业中毒。铅及其化合物中毒、汞及其化合物中毒等。

④物理因素职业病。中暑、减压病等。

⑤生物因素所致职业病。有炭疽、森林脑炎等。

⑥职业性皮肤病。接触性皮炎、光敏性皮炎等。

⑦职业性眼病。化学性眼部烧伤、电光性眼炎等。

⑧职业性耳鼻喉疾病。噪声聋、铬鼻病等。

⑨职业性肿瘤。石棉所致肺癌、间皮瘤,联苯胺所致膀胱癌等。

⑩其他职业病。职业性哮喘、金属烟热等。

职业病的诊断应由省级以上人民政府卫生行政部门批准的医疗卫生机构承担。

(四)职业病与职业诱发的病症

很多人有一个常见的思想误区,认为凡是由职业诱发的病症都属于职业病的范畴,其实不然。严格来说,狭义的职业病是法律规定且须用人单位进行经济赔偿的职业病。也就是说:①职业因素是该病发生和发展的诸多原因之一,但不是唯一的直接的病因;②职业因素影响了健康,从而促使潜在的疾病显露或加重已有的疾病病情;③通过改善工作条件,所患疾病可以得到控制或缓解。因此,在职业卫生工作中,应将该类疾病列为控制和预防的重要内容,保护和促进职业人群的身体健康。

广义的职业病包括许多因职业诱发的病症。常见的与职业有关的疾病有:行为(精神)和身心的疾病,如精神焦虑、忧郁、神经衰弱综合征,多是工作繁重、夜班工作、饮食失调、过量饮酒、吸烟等因素引起。有时人由于对某一职业危害因素产生恐惧心理而精神紧张、脏腑功能失调。慢性非特异性呼吸道疾病,包括慢性支气管炎、肺气肿和支气管哮喘等,是多因素导致的疾病。吸烟、空气污染、呼吸道反复感染是得此病的主要病因。即使空气污染程度在卫生标准限值以下,患者仍可发生较重的慢性非特异性呼吸道疾患。其他如高血压、消化性溃疡、腰背痛等,也常与某些工作有关。

二、高职院校学生的职业病概述

本节所说的高职院校学生的职业病主要是指广义的职业病,对于即将步入职场的高职院校学生来说,新的工作环境给其带来了无限的憧憬与激情。面对职场,除了基本的知识储备,更需要强大的内心和健康的身体。然而面对职场的压力,人们往往忽视了运动可以强身健体,把运动的时间压榨到所剩无几。为了我们的将来,我们要从现在开始告别职业病,让越来越多的人认识到长期保持不当的工作姿态,身体就会出现种种病症。现代人群有以下几种常见职业病。

(1)鼠标手

这主要是因为人们手上的屈伸肌肉使用不平衡,人们经常使用屈肌,而伸肌功能就会退缩。

(2)电脑腰

人长期从事静力性坐姿劳动,会引起腰背和下肢肌群的负担加重,促使肌力失调,导致脊柱变形,呈弯曲畸形,同时下肢静脉管腔壁弹性会减退、变硬,静脉瓣萎缩、硬化,诱发血管弯曲的静脉曲张,容易引起直肠肛管静脉扩张、血液瘀滞,从而并发痔疮、肛门疼痛、血便等症状。久坐也会使心脏工作量需求减少,引起心肌功能减退及血流减慢,为高血压、冠状动脉、血栓等病症埋下隐患。

(3)慢性腰腿痛

这主要是腰椎骨关节退行性变化和腰肌的慢性劳损以及肌无力等引起的,应以腰、背和腿部肌肉锻炼为主,方式有太极拳、体操、散步、慢跑、门球以及退步行走。运动中不宜超量负重锻炼,以免引起新的损伤。

三、高职院校学生的职业病预防

对于上述常见的慢性病症,通过坚持正确的运动是能够避免的。但是学生们常常抱怨“我真的没有时间去运动”“我喜欢运动,但真的没有时间”。可能部分学生的生活、学习的场所确实没有羽毛球场地、没有球拍、没有跑道。即使这样，同样可以在简短的时间内有效地利用场地和空间去完成简单的运动，如利用我们身边的椅子，对腰部、腹部、腿部等进行有效锻炼。其动作要领和主要步骤如下：

用手抓住椅背，脚后跟不断地提起再放下，每次持续保持 5 ~ 10 min 就能使骨骼肌得到锻炼，对小腿的塑形也很有帮助。双手握住椅子的把手，使其可以支撑身体，双脚并拢尽量平伸向上抬起，这样可以锻炼腹肌和大腿，使身材更加完美。通过对腹肌有效的锻炼可以起到对腹部器官的保护作用。双手抓住椅背，单脚后踢，左右脚轮换，反复几十次，这对腰部的锻炼有十分显著的效果，能避免腰椎疾病的产生；站直后双手抓住椅背，身体挺直，仰头看天花板，保持望月的动作。身体呈反向弯曲，对脊椎具有很好的保健作用。

运动不一定要去球场和跑道，巧妙利用学习和办公区域的有限空间，也能达到锻炼的目的。以下是关于小空间全身锻炼的建议。

(1)手的锻炼

双手平放在桌子上，手掌不动，手指离开桌面向上抬，反复坚持 1 ~ 2 min，会感觉手部肌肉舒服了很多。另外，转笔也是预防鼠标手的好办法，正反 360°不但能让你成为一个“杂技高手”，还能让你的手指更加灵活。

(2)手臂和胸肌锻炼

在地面够宽的前提下，利用凳子做斜卧撑，锻炼手臂肌肉和胸肌。斜卧撑可以有效增强胸部、上臂后部、背部及腰腹部的肌肉质量，塑造体形，还可预防和治疗乳腺增生等。

(3)颈椎锻炼

在地面上做手臂平举，然后再向上举起、放下，姿势类似于飞翔，来回做 100 次左右，就能达到锻炼的效果。每次锻炼的时候，我们能感觉到颈椎附近肌肉的紧张和松弛，也能缓解颈椎疲劳。

四、其他运动处方

其他运动处方包括针对所有人的有效运动处方和针对长时间静坐的人的有效运动处方，系统地根据处方完成运动要求，可以有效预防相关职业病。

第三节　体育卫生常识

生命在于运动，因为运动能使自己的新陈代谢更加旺盛，而且能把体内的毒素从汗腺中排出，这样才能让自己更健康，那么运动卫生常识有哪些？就来看看下面的介绍，希望你能通过运动，让自己的身体更加健康。

一、运动卫生

(一)运动前

1. 地点

不要在不适合运动的地方运动,由于运动的基本功能是通过呼吸从外界摄入大量新鲜氧气,以满足身体需求,故运动前一定要选择好地方,如平坦开阔,空气新鲜的公园、河滩、体育场等。

2. 热身

热身运动又称准备运动,前者因人体生理反应而得名,后者则属一般性概念。热身运动是全身活动,在主要身体运动之前,以较轻的活动量先行活动肢体,为随后更为强烈的身体运动做准备,目的是提高随后激烈运动的效率、安全性,同时满足人体在生理和心理上的需要。运动前,人体的机能和工作效率不可能在一开始就达到最高水平,因而需要通过热身调整运动状态。

3. 饮食

饮食上要特别注意食品卫生,不要吃生冷、刺激、不卫生的食物,以免生病,影响人体机能。不要在进餐后运动,进餐后需要较多血液流入胃肠道,帮助人体消化食物与吸收养分,如果这时进行运动就会造成血液流向四肢,妨碍胃肠对食物进行消化,长此以往就会导致严重疾病。

4. 着装

运动时间应选择舒适的着装,尽量穿运动鞋、着运动服,避免穿皮鞋、高跟鞋或鞋底较硬等不利于运动的鞋。

5. 作息

早睡早起,不要熬夜,保证睡眠时间和质量,避免运动时出现身体疲劳。运动前一天晚上最好尽早休息,让第二天保持良好的精神和身体状态。

6. 情绪

运动不仅是身体的锻炼,也是心理的锻炼,所以不要在心情不好的时候运动。运动医学专家的解释是:人的情绪直接影响着身体的生理机能,而情绪的变化又产生于大脑深部,并扩散到全身,在心脏及其他器官上留下痕迹,这种痕迹将影响人体的健康。

(二)运动时

1. 选择最佳运动量

由于每个人的实际情况不同,所以最佳运动量应根据自己的年龄、性别、职业特点、体力状况、健康水平、体育基础、生活环境、目的任务等不同情况来决定。比如,长跑要根据自己耐力水平确定跑的速度和节奏,合理支配体力。

2. **运动应量力而行**

若运动中身体出现不良状况,不要勉强坚持,应立即停止运动,并及时调整好自己的身体状态。

(三)运动后

运动不仅消耗人体的能量,也消耗人体的水分,尤其是夏季进行运动时,容易口干舌燥。如何补充体内丢失的水分,是我们需要注意的一个方面。

(1)水的质量

尽量不喝各种饮料,诸如汽水之类;要喝白开水、绿豆汤或淡盐水等,以清热解暑,及时补充体内由于大量出汗而丢失的微量元素。

(2)忌服过冷的水

因为平时人的体温在37℃左右,运动后可上升到39℃左右,如果饮用过冷的水,会强烈刺激胃肠道,引起胃肠平滑肌痉挛,血管突然收缩,胃肠功能紊乱,最终导致消化不良。

(3)饮水的量

运动时人体出汗较多,饮水的量自然会大,但不能一次喝足,要分次饮用。一次饮水量一般不超过200 mL,两次饮水时间间隔至少15 min。另外饮水速度要慢,不可过猛。

(四)运动后消除疲劳的四种方法

1. **充足睡眠**

睡眠是消除人体疲劳,恢复体力的关键。运动者每天应保证8～9 h的睡眠时间,使人体处于完全放松的状态。

2. **按摩**

按摩不但能促进大脑皮层兴奋与抑制的转换,促使疲劳引起的神经调节紊乱消失,还可促进人体血液循环,加强局部血液供应,消除人体疲劳。按摩时以揉搓手法为主,交替使用按压、扣折等手法,可在运动结束后或晚上睡觉前进行。

3. **整理运动**

人体进行剧烈运动后骤然停止,会影响氧的补充和静脉血回流,使血压降低,容易产生不良反应。因此,运动后应做整理运动,动作缓慢、放松,使身体恢复运动前的状态。整理活动是指,运动后采用的一系列放松练习和运动后按摩等恢复手段,目的是消除人体疲劳,恢复人的体能,提高运动效果。

4. **合理安排膳食**

人在疲劳时应注意补充人体所需的能量和维生素,尤其是糖、维生素C及B_1,应食用富有营养和易于消化的食物,多吃新鲜蔬菜、水果。运动后的营养补充重点:①补充因流汗而损失的水分和电解质,②补充运动中消耗的肝醣,③修复受伤的肌肉和组织。

（五）运动后不宜做的事情

1. 不宜立即吸烟

运动后马上吸烟，会导致吸入肺内的空气中混入大量烟雾，一方面会减少氧量，另一方面会因供氧不足出现胸闷、气喘、头晕、乏力等。相关资料表明，身体疲乏时吸烟对人体的危害比平时更大。

2. 不宜立即洗澡

运动时体内大量血液分布在四肢及体表，虽然运动停止，但四肢及体表增加的血液量还要持续一段时间，此时如果马上洗澡，易导致血液过多地进入肌肉的皮肤，心脏和大脑供血不足。

3. 不宜贪吃冷饮

运动时失水较多，往往口干舌燥，这时如喝下大量的冷饮容易引起胃肠痉挛、腹痛、腹泻等。

4. 不宜蹲坐休息

运动后马上蹲下休息，不利于下肢血液回流，影响血液循环，易加重肌体的疲劳感。

5. 不宜立即吃饭

运动时神经系统控制着肌肉活动，而管理人体内脏器官的神经系统处于抑制状态。同时全身的血液更多地处于运动器官处而非消化器官处，此时进食，会增加消化器官的负担。

二、女生的特殊时期

正常情况下，女生在生理期进行适当的运动是有益无害的。适当的运动能改善人体的机能状态，促进血液循环，改善盆腔内生殖器的血液供应；运动时腹肌、盆底肌收缩与舒张交替进行，能对子宫起一定的按摩作用。这对缓解女生生理期的反应有一定作用。

一般女生在生理期的运动量不宜过大，运动强度也不宜过高，要循序渐进，特别是正处在发育阶段的女生。如果运动强度过高、运动量过大，超出身体承受能力，也会挫伤女生运动的积极性。因此其可以适度做一些活动进行调节，例如一些技巧性活动，简单的前滚翻、乒乓球、慢跳绳、踢毽子等。

运动虽然能对人体起到一定的调节作用，但应避免剧烈活动，如高强度的仰卧起坐、跳跃、长跑等。因为女生生理期期间生殖器官充血，韧带松弛，剧烈运动易使子宫位置改变和经血过多。如有严重的痛经，经血量过多，可以暂作休息。需要注意的是女生生理期期间要注意保暖。总之女生生理期期间，必须根据自身条件，适当进行运动。

三、预防传染病，人人有责

（一）疫情防控下做好科学消毒工作

消毒是切断传染病传播途径、控制传染病流行的一个重要手段。但消毒不宜过度，要按照规范操作，并且要注意潜在风险。

公共场所消毒：非病毒流行区的公共场所，预防性措施应以开窗通风和环境清洁为主，消毒的意义有限。平时应注意加强自然通风和机械排风，保持室内空气流通，每日通风2～3次，每次不少于30 min。

大型公共设施如宾馆、商场、超市和会议中心等应保证空调系统的供风安全，每周对运行的集中空调通风系统清洗和消毒，若空调无消毒装置，须关闭回风系统。其次保持良好的环境卫生，必要时可以用84消毒液对物体表面进行喷洒、擦拭。

手的消毒：所有人员均应加强手卫生措施，按照正确洗手法彻底洗净双手。接触病人的医务人员可选用有效的含醇速干手消毒剂洗手。

交通工具日常性消毒措施：火车和地铁到站后，应打开所有舱、车门进行通风换气。公共汽车、出租车应随时开窗通风。车厢内设施的消毒，如桌、椅、把手、马桶、洗手池等高频接触部位可用有效氯为250～500 mg/L的含氯消毒剂喷洒、擦拭。

病人用过的被服、口罩的消毒措施：病人使用过的无纺布帽子、衣物、口罩、鞋套等放入污物袋内集中进行无害化处理；棉质衣、被、帽子、口罩等，可用有效氯为500 mg/L的含氯消毒剂溶液浸泡30 min。

病人用过的餐具的消毒措施：病人的剩的食物煮沸30 min或加适量漂白粉作用1～2 h后方可倒掉。餐（饮）具清除食物残渣后，煮沸消毒30 min，也可用有效氯为500 mg/L的含氯消毒剂溶液浸泡30 min后，再用清水洗净。

（二）预防传染病，从正确戴口罩开始

戴口罩是预防传染病最重要、最有效的防控手段之一，戴口罩看似简单，其实是很有学问的。冬季传染病高发时，戴口罩既是保护自己不被别人传染，也是保护身边人的有效措施，就好像给自己的呼吸系统设置一道“过滤屏障”。在什么情况下应该佩戴口罩？

①去医院看病的时候。

②乘坐公共交通工具的时候。

③呼吸道传染病高发时期，需要在相对密闭的或人多的环境中停留较长时间时。

④如果一个办公室或一个班级内，有同事或同学感冒时。

⑤与患者近距离接触时。

对冬季传染病的防护，选择购买正规一次性医用口罩最合适。但口罩佩戴方式不正确，防护效果会大打折扣。佩戴口罩时最重要的是保证口罩的密闭性，这就要选择适合自己型号的口罩，比如儿童要使用与其脸部大小相匹配的口罩。

佩戴一次性医用口罩时，要将其折面完全展开，将嘴、鼻、下颌完全包住，然后压紧鼻夹，使口罩与面部完全贴合，还要注意一次性口罩有里外之分，浅色面有吸湿功能，应该贴着嘴

鼻,深色面朝外。

佩戴口罩的注意事项:应先洗手,再佩戴口罩。佩戴口罩后,尽量不要触摸口罩。如果必须触摸,则记得在触摸前和触摸后洗手。摘口罩的时候,尽量不要触摸口罩的外侧,摘下口罩后记得立即洗手。一次性医用口罩尽量不要重复使用。

(三)预防结核病,远离亚健康

每年的 3 月 24 日是世界防治结核病日,结核病是一种古老的疾病,但随着现代社会的发展,身心压力大、生活习惯不良,年轻人群已成为结核病易感易发群体,这需要我们高度重视。

结核病是人体感染结核杆菌后的一种常见的、严重危害人类身体健康的传染性疾病。感染了结核杆菌,并不意味人就会成为结核病患者。在结核潜伏感染人群中,5% ~10% 的人会在一生中发展成为活动性结核病患者,成为新的结核病传染源。这是因为结核病的发病与人体的免疫状态密切相关,在人体免疫力强的状态下,结核杆菌在人体内处于一种休眠状态。一旦人体的免疫力降低,结核杆菌就容易趁机活跃起来,这部分人群就会发展成为活动性结核病患者。

许多年轻人学习、工作、生活压力大,这就造成其身心疲惫。作息和饮食不规律、不健康,有的人还吸烟、酗酒、长期熬夜,平日久坐不动,严重缺乏锻炼,这些都会导致人体免疫功能下降,让结核杆菌乘虚而入。

专家提醒,远离结核病,预防居首位,并且要做到早发现、早诊断。相关专家也表示,预防结核病,要增强抵抗力、远离亚健康,平时应做到生活规律、营养均衡、戒烟限酒,还要保持乐观情绪,积极锻炼身体。同时,定期体检也很重要,发现肺部有异常病灶,切莫大意,应及时到结核病专科医院就诊,通过早发现、早治疗,大多数患者都可以被治愈。

等三天多重要?

戴口罩的重要性

黄金四分钟,
生命“重”律动

模块二　实践篇

第五章　田径运动——运动之母、吃苦耐劳

第一节　田径运动概述

一、田径运动的起源与发展

田径运动是在人类基本运动形式的基础上产生，在人类对它的不断认识中发展起来的。田径运动与人类活动基本技能密不可分，想要对其进行精确的界定很难，但重要的是应掌握田径运动的实质。田径运动不仅包含以增强体质、提高身体素质、提高健康水平和培养意志品质为目的的社会体育和学校体育，还包含竞技体育。

二、田径运动的价值和特点

（一）田径运动的价值

作为一项最基础的体育运动项目，田径运动不仅能全面地提高人体的运动能力和运动素质，而且能对培养和塑造人起到重要作用。因此，在学校体育、社会体育和竞技体育中均有显著地位。

1. 教育价值

田径运动能培养人勇敢、拼搏进取的品质，能培养人吃苦耐劳、坚韧不拔的精神。

2. 健身价值

田径运动是发展快速运动能力和提高无氧代谢水平的重要手段；是提高心肺功能和发展人体耐力的有效手段；是提高身体控制和集中用力能力，发展协调性、灵敏性的有效手段；是提高肌肉力量和发展力量素质的手段。

3. 竞技价值

田径运动在提高身体素质方面效果显著，很多竞技体育项目都把它作为发展全面身体素质的重要手段。客观地衡量身体训练水平，检验身体训练的效果，一般都根据一些田径项目制定测验标准，并作为常规性测验指标。

（二）田径运动的特点

田径运动除具有一般体育项目的特点外，还具有其他特点。

1. 广泛的群众性

因其针对性强、可选择余地大、受条件限制因素小、可参与性强等，田径运动在学校体育和社会体育中都是最普及、参与人数最多的运动项目。

2. 激烈的竞争性

田径运动竞赛是能力、技术和心理的较量，特别在高水平的比赛中更为显著，运动员的成绩越来越接近，不相上下，经常以微弱的优势决定胜负。

3. 严格的技术性

田径运动项目有周期性和非周期性两种，其各项技术不同于其他一些对抗性运动项目。它体现的技术相对稳定，要想创造更好的比赛成绩，就必须依靠合理的、适合自己身体素质特点的技术。因此，田径运动训练中的技术内容始终贯穿于运动员的培养过程，只有不断地细化个人技术，运动员才能在任何场合表现出自己的最高水平。

4. 能力的多样性

田径运动的基本动作形式为走、跑、跳、投，每个项目都有自身的特点，突出反映某一方面的能力，运动员的训练一般围绕一个专项。较全面地参加田径项目，人的运动能力可得到提高。

三、田径运动分类

根据国际田径联合会章程，田径运动是由田赛和径赛、公路赛、竞走和越野赛组成的运动项目。世界各国对现代田径运动的分类不同，多数将田径运动分为径赛、田赛和全能三大类，或分为跑、跳、投、竞走和全能五大类。我国通常将田径运动分为田赛、径赛和全能三大类。

第二节　田径运动基本技术

一、短跑

短跑时间短、强度大，要以最快的速度跑完规定的距离。短跑比赛项目一般包括60 m、100 m、200 m、400 m，属极限强度运动。短跑主要是发展速度、力量、柔韧性、灵敏性等身体素质。

(一)基本技术

短跑技术按技术动作的变化可分为起跑、起跑后的加速跑、途中跑和终点跑。其中200 m、400 m跑还要掌握弯道技术。

1. 起跑

起跑的任务是快速反应，让身体迅速从静止中脱离，为起跑后的加速跑创造最有利的条件。起跑过程包括“各就位”“预备”和“鸣枪”三个阶段。

①各就位。听到口令后,运动员在起跑器前俯身,两手撑地,两脚依次蹬在前后起跑器的脚墩上。接着两手臂回收到起跑线后支撑地面,两臂伸直,两手距离比肩稍宽,四指并拢与拇指呈“人”字形,身体重心稍前移,肩约与起跑线齐平,头与躯干保持在同一直线上,颈部自然放松,身体重量均匀地落在两手、前腿和后膝之间,注意听“预备”口令。

②预备。这阶段逐渐抬起臀部,臀部稍高于肩,同时使身体重心向前上方移动。此时身体重心落于两臂及前腿上,两小腿趋于平行,前腿膝角为 90°~100°,后腿膝角为 110°~130°。两脚蹬在起跑器脚墩上,集中注意力听鸣枪。

③鸣枪。两手迅速推离地面,屈肘有力地前后摆臂,同时两腿用力蹬离起跑器。后腿快速蹬离起跑器后,快速屈膝向前上方摆出,摆出时脚不应离地面太高,积极有力快速下压着地,并过渡到下一步。

2. 起跑后的加速跑

起跑后的加速跑是从蹬离起跑器到途中跑开始的一个跑段,一般 30 m 左右。它需要运动员尽快地在最短的距离内发挥出最快的速度。

起跑后加速跑时,身体重心前移,为了不使身体向前摔倒,要继续加速,两臂要积极摆动,以两臂的摆动带动腿部蹬地,保持身体重心的平衡。起跑后的第一步应尽量靠近身体重心投影点,脚着地后快速后蹬(图 5.1)。随着步长和跑速的增加逐渐缩小身体的前倾度,最后接近途中跑姿势。

图 5.1　起跑后加速跑

3. 途中跑

途中跑的任务是继续发挥起跑后加速跑所获得的最快速度,并保持最快速度跑完全程。

动作要领:积极摆腿送髋、充分蹬伸、摆臂有力、积极扒地、前脚掌接触地面时间要短,快跑、放松、协调性要好(图 5.2)。

图 5.2　途中跑

4. 终点跑

终点跑是全程跑的最后一段,运动员应保持途中跑的相对高速度通过终点。

动作要领:运动员在离终点线前一步时上体急速前倾,双手后摆,用胸或肩部撞终点线,通过终点后逐渐减速。

5. 弯道技术跑

200 m 和 400 m 跑时,有一半以上的距离是在弯道上完成的。为了适应弯道,运动员在技术上就应有相应变化。

①弯道起跑器的安装方法。与直道相比,弯道起跑器的安装位置有所不同。起跑器应安放在弯道外沿,对准弯道切点方向的地方(图 5.3),这样运动员可以跑几步直线再转入弯道,使得初速度最大化。

②弯道跑技术。弯道跑时,身体应向圆心方向倾斜,加大右侧腿和手臂的摆动力量和幅度。后蹬时,右脚用前脚掌内侧蹬地,左脚用前脚掌外侧蹬地。弯道跑的蹬地与摆动方向及身体都应向圆心方向倾斜从弯道进入直道时,应在弯道最后几步逐渐减少身体内倾幅度,自然跑几步,然后全力向前跑动(图 5.4)。

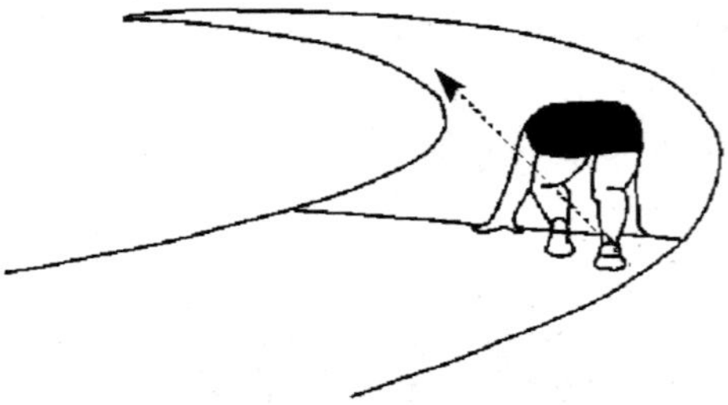

图 5.3　弯道起跑

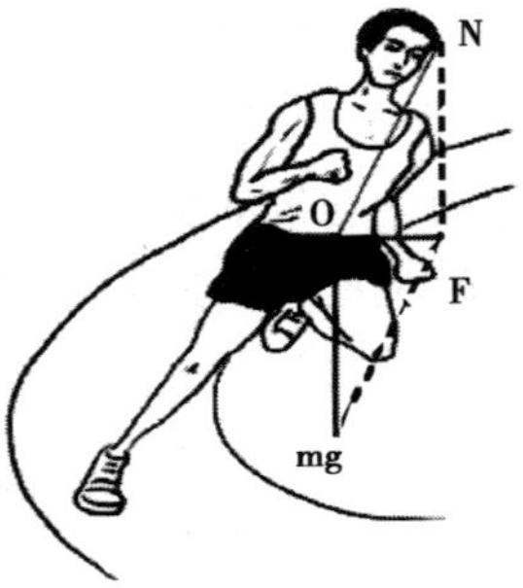

图 5.4　弯道途中跑

(二)练习方法

短跑技术练习自始至终需要放松、协调、富有弹性的大步幅技术。在掌握好途中跑技术的基础上,再进行起跑、起跑后加速跑、终点跑、全程跑的技术练习。

1. 途中跑练习

①中等速度跑,目的是培养跑步的正确姿势和提升跑步的能力。其要求运动员跑步过程中保持身体放松、动作协调、步幅开阔,大幅度摆臂,脚步后蹬、大小腿折叠、高抬摆动腿和积极送髋。

②大步幅跑,要体会腿前摆充分带动同侧髋前送技术。

③行进间 30 ~ 60 m 跑。加快速度,提高强度,巩固正确跑步技术。

2. 起跑和起跑后的加速跑练习

①安装起跑器。调整好起跑器位置,最大限度发挥起跑器的作用。

②练习“各就位”“预备”口令下的动作,完善各阶段起跑姿势。

③蹲踞式起跑 20 ~ 30 m。

3. 弯道途中跑和弯道起跑练习

①完整弯道跑。体会弯道跑身体内倾角度以及摆臂、摆腿幅度。

②直道进弯道 30 ~ 40 m 跑。

③弯道进直道 30 ~ 40 m 跑。

4. 终点跑技术练习

①慢跑中做上体前倾撞线动作。

②快速跑 30 m 做撞线动作。

③全程跑撞线动作。

5. 全程跑技术练习

①60 m 全程跑练习。

②150 m 全程跑练习。

二、中长跑

中长跑分为中距离跑和长跑。中距离跑是对速度、耐力要求较高的项目，长跑是对耐力要求较高的项目。

(一)基本技术

中长跑技术分为起跑和起跑后加速跑、途中跑和终点跑等主要技术环节。

1. 起跑和起跑后的加速跑采用站立式起跑姿势。

运动员听到“各就位”口令后，从集合线轻松走到起跑线后，两腿前后站立，重心放在前脚上，脚尖紧靠起跑线后沿。站立式起跑时手臂动作分为两臂一前一后或两臂在体前自然下垂(图 5.5)，颈部放松，整个身体保持稳定，注意听枪声。

图 5.5　中长跑起跑技术

鸣枪后，两腿用力蹬地，两臂配合两腿的蹬摆快速前后摆动，让身体快速向前跑出，过渡到起跑后的加速跑阶段。

图 5.6　途中跑

2. 途中跑

途中跑是中长跑运动成绩好坏的主要环节(图 5.6)。途中跑技术包括以下几种。

①着地缓冲：主要任务是降低地面对人体的冲击，减少水平速度的损失，为尽快转入后蹬动作创造有利条件。

②后蹬与前摆：跑步过程中，两脚交替后蹬和两腿前摆，这是途中跑的主要阶段。

③腾空：后蹬时脚蹬离地面，人体进入腾空阶段。

④上体姿势和摆臂动作：途中跑时，上体应前倾，以肩关节为轴轻松自然摆臂。

3. 终点跑

终点跑也称冲刺跑，是全程跑的最后阶段。终点跑的距离根据项目、训练水平、个人特点及比赛具体情况而定。一般800 m跑可在最后200～300 m、1 500 m跑可在最后300～400 m、3 000 m以上跑可在最后400 m或稍长的距离开始加快节奏冲刺跑。加速能力强的运动员，往往是跟随跑，在最后进入直道后突然加速；耐力强的运动员，多采用更长距离的冲刺跑技术。

4. 中长跑呼吸技术

中长跑时，为了满足人体在高强度运动下的摄氧量需求，应注意呼吸的节奏。呼吸节奏取决于运动员自身的特点和跑的速度。一般跑两步或三步呼一口气，跑两步或三步吸一口气。随着跑速的加快，呼吸频率也相应加快。在竞争激烈的比赛中，应采用半张口与鼻同时呼吸来最大限度满足人体对氧气需求。

中长跑时，由于人体内脏器官机能的惰性，氧气的供应暂时落后于人体肌肉活动对氧气的需求，跑一段距离后会出现不同程度的胸部发闷、呼吸困难、动作无力等，同时跑速会降低，运动员甚至会放弃比赛。这种现象在生理上被称为极点，它与准备活动、训练活动有关，训练水平越高，人体内脏器官适应能力越强，极点相应出现就越缓和、短暂。当极点出现时，可适当降低跑速，加深加快呼吸，同时以顽强的意志坚持跑下去。

(二)练习方法

①反复跑。提高耐力，增强体质。

②变速跑。提高耐力的同时，提升速度。

③越野跑。提高耐力，控制呼吸节奏。

三、跳远

(一)基本技术

跳远由助跑、起跳、空中动作和落地四个部分组成。正确地完成跳远的各阶段动作，以及把各阶段动作有机地结合，是完善跳远技术的关键。

1. 助跑

助跑的作用是在获得较高的水平速度同时，为准确、快速有力地踏板和起跳创造条件。

跳远成绩的好坏与助跑速度有着紧密关系。要获得较快的助跑速度，必然要有相应的助跑距离。助跑过程中一般有两个醒目的标志：第一标志设在起跑点；第二标志设在最后6～8步起跳脚着地处。

①助跑的开始姿势：一种是从静止状态开始，类似“站立式”起跑姿势，两脚可前后或左右开立，从静止状态开始助跑，第一步的步幅和速度要力求稳定，这有利于步点的正确性。

另一种是从行进间开始，先走或慢跑几步踏上起点，而后开始加速跑。

②助跑的加速方法：一种是积极加速，开始就用力跑，步频快，逐步增加步长提高速度。用这种方法可较快达到高速度，助跑距离较短。另一种是逐步加速的方法，与一般加速跑相似，开始时步频较慢，在逐步加大步长的同时提高步频。它的加速时间较长，加速过程比较均匀，助跑距离较长。采用何种方法助跑，可根据个人习惯而定。但不论采用哪种方法，都要在起跳前获得高速度，这有助于正确踏板和起跳。

③助跑距离的测量与调整。助跑速度的快慢是获得优良成绩的关键之一，同时与踏跳时的腾空速度密切相关。优秀运动员起跳前的速度为 10～10.7 m/s。男子助跑的距离一般为 35～45 m，跑 18～22 步；女子助跑的距离一般为 30～35 m，跑 16～18 步。一般大学生身体素质和踏跳能力较差，因此，助跑距离和步数应视个人情况适当减少。

丈量步点采用从踏板开始反方向跑的方法，在跑至一定步数时踏跳跃起，踏跳点就是助跑起点，然后向沙坑方向助跑，调整步点。

2. 起跳

起跳的任务是充分利用助跑产生的速度，尽可能获得腾起的初速度和适宜的腾起角度向空中腾起。起跳过程可分为起跳脚着地、缓冲和蹬伸三个阶段。

①起跳脚着地。起跳是在高速助跑的情况下完成的，助跑的最后一步就准备起跳，为了加快起跳速度，起跳腿的大腿在前摆时抬得比短跑时要低些，同时要积极下压，着地时起跳脚脚跟与脚掌几乎同时接触地面。起跳脚着地时，起跳腿与地面的夹角为 65～70°。起跳脚的着地点在身体重心投影前 30～40 cm 的地方，着地点太远会产生制动，这虽能获得较大的腾起角和跳跃高度，但损失的水平速度较大；着地点过近，会缩短起跳蹬地用力的距离，减少作用力的时间，降低腾空高度，影响起跳效果。

②缓冲。缓冲能减缓起跳的制动性，减少助跑速度的损失，积极前移身体，为快速有力地蹬伸创造条件。

③蹬伸。蹬伸动作是在身体重心到达支撑点上方时开始进行。此时，两眼正视前方，上体保持直立，提肩、拔腰，同时下肢快速蹬伸，髋、踝、膝三个关节充分伸直，身体向前上方腾起。腾起角为 10～24°。

3. 腾空

跳远时的腾空动作是为了维持身体平衡，从而推迟落地时间，并为落地创造有利的条件。腾空初期的姿势一般称为“腾空步”。“腾空步”后空中动作有三种：蹲踞式、挺身式和走步式。

①蹲踞式。起跳腾空后，上体保持正直，摆动腿高抬大腿，两臂向前挥臂，起跳腿开始向前上方提举，逐渐与摆动腿靠拢，形成空中蹲踞姿势（图 5.7）。

②挺身式。起跳腾空后，摆动腿积极下放，小腿由前向后下呈弧形摆动，髋关节伸展，两臂向下、向后上方摆动，此时起跳腿与向后摆动的摆动腿靠拢，臀部前移，胸、腰稍向前挺，形成身体展体挺身姿势（图 5.8）。

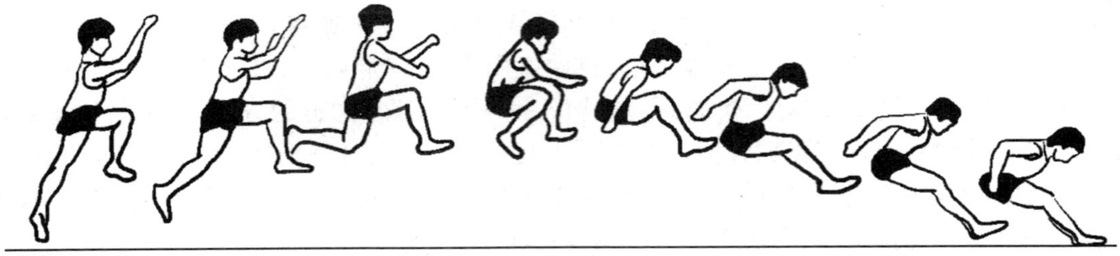

图 5.7　蹲踞式跳远

图 5.8　挺身式跳远

③走步式。起跳腾空后，下放摆动腿的同时，起跳腿屈膝向上方摆起，这时身体重心达到最高点，完成空中换步的动作，形成另一个腾空步。摆动腿屈膝前提，并与起跳腿靠拢，前送小腿准备落地，同时双臂协同配合做绕环动作或前后摆动(图 5.9)。

图 5.9　走步式跳远

4. 落地

正确的落地动作有利于提高跳远成绩。落地方法有向前和侧倒两种。脚跟触地的瞬间，前脚掌下压，屈膝前移重心，身体随惯性前倒；或当双脚落地后，一脚支撑，一脚放松，身体向放松腿一侧侧倒落地。落地动作可分解为三个部分：

①着地前两腿屈膝高抬，膝关节向胸部靠拢，上体不要过于前倾。

②即将着地时膝关节迅速伸直，小腿前伸，让脚跟先接触地面。

③在脚跟接触地面的瞬间，立即屈膝或迅速挺腹，使身体重心迅速移过落点。

（二）练习方法

1. 助跑踏板及起跳技术练习

①用 16～18 步助跑，助跑动作要轻松，有一定的助跑节奏，最后几步动作要加快，起跳脚积极主动下压起跳板。

②在跑道上连续做 3 步助跑起跳练习。

③助跑起跳越过障碍。

2. 腾空和落地技术练习

①学习蹲踞式空中动作。

②学习挺身式空中动作。

③学习走步式空中动作。

3. 跳远完整技术练习

①确定助跑距离、步数和标志物位置，进行全程助跑上板练习。

②全程助跑跳远练习。

③采用起跳板练习个人腾空技术。

四、推铅球

（一）基本技术

推铅球是力量与速度相结合的运动项目，影响推铅球距离的三个基本因素为初速度、出手角度和出手高度。推铅球技术主要有两种：背向滑步推铅球和背向旋转推铅球。

完整的背向滑步推铅球技术可分为握球和持球、滑步前的预备姿势、滑步、最后用力与维持身体平衡 5 个部分。

1. 握、持球技术

①握球技术：五指自然张开，把球放在食指、中指和无名指的指根上，大拇指和小拇指扶在球的两侧（图 5.10）。

②持球技术：握好球后，放置于锁骨窝处，头部稍向右靠，用颈部和下颌贴紧铅球，右手抵球，肘部稍外展，完成持球动作（图 5.11）。

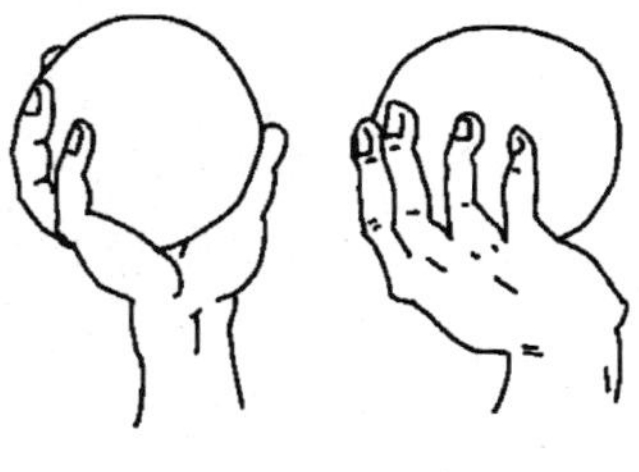

图 5.10　握球方法

图 5.11　持球方法

2. 滑步前的预备姿势

预备姿势大体分为高姿和低姿两种。大多数人采用高姿预备姿势,即握持好球后,背对投掷方向,两脚前后开立,右脚在前,脚尖贴近投掷圈的后沿。左脚自然弯曲,脚掌内侧着地,重心落在右脚上;上体稍前倾,左腿向上方抬起,左臂自然下垂。然后右腿弯曲,左腿回收,形成团身姿势。

滑步的目的是让铅球获得一定的水平速度,并为最后用力创造条件。滑步开始时右脚蹬地,一般有两种方法:一种是脚前掌蹬地,另一种是脚后跟蹬地。脚前掌蹬地动作简单、省力,有利于拉收右腿,但右腿蹬地不充分,力量小、角度大,滑步时身体重心起伏太大。脚后跟蹬地力量大,蹬地角度小,能降低滑步时身体重心的起伏,更好地发挥水平速度,但对力量和灵活性要求较高,拉收腿动作不易掌握(图5.12)。

图5.12　滑步动作

3. 最后用力与维持身体平衡

最后用力与维持身体平衡是紧密连接的。当左脚着地时,开始最后用力。首先以髋部大肌群发力,右腿用力蹬地,髋部前移左转,同时左臂稍内旋经体前带领左肩前移,边抬、边转到投掷方向。右腿开始蹬转,两腿爆发式蹬伸,左肩制动,右肩充分前伸,抬肘、伸右臂,最后用手指的力把铅球从肩上向前上方拨出,当铅球出手后及时换步,降低重心,维持身体平衡。

(二)练习方法

1. 原地推铅球练习

①徒手原地推铅球练习。

②持铅球原地推铅球练习。

2. 侧向滑步推铅球练习

①徒手侧向滑步推铅球练习。

②持铅球侧向滑步持铅球练习。

3. 背向滑步推铅球练习

①徒手背向滑步推铅球练习。

②持铅球背向滑步推铅球练习。

第三节　田径比赛规则简介

一、径赛规则及裁判法

径赛项目是在径赛裁判长统一领导下，由检录、发令、终点、计时、检查、宣告等小组密切配合、共同协作下完成的。

(一)检录小组的工作

检录小组的主要工作：根据大会径赛秩序册规定的时间，在每个径赛项目比赛前准时召集运动员参加点名，并将其带进比赛场地，为比赛做准备。

①赛前布置好检录处；准备好所需物品；制订好运动员须知；根据比赛人数、时间等情况，准确计算检录所需时间以及入场时间表；了解各径赛项目起点和接力区的位置。

②根据检录时间表，按时点名，分发号码布，检查运动员号码、服装、钉鞋等是否符合比赛要求，按时带领运动员入场。

③接力赛跑项目应分别将各棒运动员带到接力区，并将检录单交给各接力区检查员。

(二)发令小组的工作

发令小组的主要工作：根据竞赛秩序册规定的各项比赛时间，组织运动员准时进行比赛。

①助理发令员在赛前 10 min 从引领员处接收运动员，并核实运动员参赛号码、道次号、道次，组织运动员安装起跑器并进行练习。

②赛前 3 min，助理发令员通知运动员停止练习，运动员站在起跑线后各自的道次集合线上等候指令。

③赛前 2 min，指挥中心发出比赛即将开始的指令，同时宣告员介绍运动员。

④宣告员介绍运动员完毕，发令员与终点裁判长联系后，立即通知运动员上道。发令员发出“各就位”口令。此时，助理发令员要认真检查运动员的“各就位”动作，待动作符合规则时，即举手（或举白旗）示意，发令员立刻发出“预备”口令，待运动员完全稳定后才能鸣枪。

⑤发令员的口令要清晰、洪亮，“各就位”口令要拉长一些，“预备”口令要平稳短促。“预备”到鸣枪应以运动员身体平稳为准。举枪应举到烟屏中央稍下一点位置，鸣枪后稍停片刻再放下手臂。一旦发现运动员犯规，应立即鸣枪召回。

⑥发令员位置的选择：能清楚地观察到所有运动员起跑的全部动作；能使所有运动员都清楚地听到口令和枪声；计时员能清楚地看到发令枪烟。

(三)终点工作

终点裁判的主要工作是准确地判断运动员到达终点的名次和负责 1 500 m 以上距离的

记圈工作。

①根据比赛道次和裁判人数明确分工。终点裁判员按1～8道观看的道次顺序由上而下坐在裁判台上。短距离跑一般是按名次分工,每名终点裁判员主看一个名次,同时兼看一个相近名次,终点裁判长看总名次。

②比赛开始,终点裁判长要与计时长、检查裁判长联系,并通知终点裁判员做好准备,挥旗通知起点,表示准备就绪。

③运动员到达终点的瞬间,裁判员要密切注意运动员躯干部分触及终点线后沿垂直面的次序。每组比赛的运动员全部到达终点后,终点裁判长应及时向终点裁判员获取终点名次报告表,核对无误后交径赛裁判长。

④中长跑项目名次的判定一般采用"人盯人"或总表记录的方法。

(四)终点记录工作

终点记录工作的主要任务是在径赛项目结束后,迅速、准确地核对成绩记录卡片和终点名次表,由径赛裁判长审查签字,交宣告员广播。

(五)计时工作

计时裁判员的主要任务是准确、迅速地记录运动员的比赛成绩。计时的方法有人工计时和全自动电子计时两种。

(六)检查工作

检查裁判员的主要工作是赛前检查径赛场地设备情况,赛中检查运动员有无犯规情况。

二、田赛规则及裁判法

田赛项目是在田赛裁判长带领下由跳部和投掷部裁判分别执行工作来完成的。

(一)跳部项目的裁判工作

根据比赛需要,跳部项目又分为高度和远度两个裁判组。

1. 高度项目(跳高、撑杆跳高)

比赛规则:①跳高运动员必须用单脚起跳,如出现下列情况之一者,应判为试跳失败:试跳后,由于运动员的试跳动作,横竿未能留在横竿托上。在越过横竿之前,运动员身体的任何部位接触横竿后沿(靠近助跑道)垂直面以前的地面或落地区。如果运动员在试跳中一只脚触及落地区,而裁判员认为他并未从中获得利益,则不应因此判该次试跳失败。②撑竿跳出现下列情况之一者,应判为试跳失败:试跳后,由于运动员的试跳动作,横竿未能留在横竿托上。在越过横竿之前,运动员的身体和所用撑杆的任何部位接触插斗前壁上沿垂直面以前的地面和落地区。起跳离地后,运动员将原来握在下方的手移握至上方的手以上或原来握在上方的手向上移握。试跳时,运动员用手稳定横竿或将横竿放回。

2. 远度项目(跳远、三级跳远)

比赛规则:跳远比赛运动员如出现下列情况,应判为试跳失败。①在未做起跳的助跑中或在跳跃中，身体任何部位接触起跳线以前的地面。②从起跳板两端之外起跳，无论是否超过起跳线的延长线。③触及起跳线和落地区之间的地面。④在助跑或跳跃中采用任何空翻动作。⑤离开落地区时，在落地区外地面的脚部第一触地点较落地区内最近触地点，包括在落地区内身体失去平衡而留下的任何痕迹更靠近起跳线。

三级跳远比赛：跳远的规则也适用于参加三级跳远的运动员，并增加以下内容。①三级跳远的三跳包括一次单足跳、一次跨步跳和一次跳跃。②单足跳时应用起跳腿落地，跨步跳时用另一条腿（摆动腿）落地，然后完成跳跃动作。在跳跃中摆动腿触地不应视为试跳失败。

（二）掷部项目的裁判工作

①赛前，裁判组应与场地、器材组一起认真检查场地和器材，器材检查合格后做好标记，由器材组统一保管，未经检查或检查不合规定的器材禁止带入场内使用。比赛场上应插上该项目纪录的标志旗。

②记录员按规定时间到检录处点名，检查号码、鞋钉等，并说明有关注意事项，带运动员入场，按顺序组织运动员进行 1～2 次试掷练习。

③比赛时的旗势。内场裁判员：白旗上举——试掷成功；红旗上举——试掷失败。

④成绩测量。在所有投掷项目中，记录测量距离的最小单位为 0.01 m，不足 0.01 m 不计。每次有效投掷后应立即进行成绩测量，取直线量至投掷弧内沿，测量线应通过投掷弧圆心。破纪录时应立即测量，测量的成绩要认真校对，并由总裁判复核。前三轮比赛结束后，记录员应仔细核对成绩，按成绩取 8 名，参加后三轮比赛。如运动员人数只有 8 人或不足 8 人时，每人可试掷 6 次，以 6 次试掷中最优秀的成绩排列名次，最后交田赛裁判长审核签字后，再送宣告员宣布。

为什么逆时针跑

第六章　武术运动——文化传承、修身养性

第一节　武术基本功

一、武术的基本功练习

练习武术的基本功不仅可以掌握武术的基本动作、基本技术、基本方法，还能全面有效地提高身体素质，减少身体损伤，为学习拳术和器械套路，提高武术的技术水平打下良好的基础。

（一）肩臂练习

肩臂练习主要是增进肩关节的柔韧度和灵活性，加大肩关节的活动范围，发展肩部力量，提高上肢的敏捷、松展、环转等能力。

1. 前俯下振

压肩练习者面对肋木或一定高度的物体两脚开立。双手抓住肋木，手臂伸直，上体前俯并做下振动作；背对肋木，两臂内旋后伸，手心向上抓握肋木，然后屈膝向下，向前拉压。

要点：挺胸，塌腰，直臂。压点集中在肩部，力量适中。

2. 握棍转肩

双脚开立，与肩同宽或稍宽，两手上握。

要点：两臂伸直，双手横向距离根据自己情况而定。

3. 绕环

①单臂绕环。右（左）臂向前、向上、向后、向前连续立圆绕环。

要点：臂要直，肩要松，绕环要立圆如轮转。

②双肩顺向绕环。左右双臂依次向前、向上、向后、向前环绕。

要点：臂要直，肩要松，抡臂时上臂贴耳朵，下臂贴裤腿，要成立圆。

③双臂反向绕环。右肩向前，左肩向后同时于体侧划立圆绕环。数次后，再做反方向练习。

4. 俯卧撑

双腿并拢伸直，双手与肩同宽，手指朝前撑地成俯卧；上体向后移动，臀部凸起，随即双臂屈肘，上体从后向下、向前移动，再向后移动还原。

要点:双腿伸直,双手与肩同宽撑地,上体贴地前移。

5. 倒立

双臂伸直,双手与肩同宽撑地,靠墙做手倒立。

要点:抬头挺胸,立腰,双腿并拢伸直。

(二)腰部练习

腰部练习主要是增强脊柱和腰部各肌肉群的力量与柔韧性。腰部是连接上下肢的枢纽,又是集中反映武术身法技巧的关键部位。

1. 俯腰

双手手指交叉,上体前俯,双手抱住脚踝处,逐渐使胸部贴近腿部。

要点:双腿伸直,上体下俯。

2. 甩腰

双腿开步站立,双臂上举,以腰、髋关节为轴,上体向前,向后做屈伸动作,双臂随上体屈伸摆动。

要点:双腿伸直,上体前后屈伸要富有弹性。

3. 晃腰

双脚开步站立,双臂侧平举,上体后仰向左、右转动,双臂跟随摆动。

要点:腰要放松,上体尽量后仰,转动幅度要大。

4. 涮腰

双脚开立与肩同宽,以髋关节为轴,上体前俯,然后向左、向后、向右、向前翻转环绕,双臂随腰摆动, 左右交替进行。

要点:松腰活体,尽量增大上体环绕幅度,速度由慢到快。

5. 下腰

双脚开立与肩同宽,双臂伸直上举,上体后倒,双手向后下撑地成“桥”形。

要点:抬头、挺胸、挺髋,桥弓要大,脚跟不得离地。

(三)腿部练习

长拳对腿部的柔韧度、灵活性、力量等素质的要求较高,主要练习方法有压腿、搬腿、劈腿、踢腿等。

1. 压腿

①正压腿。面对肋木或有一定高度的物体,并步站立,左腿提起,脚跟放在肋木上,脚尖勾紧,双手按在膝上;上体前屈,向前,向下做压振动作。

要点:先耗腿,再压腿,双手抱紧脚尖,挺胸立腰,头部向脚尖方向伸出,逐渐由鼻过渡到下颌触及脚尖。练习时一定要循序渐进,由轻到重,左右反复练习。

②侧压腿。身体侧向肋木,右脚放在肋木上,上体侧压。左右腿交替练习。

要点:同上。

③后压腿。身体侧向肋木，右腿后举，脚背放到肋木上，脚面绷直，上体向后做压振动作。

要点：双腿伸直，抬头，挺胸，展髋，上体后仰。

④仆步压腿。右（左）腿屈膝全蹲，左（右）腿伸直平铺成仆步。

要点：全蹲，膝关节外展，左（右）腿伸直贴地，充分展宽。

2. 搬腿

①正搬腿。右腿伸直站立，左腿屈膝提起，右手抱住踝关节，左手抱住膝关节，然后将左腿向上方搬起，脚勾紧，也可由同伴帮助向上搬。

要点：由轻到重，循序渐进。

②侧搬腿。右腿提起，右手经小腿内侧托住脚跟，然后将右腿向右侧上方搬起，也可由同伴帮助向侧上方搬起。

要点：支撑腿挺直，挺胸、收腹、开髋。

③后搬腿。手扶肋木，由同伴托起左腿从身后向上搬起。

要点：双腿均伸直，上体前屈，搬腿时不可太猛。

3. 竖劈腿

双腿前、后成直线，前脚勾脚尖，脚后跟着地，后脚跟或内侧着地。

要点：双腿伸直与地平行，上体要正。

4. 踢腿

①正踢腿。右手扶肋木，左手叉腰或侧平举，身体侧向站立，一腿支撑，另一腿向前额上方踢起，左右腿交替练习。

要点：踢腿时要做到三直一勾，即上体直，支撑腿直，摆动腿直；摆动腿脚尖勾紧。

②侧踢腿。面对肋木，双手抓住肋木。一腿支撑，另一腿由体侧向耳上方踢起。

要点：上体、支撑腿、摆动腿要挺直，摆动腿脚尖勾紧。

③里合腿。支撑腿自然伸直，全脚着地，另一腿由体侧踢起，向异侧做扇面摆动落下。

要点：做到三直一勾。摆动腿的幅度要大，速度要快。

④外摆腿。同上，唯摆动腿方向相反。

要点：同上。

⑤后踢腿。双手扶握肋木，一腿伸直站立，另一腿绷脚挺膝向后踢起；也可以屈膝，用脚掌触及头部。

要点：挺胸，展髋，上体前屈，伸直腿挺直，后踢腿脚尖绷展。

⑥弹腿。两腿并立，一腿屈膝提起，当大腿接近水平时，小腿迅速踢起，力达脚尖。

要点：小腿弹击要快速，膝部要挺直，脚面要绷紧。

⑦蹬腿。动作与弹腿相同，唯脚尖勾起，力达脚跟。

要点：同上。

5. 侧踹

一腿伸直支撑，另一腿屈膝提起，脚尖勾紧，脚跟用力向侧上方踹出。

要点：膝部挺直，脚尖勾紧，踹出的一瞬间展髋。

(四)手形、手法的练习

1. 手形

①拳。四指并拢握紧,拇指扣在食指和中指的第二指关节上。

要点:拳要握紧,拳面要平。

②掌。四指并拢伸直,拇指弯曲紧扣于虎口处。

要点:掌心要外撑。

③勾。五指第一指关节撮拢、屈腕。

要点:五指撮拢,尽量勾腕。

2. 手法

①冲拳。两拳收抱于腰间,右(左)拳由屈到伸,迅速向前冲出,高与肩平,拳眼朝上为立拳,拳背朝上为俯拳。

要点:冲拳一瞬间要拧腰、送肩、急旋肩。两臂一冲一拉形成合力。

②架拳。右拳向左经体前向头上方架起,拳轮朝上,臂成弧形。

要点:送肩、屈肘、旋臂,力达前臂外侧。

③劈拳。右拳向左、向上经头前向右下快速劈击,臂伸直与肩同高。

要点:肩要放松,拳要握紧,力达拳轮。

④推掌。右掌变拳,向前猛力推击,高度与肩平,成侧立掌,同时左肘向右拉紧。

要点:拧腰,送肩,沉腕,侧立掌,快速有力,力达掌外沿。

⑤亮掌。右拳变掌,经体侧向右、向上划弧,至头部右前上方时,抖腕亮掌。

要点:臂微展,掌心斜向上。

⑥格肘。右臂弯曲,从右腰间向左斜上方横格,前臂外旋。力达小臂外沿。

要点:手臂外旋时,上体可同时稍向左转,拧腰送肩。

(五)步伐练习

①弓步。前脚微内扣,全脚着地,屈膝使大腿接近水平;后腿挺膝伸直,脚跟后蹬,脚尖内扣,挺胸立腰。

要点:前腿弓平,后腿蹬直。

②马步。两脚左右开立为脚长的3~3.5倍,脚尖正对前方,屈膝使大腿接近水平。

要点:顶平、肩平、腿平;挺腰、立腰、裹膝、扣足。

③仆步。一腿全蹲,全脚着地,膝和脚尖向外展;另一腿伸直,全脚着地,脚尖内扣。

要点:挺胸、立腰、开髋、全蹲。

④虚步。后腿屈膝半蹲,大腿接近水平,脚尖外展;前腿微曲,脚面绷直,用脚尖虚点地面。

要点:挺胸、立腰,两脚虚实分明。

⑤歇步。两腿交叉屈膝全蹲,前脚全脚着地,脚尖外展;后脚跟离地,臀部坐于小腿。

要点:两腿交叉叠紧,挺胸立腰。

(六)平衡练习

①提膝平衡。右腿伸直支撑,左腿屈膝提膝,脚面绷直,并垂扣于右腿前侧。右臂上举于头上亮掌,左臂反臂后举成勾手。

要点:挺胸、塌腰、收腰。站稳保持平衡,提膝过腰,脚内扣。

②扣腿平衡。右腿屈膝全蹲,左腿屈膝勾脚贴于右膝窝处,脚背朝里。左臂上举于头上架掌,右手向侧立拳冲出。

要点:挺胸、塌腰、扣腿、平稳。

③燕式平衡。左腿屈膝提起,两掌在身前交叉,掌心向内。然后两掌向两侧直臂分开平举,上体前俯,左脚绷平向后蹬伸。

要点:挺胸、抬头、弓腰、两腿伸直、静止。

(七)跳跃练习

①腾空飞脚。右腿向前上摆腿,左脚蹬地跃起,身体腾空,左腿向前上方弹踢,脚面绷直,右手迎击右脚面,同时左腿屈膝收控于右腿侧。

要点:右腿在空中摆腿时,脚必须过腰,在拍击的一瞬间,左腿屈膝收控于右腿侧。在腾空最高点完成拍击动作。拍击动作必须连续、准确。

②旋风腿。左脚向左上步,同时左掌前推。右脚随即上步,脚尖内扣,准备蹬地踏跳。左臂随上步向下摆动并屈肘收至右胸前,同时右臂向上、向前轮摆,上体向右旋转前俯。重心右移,右腿屈膝蹬地跳起,左腿提起向左上方摆动,上体向左上方翻转,同时两臂向下、向左上方轮摆。体旋转一周,右腿做里合腿,左手在面前迎击右脚掌,左腿自然下垂。

要点:右腿做里合腿,要贴近身体;摆动时膝挺直,由外向里成扇形。

二、武术套路

(一)武术套路的类型

①拳术。拳术包括长拳、南拳、形意拳、太极拳、八极拳、通臂掌、劈挂掌、戳脚、翻子拳、象形拳、地躺拳等百余种。现代长拳吸取查、华、炮、红等传统拳术的精髓,把具有长拳特点的手形、手法、步型、步法、腿法、平衡、跳跃等基本动作规范化,编排成包括蹿蹦跳跃、闪展腾挪和起伏转折在内的各种套路,舒展大方,刚柔相济,进疾退速,节奏明快。

②器械。器械包括短器械,如刀、剑等;长器械,如棍、枪等;双器械,如双刀、双剑等;软器械,如九节鞭、三节棍等。

③刀术。刀术套路是以缠头裹脑的招数为基本动作,加上劈、砍、挂、撩、扎、点、云、崩等刀法组成的套路。刀术以劈砍为主,“刀之利,利在砍”,另外有撩、刺、截、拦、崩、斩、抹、带、缠裹等刀法。其特点是勇猛快速、气势逼人、刚劲有力,如猛虎一般,并要求进退闪转和纵跳翻腾都要刀随身换,身械协调一致。

④剑术。剑术套路包含各种花法、平衡、翻腾、造型等动作,其技法有劈、刺、点、撩、崩、截、抹、穿、挑、提、绞、扫等。剑术的特点是轻快敏捷、潇洒飘逸,极其讲究身形步法的配合。

⑤棍术。棍术项目是以打、揭、劈、盖、压、云、扫、穿、托、挑、撩、拨等技法为基础的长器械项目。棍术要求手臂圆热，梢把兼用，身棍合一，力透棍梢，表现勇猛、快速。

⑥枪术。俗话说“棍扫一大片，枪挑一条线”，枪作为武术中常用的长器械之一，被称为长兵之帅。枪术的主要动作为拦、拿、扎，演练风格动若雷霆、势若游龙，且节奏明畅、气势磅礴。枪术除单练外，也可与其他武器对练，如大刀进枪、剑进枪、三节棍进枪等。

⑦对练。对练包括徒手对练、器械对练和徒手与器械对练。演练是两人或三人徒手或用器械按动作特点编排成对抗式的套路。演练以对打逼真、节奏鲜明为佳。

⑧集体项目。集体项目是指各种六人或六人以上的徒手或持器械的套路项目，如集体基本功、集体剑、集体鞭等。演练以配合默契、整齐划一为佳。

（二）武术套路和对抗项目的练习方法

1. 长拳

（1）姿势

姿势主要是指静止的定势，如虚步亮掌等，同时包括空中短暂的相对静止姿势，如腾空飞脚击拍瞬间的造型等。身体姿势的基本要求是头正、颈直、沉肩、挺胸、塌腰、敛臀。另外对上肢、下肢也各有要求，上肢动作要舒展、挺拔，如做架掌时，肘微屈，臂撑圆，肩下沉；下肢动作要轮廓清楚。整个形体动作要匀称，例如做“马步架冲拳”，上肢做冲拳后顺肩，架拳时肩部尽力拉开，臂部撑圆，马步的位置高低、宽度要合适，从姿势和精神状态上体现攻防含义。

（2）技术动作

技术动作是指套路里出现的踢、打、摔、拿等技击动作。技术动作的起止路线、力点都要清晰，要能把攻或防的技击特点表达出来。如推掌时要用掌外沿或掌心向前立掌推出，而不是用掌指向前推；弹踢是力达脚尖，蹬踢是力达脚跟。这样才能区别各种手法和腿法的不同技击方法。

（3）身法

身法是指活动性的、以躯干为主的结合攻防的变化方法。身法在长拳套路运动里有吞、吐、闪、展、冲、撞、挤、靠等。身法不是独立的上体活动，步随身行、身到步到才能使整个动作表现出刚柔相济、协调自如的效果，正如“练拳容易身法难”。

（4）眼法

在长拳中眼神与各种动作配合的方法被称为眼法，它是体现精神的重要环节，有注视、随视两种。注视是眼神盯住一定的目标，把伺机而动的内在精神表达出来。随视是指眼神追随运动着的身体某一部位，讲究手眼相随，手到眼到。

（5）精神

在练习长拳套路时，首先要全神贯注，同时要有攻防格斗意识，表现出勇敢、无畏的气概。

（6）劲力

劲力是指做动作时的用劲。劲力要有刚有柔，发力要求顺达而有爆发力，要刚而不僵、柔而不松、刚柔相济、配合呼吸、内外合一。

(7)呼吸

长拳套路的结构复杂、动作快速、运动量大,长拳练习时人体对氧气的需要量很大,因而呼吸得法与否关系技术水平的发挥和劲力是否持久。长拳的呼吸有提、托、聚、沉四种:在做跳跃动作或由低势进入高位动作时,应用“提”法;在高势或低势的静止性动作时,则用“托”法;在进行刚脆的发力性动作时,应用“聚”法;在由高动作进入低动作时,应做“沉”法。运动员要随着动作变化调整呼吸方法,但要始终保持“气宜沉”的基本要求。

(8)节奏

在练习套路时处理好动静快慢等节奏问题是很重要的。长拳传统的富于想象思维的规范化格式有:动如涛、静如岳、起如猿、落如雀、立如鸡、站如松、转如轮、折如弓、轻如叶、重如铁、快如风、缓如鹰,总称十二型。

以上的姿势、手法、身法、眼法、精神、劲力、呼吸、节奏是相互联系、紧密配合、协调一致的,这些构成了长拳套路技术的八个要素,它影响和决定着长拳技术水平的高低,只有全面掌握,才能得心应手,内外合一。

2. 太极拳推手

太极拳推手是太极拳对练形式,以双人锻炼为主,运用太极拳的劲力、技法,遵循太极拳的原则,如“以静制动”“以柔克刚”。在此过程中要综合运用太极拳的各种身法、步法和招式,它是太极拳体系中训练技击能力和劲力感悟性的重要手段。现代武术比赛中设立了太极拳推手项目,分级别进行,并对场地、服装、参赛年龄、局数等做了相应规定。开展较为广泛的太极拳推手大致为三大流派,其风格特点各异:陈式太极拳推手,主要是管脚、拿关节;杨式太极拳推手,主要是绷劲大,以发劲为主;吴式太极拳推手,主要是柔化为主。练习太极推手时应注意以下三点。

(1)学习太极拳法的内容

太极拳推手不能掺杂外家拳进行对打,要虚心向前辈请教,反复练习。切忌从拳谱中摘取与自己想法相近的话语,一意孤行地下功夫傻练,这样做会出偏差。应该正确理解太极拳的拳理和内涵,以正确的技击技能进行对抗练习。

(2)要练好拳架

拳架是太极拳套路练习的架势。推手是拳架的应用,拳架是推手的基础。拳架中的一招一式都是养生和技击之法。推手的奥妙不仅仅在于技击方面,其中也包含养生之道。只有练好拳架才能保证推手时动作正确,行而有效。

(3)要用劲得当

学会真正了解太极拳的用劲,而不是为了争强好胜。推手时要找到对方的破绽后乘机发劲,使对方心服口服。这样才有利于互相切磋,共同提高。这需要师生间多加练习,娴熟运用劲力,然后才能在正式的推手比赛中做到收放自如。

第二节　二十四式太极拳

一、动作名称

(一)第一组

①起势;②左右野马分鬃;③白鹤亮翅。

(二)第二组

①左右搂膝拗步;②手挥琵琶;③左右倒卷肱。

(三)第三组

①左揽雀尾;②右揽雀尾。

(四)第四组

①单鞭;②云手;③单鞭。

(五)第五组

①高探马;②右蹬脚;③双峰贯耳;④转身左蹬脚。

(六)第六组

①左下势独立;②右下势独立。

(七)第七组

①左右穿梭;②海底针;③闪通臂。

(八)第八组

①转身搬拦捶;②如封似闭;③十字手;④收势。

二、动作说明

(一)第一组

1.起势(图6.1)

①开步站立。身体自然直立,两脚开立,与肩同宽,膝关节微微弯曲,脚尖向前;两臂自然下垂,两手放在大腿外侧;眼睛向前平视[图6.1(1)]。

要领：全身放松，头颈正直；排除杂念，精神集中，呼吸自然。

②提气升掌。随吸气两掌重心慢慢升高；两臂慢慢向前平举，两手高与肩平，与肩同宽，手心向下[图6.1(2)]。

③屈膝按掌。上体保持正直，两腿屈膝下蹲；同时两掌轻轻下按至腹前，两肘下垂与两膝相对；眼睛向前平视[图6.1(3)]。

要领：下蹲时上体要保持正直，不可前俯后仰；手的升降动作与两腿的屈伸、呼吸配合一致；呼吸均匀细长。

(1)　(2)　(3)

图6.1　起势

2. 左右野马分鬃

(1)野马分鬃一(图6.2)

①丁步抱球。上体微向右转，身体重心移至右腿上；同时右臂收在胸前平屈，手心向下，左手经体前向右下划弧放在右手下，手心向上，两手心相对成抱球状；左脚随即收到右脚内侧，脚尖点地；目视右手[图6.2(1)]。

要领：抱球手离身体30 cm左右，双肘不要内夹。

②转体迈步。上体微向左转，左脚向左前方迈出，脚跟着地；两手掌微微分开；目视左手[图6.2(2)]。

要领：迈步落脚要轻，重心留在右脚，不要急于前移。

③弓步分掌。右脚跟后蹬，右腿自然伸直，左腿前弓，脚掌慢慢踏实，成左弓步；同时上体继续向左转，左右手随转体慢慢分别向左上、右下分开，左手高与眼平，手心斜向上，肘微屈，右手落在右胯旁，肘也微屈，手心向下，指尖向前；眼睛随左手转视[图6.1(3)]。

要领：分掌和弓步动作同时完成；胸微微内含，双臂保持自然弧形。

(1)　(2)　(3)

图6.2　野马分鬃一

(2)野马分鬃二(图6.3)

①重心后坐。上体慢慢后坐,身体重心移至右腿,左脚尖翘起;上肢动作保持不变[图6.3(1)]。

要领:重心后坐时,上体保持正直,不要前俯后仰。

②前移抱球。左脚尖微向外撇(45°~60°),身体左转,随后右腿蹬伸,左腿慢慢前弓,脚掌慢慢踏实,身体重心慢慢移至左腿;同时左臂收在胸前平屈,掌心翻转向下,右手向左上划弧放在左手下,手臂外旋,掌心上翻,两手心相对成抱球状;目视左手[图6.3(2)]。

③丁步收腿。当重心移至前腿后,右脚慢慢收到左脚内侧,脚尖点地;目视左手[图6.3(3)]。

要领:收腿过程中左腿保持弯曲,身体重心不要升高。成丁步后,右脚虚点地面,重心完全在左脚。

④斜向进步。右腿向右前方斜向迈出,脚跟着地;两手掌微微分开;目视右手[图6.3(4)]。

要领:迈步落脚要轻,重心留在左脚,不要急于前移。

⑤弓步分掌。左腿自然伸直,右腿前弓成右弓步;同时上体右转,左右手随转体分别慢慢向左下右上分开,右手高与眼平(手心斜向上),肘微屈,左手落在左胯旁,肘也微屈,手心向下,指尖向前;目随右手转视[图6.3(5)]。

要领:右手分掌动作要和身体右转配合,做到以腰带手。其余同野马分鬃一③。

(1) (2) (3) (4) (5)

图6.3 野马分鬃二

(3)野马分鬃三(图6.4)

①重心后坐。上体慢慢后坐,身体重心移至左腿,右脚尖翘起;上肢动作保持不变[图6.4(1)]。

要领:同野马分鬃二①。

②前移抱球。右脚尖微向外撇(45°~60°),身体左转,随后左腿蹬伸,右腿慢慢前弓,脚掌慢慢踏实,身体重心慢慢移至右腿;同时右臂收在胸前平屈,掌心翻转向下,左手向左上划弧放在右手下,手臂外旋,掌心上翻,两手心相对成抱球状;目视右手[图6.4(2)]。

③丁步收腿。当重心移至前腿后,左脚慢慢收到右脚内侧,脚尖点地;目视右手[图6.4(3)]。

要领:同野马分鬃二③。

④斜向进步。左腿向右前方斜向迈出,脚跟着地;两手掌微微分开;目视右手[图6.4

(4)]。

要领:同野马分鬃二④。

⑤弓步分掌。右腿自然伸直,左腿前弓成左弓步;同时上体左转,左右手随转体分别慢慢向左上、右下分开,左手高与眼平(手心斜向上),肘微屈,右手落在右胯旁,肘也微屈,手心向下,指尖向前;目随左手转视[图6.4(5)]。

要领:同野马分鬃二⑤。

完整练习提示:以起势站位的左方为正前方,野马分鬃的三次迈步方向为左右30°,成"之"字形路线;迈步动作时,重心不要急于前移,等脚跟着地后再慢慢移动重心;在重心的前后移动中身体不要前俯后仰,重心不要有太大的起伏。

(1) (2) (3) (4) (5)

图6.4 野马分鬃三

3. 白鹤亮翅(图6.5)

(1) (2)

图6.5 白鹤亮翅

①跟步抱球。上体微向左转,右脚跟进半步;左手翻掌向下,左臂平屈胸前,右手向左上划弧,手心转向上,与左手成抱球状;目视左手[图6.5(1)]。

②虚步亮掌。上体后坐,身体重心移至右腿,上体先向右转,面向右前方,眼看右手;然后左脚稍向前移,脚尖点地,成左虚步,同时上体再微向左转,面向前方;两手随转体慢慢向右上左下分开,右手上提停于右额前,手心向左后方,左手落于左胯前,手心向下,指尖向前;目随右手转视[图6.5(2)]。

(二)第二组

1. 左右搂膝拗步

(1)搂膝拗步一(图6.6)

①转体侧抱。右手从体前下落,由下向右后上方划弧至右肩外侧,肘微屈,手与耳同高,手心斜向上,左手由左下向上经面部向右下方划弧至右胸前,手心斜向下;同时上体微向左再向右转;左脚收至右脚内侧,脚尖

(1) (2)

图6.6 搂膝拗步一

点地；目视右手[图 6.6(1)]。

②弓步推掌。左脚向左前迈出，右脚蹬伸，重心前移成左弓步，上体左转；同时右手屈回，由耳侧向前推出，高与鼻尖平，左手向下从左膝前搂过落于左胯旁，指尖向前；目随右手转视[图 6.6(2)]。

要领：搂手、推掌动作与重心前移协调一致；上身不要前俯，肘关节微屈；右掌由耳侧向前推出的过程中，手腕由直逐渐坐腕，由开始的掌指向前穿变为最后的掌根前推。

(2)搂膝拗步二(图 6.7)

①重心后坐。右腿慢慢屈膝，上体后坐，身体重心移至右腿，左脚尖翘起；上肢姿势不变[图 6.7(1)]。

②丁步侧抱。左脚尖微向外撇，身体左转，随后身体重心移至左腿，右脚收到左脚内侧，脚尖点地；同时左手由左后向上划弧至左肩外侧，肘微屈，手与耳同高，手心斜向上，右手随转体向上、向左下划弧落于胸前，手心斜向下；目视左手[图 6.7(2)]。

③弓步推掌。右脚向右前迈出，脚跟着地，左脚蹬伸，重心前移成右弓步，上体右转；同时左手屈回由耳侧向前推出，高与鼻尖平，右手向下从右膝前搂过落于右胯旁，指尖向前；目随左手转视[图 6.7(3)]。

(1)　　(2)　　(3)

图 6.7　搂膝拗步二

(3)搂膝拗步三(图 6.8)

①重心后坐。左腿慢慢屈膝，上体后坐，身体重心移至左腿，右脚尖翘起；上肢姿势不变[图 6.8(1)]。

②丁步侧抱。右脚尖微向外撇，身体右转，随后身体重心移至右腿，左脚收到右脚内侧，脚尖点地；同时右手向外翻掌，由右后向上划弧至右肩外侧，肘微屈，手与耳同高，手心斜向上，左手随转体向上、向右下划弧落于胸前，手心斜向下；目视右手[图 6.8(2)]。

③弓步推掌。左脚向左前迈出，脚跟着地，右脚蹬伸，重心前移成左弓步，上体左转；同时右手屈回，由耳侧向前推出，高与鼻尖平，左手向下从左膝前搂过落于左胯旁，指尖向前[图 6.8(3)]。

完整练习提示：三次动作的迈步方向为左右 30°，成“之”字形路线；完整连贯练习各步骤，但不要漏做重心后移、脚尖外摆的衔接动作。

图 6.8 搂膝拗步三

2. 手挥琵琶(图 6.9)

①顺势跟步。重心随弓步推掌动作继续前移,右脚跟进半步,上肢姿势不变,目视右手[图 6.9(1)]。

②后坐挑掌。上体后坐,身体重心移至右腿上,上体半面向右转,左脚略提起稍向前移,变成左虚步,脚跟着地,脚尖翘起,膝部微屈;同时左手由左下向上挑举,高与鼻尖平,掌心向右,臂微屈,右手收回放在左臂肘部里侧,掌心向左;目视左手食指[图 6.9(2)]。

图 6.9 手挥琵琶

3. 左右倒卷肱(图 6.10)

(1)倒卷肱一

①转体托掌。上体右转,右手翻掌(手心向上)经腰侧由下向后上方划弧平举,臂微屈,左手随即翻掌向上;眼的视线随着向右转体先向右看,再转向前方看左手与[图 6.10(1)]。

要领:上体右转不要太大,右手向后上托掌后,双臂保持自然弯曲,配合含胸拔背合抱成圆弧。

②退步推掌。左腿轻轻提起向后(偏左)退一步,前脚掌先着地,然后全脚慢慢踏实,身体重心移至左腿上,右脚随转体以脚掌为轴扭正,脚跟离地,成右虚步;同时右臂屈肘折向前,右手由耳侧向前坐腕推出,手心向前,左臂屈肘后撤,左手回抽至腰侧,手心向上;目视右手[图 6.10(2)]。

要领:退步时,左脚向左后方斜向插步,避免两腿落在正方向的同一直线上;右手推掌不要完全伸直,保持肘关节微微弯曲,肘尖自然下垂,做到沉肩垂肘;右手前推和左手回抽要配合转体在胸前交错进行。

(2)倒卷肱二

①转体托掌。上体微向左转,同时左手随转体向左上方划弧平举,手心向上,右手随即翻掌,掌心向上;眼随转体先向左看,再转向前方看右手[图6.10(3)]。

②退步推掌。右腿轻轻提起向后(偏右)退一步,前脚掌先着地,然后全脚慢慢踏实,身体重心移至右腿上,左脚随转体以脚掌为轴扭正,脚跟离地,成左虚步;同时左臂屈肘折向前,左手由耳侧向前坐腕推出,手心向前,右臂屈肘后撤,右手回抽至腰侧,手心向上;目视左手[图6.10(4)]。

(3)倒卷肱三

①转体托掌。上体微向右转,同时右手随转体向右上方划弧平举,手心向上,左手随即翻掌,掌心向上;眼随转体先向右看,再转向前方看左手[图6.10(5)]。

②退步推掌。与倒卷肱一②解同[图6.10(6)]。

(4)倒卷肱四

①转体托掌。与倒卷肱二①解同[图6.10(7)]。

②退步推掌。与倒卷肱二②解同[图6.10(8)]。

完整练习提示:在向后退步的过程中,支撑腿要保持一定的弯曲度,使重心在移动中水平后移,没有上下起伏;转体托掌和退步推掌连贯完成,中间不要有停顿;最后退右脚时,右脚尖要外转,便于做"左揽雀尾"的动作。

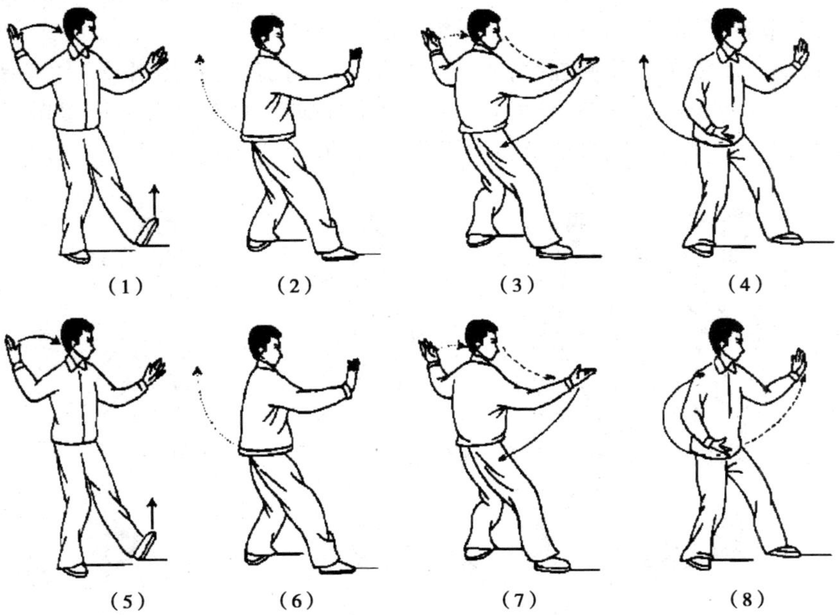

(1) (2) (3) (4) (5) (6) (7) (8)

图6.10 左右倒卷肱

(三)第三组

1.左揽雀尾(图6.11)

①转体抱球。身体重心落在右腿上,上体向右转,左脚收到右脚内侧,脚尖点地;同时,

左手自然下落逐渐翻掌经腹前划弧至右肋前，手心向上，掌指向右，右手由腰间向右向上弧线撩掌，至肩高时右臂屈肘，手掌收至右胸前，手心转向下，掌指向左，两手相对成抱球状；目视右手[图6.11(1)]。

②弓步掤。上体微向左转，左脚向左前方迈出，脚跟着地，上体继续向左转，右腿自然蹬直，左腿屈膝，成左弓步；同时左臂向左前方掤出（即左臂平屈成弓形，用前臂外侧和手背向前方推出，高与肩平，手心向后），右手向右下落放于右胯旁，手心向下，指尖向前；目视左前臂[图6.11(2)、(3)]。

要领：迈步时不要急于做上肢动作，掤要配合重心前移完成，做到手脚同时到位；左臂自然弯曲，右臂微屈外撑，配合胸微微内含，形成圆滑的弧形。

③后坐捋。身体微向左转，左手随即向左前摆伸，手指前指，掌心向下，同时右手翻掌向上，经腹前向上、向前伸至左前臂下方。然后身体右转，重心移至右腿；同时两手下捋（即上体向右转，两手回拖右髋斜前方，右手继续向后上方划弧，直至右手高与肩平，手心向上，同时左手沿身体右侧上升直至左臂平屈于胸前，手心向后）；目随右手转视[图6.11(4)]。

要领：双手左前摆伸时，上体不要前俯，身体只配合微微左转；双手回拖时，要配合身体右转从左上方向右下方弧线斜带，不可直线回抽。

④弓步挤。上动不停，上体微向左转，右臂屈肘折回，右手附于左手腕里侧。右腿蹬伸，身体重心逐渐移向左脚变成左弓步，上体继续向左转；同时双手向前慢慢挤出，左手心向后，右手心向前，左前臂要保持半圆；目视左手腕部[图6.11(5)]。

⑤后坐收掌。左手顺势前伸翻掌，右手经左腕上方向前、向右伸出，双手掌指向前，掌心向下，与肩同高，两手左右分开，宽与肩同。然后左脚蹬伸，右腿屈膝，上体慢慢后坐，身体重心移至右腿上，左脚尖翘起；同时两手屈肘回收至腹前，手心均向前下方；目视前方[图6.11(6)、(7)]。

(1)　(2)　(3)　(4)　(5)　(6)　(7)　(8)

图6.11　左揽雀尾

⑥弓步按掌。上动不停，右腿蹬伸，身体重心慢慢前移，左腿前弓成左弓步；同时两手向前、向上按出，掌心向前；目视前方[图6.11(8)]。

要领：按掌不要完全伸直，保持肘关节微微弯曲，肘尖自然下垂，做到沉肩垂肘；后坐收掌后两手不要停顿，连续做按掌。

2. 右揽雀尾(图6.12)

①转体抱球。上体后坐并向右转，身体重心移至右腿，左脚尖往里扣；右手经体前向右在水平面划弧至右侧，左手位置不变，双臂肘关节微屈，双手保持立掌，掌心向斜前方；眼睛随右手转视。右腿蹬伸，身体重心移至左腿上；右手自然下落，左臂向上屈肘。然后右脚收至左脚内侧，脚尖点地；同时右手由右下经腹前向左上划弧至左肋前，手心向上；左臂屈肘后平屈于胸前，左手掌心向下与右手成抱球状；目视左手[图6.12(1)、(2)、(3)]。

要领：重心移动过程要做清楚，做到虚实分明；双掌分开后，不要伸太直，保持自然弯曲，微微向前合抱。

②弓步掤。上体微向右转，右脚向右前方迈出，脚跟着地，上体继续向右转，左腿自然蹬直，右腿屈膝，成右弓步；同时右臂向右前方掤出（即右臂平屈成弓形，用前臂外侧和手背向前方推出，高与肩平，手心向后），左手向左下落放于左胯旁，手心向下，指尖向前；目视右前臂[图6.12(4)]。

③后坐捋。身体微向右转，右手随即向右前摆伸，手指前指，掌心向下，同时左手翻掌向上，经腹前向上、向前伸至右前臂下方。然后身体左转，重心移至左腿；同时两手下捋（即上体向左转，两手回拖左髋斜前方，左手继续向后上方划弧，直至左手与肩同高，手心向上，同时右手沿身体左侧上升直至右臂平屈于胸前，手心向后）；眼睛随左手转视[图6.12(5)、(6)]。

要领：同左揽雀尾③。

④弓步挤。上动不停，上体微向右转，左臂屈肘折回，左手附于右手腕里侧。左腿蹬伸，身体重心逐渐移向右脚变成右弓步，同时上体继续向右转；同时双手向前慢慢挤出，右手心向后，左手心向前，右前臂要保持半圆；目视右手腕部[图6.12(7)]。

⑤后坐收掌。右手顺势前伸翻掌，左手经右腕上方向前、向左伸出，双手掌指向前，掌心向下，与肩同高，两手左右分开，宽与肩同。然后右脚蹬伸，左腿屈膝，上体慢慢后坐，身体重心移至左腿上，右脚尖翘起；同时两手屈肘回收至腹前，手心均向前下方；目视前方[图6.12(8)、(9)]。

⑥弓步按掌。上动不停，左腿蹬伸，身体重心慢慢前移，右腿前弓成右弓步；同时两手向前、向上按出，掌心向前；目视前方[图6.12(10)]。

完整练习提示：揽雀尾由"掤、捋、挤、按"四个动作组成，四个动作在衔接上要做到式式相连，动作的虚实转换、姿势的变化都要连贯一气，不要停顿；在做动作过程中，身体重心保持在相同的高度，不要上下起伏；注意区别两次重心后坐时的脚尖动作，"捋"时前脚全脚掌着地，脚尖不动，"按"时前脚脚尖翘起。

图 6.12　右揽雀尾

(四)第四组

1. 单鞭(图 6.13)

①转体侧抱。右脚蹬伸,上体后坐,身体重心逐渐移至左腿上,右脚尖里扣;同时上体左转,两手(左高右低)向左弧形运转,直至左臂平举,伸于身体左侧,手心向左,右手经腹前运至左肋前,手心向后上方;眼睛随左手转视[图 6.13(1)、(2)]。

要领:上体左转和重心左移同时进行,边移边转;双手左移划弧过程中,掌心向后,左手经面部前方,向左划弧至左肋前,掌心转向上;视线随左手运动。

②丁步勾手。左脚蹬地,身体重心再渐渐移至右腿上,上体右转,左脚向右脚内侧收腿靠拢,脚尖虚点地;右手随上体右转经面部前方向右上方划弧,掌心向内,至右侧方时,掌心外翻变成勾手,勾尖向下,臂与肩平,左手向下经腹前向右上划弧停于右肩前,手心向里;转体过程中目随右手转视,最后目视左手[图 6.13(3)]。

要点:收腿动作要在重心右移到右腿后再进行。

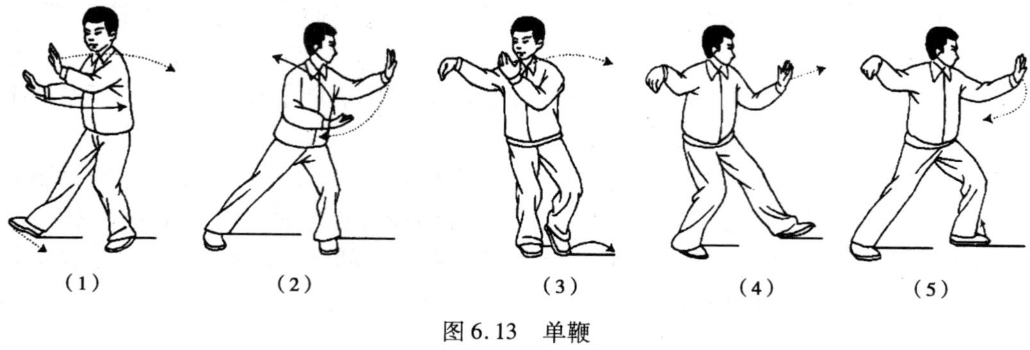

图 6.13　单鞭

③弓步推掌。左脚向左前侧方迈出,脚跟着地,上体向左转;同时左掌随上体的左转经面部慢慢移向左侧,掌心向内;接着右脚跟后蹬,左脚掌慢慢踏实,身体重心移向左腿呈左弓

步；同时左掌慢慢翻转向前推出，手心向前，手指与眼齐平，臂微屈，右手勾手不变；目视左手［图 6.13(4)、(5)］。

完整练习提示：转体扣脚和丁步勾手动作连贯完成，双手走圆滑的弧线；目光跟随上面的手。

2. 云手

(1)云手一(图 6.14)

①转体侧抱。左脚蹬伸，身体重心移至右腿上，身体渐向右转，左脚尖里扣；左手经腹前向右上划弧至右肩前，手心斜向后，同时右手变掌，手心向右前；目视右手［图 6.14(1)］。

(1)　(2)

图 6.14　云手一

②并步云手。上体慢慢左转，身体重心随之左移；左手掌心向内由脸前向左侧运转，手心渐渐外翻转向左方，右手由右下经腹前向左上划弧，至左肩前，手心斜向后；同时右脚靠近左脚，成小开立步(两脚距离约 10 ~ 20 cm)；目随右手转视［图 6.14(2)］。

(2)云手二(图 6.15)

①开步云手。上体再向右转，身体重心转移到右脚上；同时左手经腹前向右上划弧至右肩前，手心斜向后，右手掌心向内，经面部向右侧运转，到右侧后手心外翻向右；随之左腿向左横跨一步；目随左手转视［图 6.15(1)］。

(1)　(2)

图 6.15　云手二

②并步云手。与云手一②解同［图 6.15(2)］。

完整练习提示：身体转动时要以腰为轴；向左移动的整个过程重心要保持同一高度；两臂随腰运转，要自然圆活，速度均匀缓慢，三个云手的手部动作连贯划圈，不要停顿；右手沿顺时针方向划圈，左手沿逆时针方向划圈，当手运行至面部前时为最高点，掌心向面部，前臂竖立，手指向上，与眼同高，当手运行至腹前时为最低点，双手肘关节保持自然弯曲，不可僵直。

(五)第五组

1. 高探马(图 6.16)

①跟步翻掌。右脚跟进半步，身体重心逐渐后移至右腿上，同时身体微向右转，左脚跟渐渐离地；右勾手变成掌，两手心翻转向上，两肘弯曲；目视左前方［图 6.16(1)］。

要领：在跟步前，身体重心先微微向左脚移动，但不要升高，把重心控制在左脚，使跟步时重心平稳。

②虚步推掌。上体微向左转，面向前方；右掌经右耳旁向前推出，手心向前，手指与眼同高，左手收至左侧腰前，手心向上；同时左脚微向前移，脚尖点地，成左虚步；目视右手

（1）（2）

图 6.16 高探马

[图 6.16(2)]。

要领：上体自然正直，沉肩垂肘。

2. 右蹬脚(图 6.17)

①左手穿掌。下肢不动；左手手心向上，手指向前伸至右手腕背面，两手相互交叉；目视左手[图 6.17(1)]。

②迈步分掌。上动不停，左脚提起向左前侧方进步(脚尖略外撇)，身体重心前移，右腿自然蹬直，成左弓步；同时左手翻掌向外，双手向两侧分开并向下划弧，手心斜向下；目视前方[图 6.17(2)、(3)]。

要领：迈步的脚离地不要太高，步幅要小，落脚时以脚跟先着地，然后慢慢踏实；两手外分时在身体斜前方走曲线，肘关节保持适当的弯曲度。

③跟步合抱。上动不停，重心继续前移至左腿，接着右脚向左脚内侧收腿靠拢，脚尖点地；两手由外圈向里圈划弧，两手交叉合抱于胸前，右手在外，手心均向后；目视右前方[图 6.17(4)]。

要领：双手向下划弧时身体不要前俯，收腿动作要慢。

④提膝分掌。上动不停，重心慢慢升起，右腿屈膝提起，踝关节自然放松；同时两臂左右划弧微微分开，肘部弯曲，两手掌立掌外翻，手心均向前；目视右手[图 6.17(5)]。

⑤蹬腿撑掌。上动不停，右脚向右前方慢慢蹬出，脚尖向上；同时两掌左右推出；目视右手[图 6.17(6)]。

要领：重心升高后，上体要直立，不可为了右腿抬高而后仰身体；蹬腿动作完后，两腿膝关节微屈，右脚脚尖勾紧；两手推掌不要推成直线，微向斜前推出，使双手保持在一个圆弧上，右手与右脚方向一致，做到上下呼应。

完整练习提示：以高探马面对方向为正前方，右蹬脚迈步动作向前，蹬腿方向为右方 30°左右。

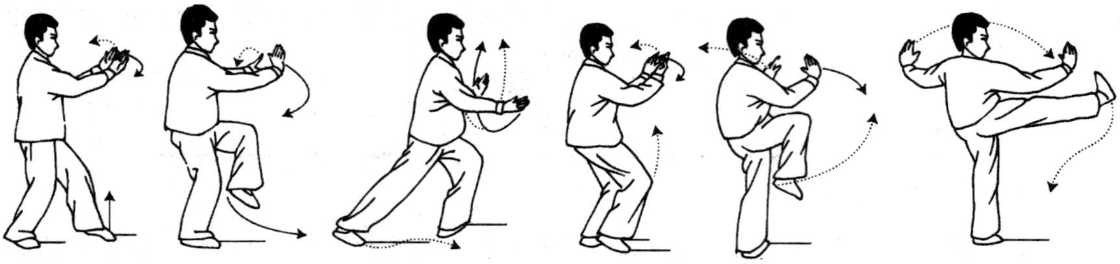

（1）（2）（3）（4）（5）（6）

图 6.17 右蹬腿

3. 双峰贯耳(图 6.18)

①收腿合掌。右腿屈膝收回，平举，踝关节自然放松；左手翻掌掌心向上，由后向前平摆

至体前，右手手心翻转向上，双手掌沿相对，距离同肩宽，双肘微微下落回收；目视前方［图6.18(1)］。

②迈步收掌。重心下降，右脚伸膝向右前方迈出，脚跟着地；两手同时向下划弧分落于髋两侧；目视前方［图6.18(2)］。

要领：迈步方向是右蹬脚方向的右10°～15°。

③弓步贯拳。左腿蹬伸，身体重心渐渐前移，成右弓步，面向右前方；同时两手慢慢变拳，分别从两侧向上、向前划弧至面部前方，成钳形状，两拳相对，高与耳齐，拳眼都斜向前下方（两拳中间距离10～20 cm）；目视右拳［图6.18(3)］。

要领：两手向前贯拳时，伴随划弧动作，前臂逐渐内旋；完成后，双臂屈肘平抬。

(1)　(2)　(3)

图6.18　双峰贯耳

4. 转身左蹬脚（图6.19）

①转身扣脚。右脚蹬伸，左腿屈膝后坐，身体重心移至左腿，上体左转，右脚尖里扣；同时两拳变掌，由上向左右划弧分开平举，手心向前；目随左手转视［图6.19(1)］。

要领：移动重心同时转体。

②收腿合抱。上动不停，左腿蹬伸，身体重心再移至右腿，左脚收到右脚内侧，脚尖点地；同时两手由外圈向里圈划弧合抱于胸前，左手在外，手心均向后；目视左方［图6.19(2)］。

要领：收腿动作不要太早太快，当重心完全控制在右腿上时再收腿，以保持身体平稳；重心左右移动时不要有起伏。

(1)　(2)　(3)　(4)　(5)

图6.19　转身左蹬脚

③提膝分掌。上动不停，重心慢慢升起，左腿屈膝提起，踝关节自然放松；同时两臂左右

划弧微微分开，肘部弯曲，两手掌立掌外翻，手心均向前；目视左手[图6.19(3)]。

④蹬腿撑掌。上动不停，左脚向左前方慢慢蹬出，脚尖向上；同时两掌左右推出；目视左手[图6.19(4)、(5)]。

要领：同右蹬脚。

完整练习提示：转身时上体转动约90°，最后左脚蹬腿方向与右蹬脚的蹬腿方向相反，夹角约180°，连贯练习时不要忽略了重心移动，重心移动时要虚实分明。

(六)第六组

1. 左下势独立(图6.20)

①收腿勾手。左腿收回平屈，踝关节放松，上体右转；右掌变成勾手，勾尖向下，左掌向上、向右划弧下落，立于右肩前，掌心斜向后；目随左手转视[图6.20(1)]。

②仆步穿掌。上动不停，右腿慢慢屈膝下蹲，左腿由内向左侧(偏后)伸出，成左仆步；左手沿身体右侧下落至腹前，然后向左下顺左腿内侧向前穿出(掌心向外，掌指向前，手掌拇指侧向上)，右手微微下落；目随左手转视[图6.20(2)]。

要领：仆步时左腿不要伸太远，以便把重心完全控制在右腿上；左脚脚尖内扣。

③弓步推掌。上动不停，身体重心前移，左脚以跟为轴脚尖尽量向外撇，左腿前弓，右腿后蹬，右脚以前脚掌为轴脚跟后顺，上体微向左转并向前起身；同时左臂继续向前上弧线伸出(立掌)，掌心向右，右勾手下落，勾尖向后；目视左手[图6.20(3)]。

④提膝挑掌。上动不停，身体重心继续前移至左腿，右腿慢慢提起平屈，成左独立式，踝关节放松；同时右勾手变掌，由后下方顺右腿外侧向前弧形摆出，屈臂立于右腿上方，肘与膝相对，手心向左，左手下落于左胯旁，手心向下，指尖向前；目视右手[图6.20(4)、(5)]。

要领：重心升高和提膝动作要在重心完全移至左腿后再做，以便控制身体平衡；提膝和挑掌动作要配合重心上升同速完成。

完整练习提示：整个动作中间没有定势，各步骤要连贯完成；左手回收、前穿的路线在同一圆滑的弧线上。

图6.20　左下势独立

2. 右下势独立(图6.21)

①落脚转体。右脚下落于左脚前，前脚掌着地，然后以左脚前掌为轴脚跟转动，身体随之左转；同时左手向后平举变成勾手，勾尖向下，右掌随着转体向左侧划弧，立于左肩前，掌

心斜向后；目视左手[图6.21(1)]。

②仆步穿掌。上动不停，左腿慢慢屈膝下蹲，右腿由内向右侧伸出，成右仆步；右手沿身体左侧下落至腹前，然后向右下顺右腿内侧向前穿出(掌心向外、掌指向前、手掌拇指侧向上)，左手微微下落；目随右手转视[图6.21(2)、(3)]。

③弓步推掌。上动不停，身体重心前移，右脚以脚跟为轴脚尖尽量向外撇，右腿前弓，左腿后蹬，左脚以前脚掌为轴脚跟后顺，上体微向右转并向前起身；同时右臂继续向前上弧线伸出(立掌)，掌心向左，左勾手下落，勾尖向后；目视右手[图6.21(4)]。

④提膝挑掌。上动不停，身体重心继续前移至右腿，左腿慢慢提起平屈，成右独立式，踝关节放松；同时左勾手变掌，由后下方顺左腿外侧向前弧形摆出，屈臂立于左腿上方，肘与膝相对，手心向右，右手下落于右胯旁，手心向下，指尖向前；目视左手[图6.21(5)]。

图6.21　右下势独立

(七)第七组

1. 左右穿梭(图6.22)

(1)左穿梭

①丁步抱球。左脚向左前落地，脚尖外撇，右脚跟离地，两膝屈膝成半坐盘式，身体微向左转；同时右手向左翻掌向腹前搂抱，掌心向上，左手自然下落于胸前，平抬肘，掌心向下，两手在左胸前成抱球状然后重心移至左脚，右脚收到左脚的内侧，脚尖点地；目视左前臂[图6.22(1)、(2)]。

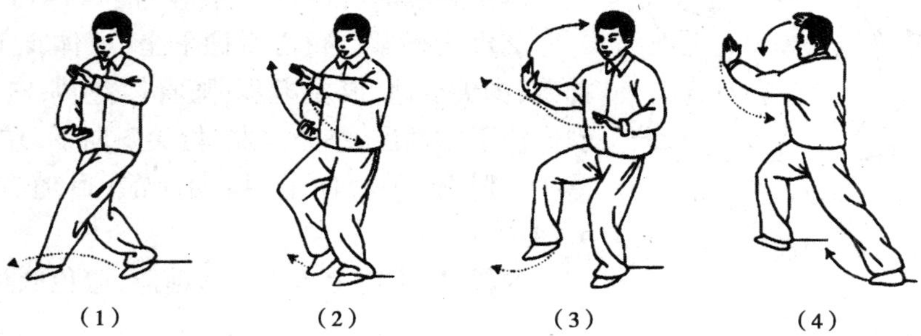

图6.22　左右穿梭

②弓步架推。右脚向右前方迈出，脚跟着地，然后左腿蹬伸，脚跟后顺，右腿屈膝弓腿，成右弓步，身体右转；同时右手由脸前向上举并翻掌，屈肘停在右额前上方约30 cm处，手心斜向上，左手在迈步时先向左下落至左肋，再随重心前移成立掌向前推出，高与鼻尖平，手心

向前；目视左手[图 6.22(3)、(4)]。

要领：右手上架和左手前推的动作速度要与重心前移协调一致，做到手脚同时到达；左手不要推得过直，肘关节微屈，肘尖向下垂；推掌完成时，上体不要前倾和侧倾，两肩保持相同高度。

(2)右穿梭(图 6.23)

①丁步抱球。身体重心略向后移，右脚尖稍向外撇，随即身体重心再移至右腿，左脚跟进，停于右脚内侧，脚尖点地；同时左手弧线下落向腹前搂抱，掌心向上，右手自然下落于胸前，平抬肘，掌心向下，两手在右胸前成抱球状(右上左下)；目视右前臂[图 6.23(1)]。

②弓步架推。左脚向左前方迈出，脚跟着地，然后右腿蹬伸，脚跟后顺，左腿屈膝弓腿，成左弓步，身体左转；同时左手由脸前向上举并翻掌，屈肘停在左额前上方约 30 cm 处，手心斜向上，右手在迈步时先向右下落至右肋，再随重心前移成立掌向前推出，与鼻尖同高，手心向前；目视右手[图 6.23(2)、(3)]。

完整练习提示：左右两次迈步的方向与正前方成 30°左右的夹角，以“之”字形前进；连贯练习时不要漏做左右穿梭的衔接过程(重心后坐，脚尖外摆)。

图 6.23　右穿梭

2. 海底针(图 6.24)

(1)　(2)

图 6.24　海底针

①跟步提掌。右脚顺势向前跟进半步，身体重心后移至右腿，左脚微微提离地面，身体稍向右转；重心后移时，右手下落经体侧向后、向上提抽至肩上耳旁，左手自然下落至胸腹前；目随右手转视[图 6.24(1)]。

②虚步插掌。重心微微下坐，上体转正，左脚稍向前落，脚尖点地，成左虚步；随身体左转，右手由右耳旁斜向前下方插出，掌心向左，指尖斜向下，左手向下划弧落于左胯旁，手心向下，指尖向前；目随右手转视[图 6.24(2)]。

要领：插掌时上体不要太前倾，避免低头和凸臀。

3. 闪通臂(图 6.25)

①迈步提掌。上体稍向右转，左脚微微提起；同时双手上提至胸前；目视前方[图 6.25(1)]。

②弓步架推。左脚向前迈出，屈膝弓腿成左弓步；同时右手由体前上提，屈臂上举，停于右额前上方，掌心翻转斜向上，拇指朝下，左手由胸前向前推出，与鼻尖同高，手心向前；目视

左手[图 6.25(2)]。

完整练习提示:注意不要同左右穿梭的动作混淆,此处的推掌和弓腿动作是同侧,而左右穿梭的推掌和弓腿动作是异侧。

(1) (2)

图 6.25 闪通臂

(八)第八组

1. 转身搬拦捶(图 6.26)

①转身抱拳。左脚蹬伸,脚尖里扣,身体向右后转,上体后坐,身体重心移至右腿上;同时右手从头上向右弧线下落,右手微微上举。然后身体重心再移至左腿上;与此同时,右手随着转体向下(变拳)经腹前划弧至左肋旁,拳心向下,左掌上举于头前,掌心斜向上;目视前方[图 6.26(1)、(2)]。

要领:握拳不要太紧,拳心微空。

②圈步搬拳。上动不停,右脚收回后(不要停顿或脚尖点地)即向前迈出,脚尖外撇,重心控制在左脚上,身体继续右转;右拳经胸前向前翻转撇出,拳心向上,左手落于左胯旁,掌心向下,指尖向前;目视右拳[图 6.26(3)]。

③上步横拦。身体重心前移至右腿上,左脚向前迈一步,身体右转;左手上起经左侧向前上划弧横向拦出,掌心向前下方;同时右拳向右划弧收到右腰旁,拳心向上;目视左手[图 6.26(4)]。

④弓步冲拳。右腿蹬伸,重心前移,左腿前弓成左弓步;同时右拳向前立拳冲出,拳眼向上,高与胸平,左手微微回收附于右前臂内侧,指尖向上;目视右拳[图 6.26(5)]。

完整练习提示:转身和搬拳时双手动作路线可理解为同时在身体左侧顺时针划立圆;上步横拦时双手动作路线可理解为同时在齐腰高的水平面上顺时针划圆弧。

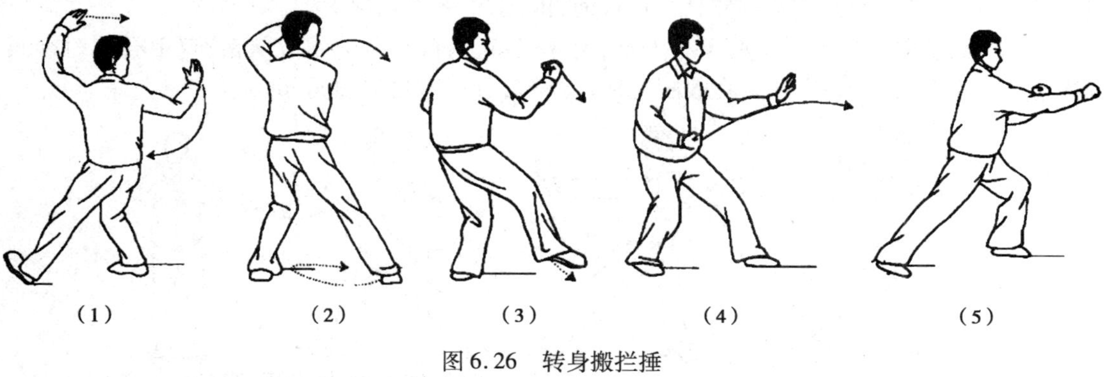
(1) (2) (3) (4) (5)

图 6.26 转身搬拦捶

2. 如封似闭(图 6.27)

①前穿分掌。左手由右腕下向前伸出,右拳变掌,两手手心逐渐翻转向上并慢慢分开,距离同肩宽;目视双手[图 6.27(1)(2)]。

②后坐收掌。左脚蹬伸,左脚尖翘起,身体后坐,身体重心移至右腿;同时两手掌心向后回收,在胸前向外平转翻掌(前臂内旋)后降至腹前,掌心向前;目视前方[图 6.27(3)]。

要领：重心后移时，上体保持正直，不要后仰；收掌至腹前的动作不可直线收回。

③弓步推掌。右腿蹬伸，重心前移，左脚掌慢慢踏实，左腿前弓成左弓步；同时两手经腹前向上、向前推出，腕部与肩平，手心向前；目视前方[图6.27(4)]。

要领：推掌不要完全伸直，保持肘关节微微弯曲，肘尖自然下垂，做到沉肩垂肘。

完整练习提示：注意同“揽雀尾”的“按”相区别，“按”在收掌时掌心是向前的，而“如封似闭”的后坐收掌是掌心向后的。

(1)　(2)　(3)　(4)

图6.27　如封似闭

3. **十字手(图6.28)**

①转体分掌。左脚蹬伸，右脚屈膝后坐，重心移向右腿，身体右转，成右侧弓步，右脚尖随着转体稍向外撇，左脚尖里扣；同时右手随着转体动作向右平摆划弧，与左手成两臂侧平举，掌心向前，肘部微屈；目随右手转视[图6.28(1)、(2)]。

要领：右手平摆动作要用身体右转带动，做到以腰带手；重心平移，不要有起伏；脚尖扣转后均向前。

②收腿合抱。右脚蹬伸，身体重心慢慢移至左腿，随即向左收回，两脚距离与肩同宽，两腿逐渐蹬直，成开立步；同时两手向下经腹前向上划弧交叉合抱于胸前，两臂撑圆，腕高与肩平，右手在外，成十字手，手心均向后；目视前方[图6.28(3)、(4)]。

要领：双手向下划弧时重心不必下降，上体保持正直，不要前俯或低头；双手合抱时须圆满舒适，沉肩垂肘；重心升起要在收腿完成后进行，避免边收腿边站起。

(1)　(2)　(3)　(4)

图6.28　十字手

4. **收势(图6.29)**

两手向外翻掌，手心向下，两臂慢慢下落，停于身体两侧；接着收左脚成并步站立；目视前方。

要领：双手翻掌动作是水平翻转，手指始终向前；双掌下落时，手臂动作按沉肩、降肘、落手的顺序进行，不要做成按掌。

图 6.29　收势

第三节　八段锦

一、八段锦功法的源流

八段锦是我国民间喜闻乐见的健身运动。它简单易学，历史悠久，早在宋代就频繁出现在朱熹、洪迈等文人墨客的记述中。所谓“八段锦”并不只是因为它有八个动作，更主要还是强调它的功法所包含的要素之多，相互间的联系之强，构成了一个内部循环的周天。

“八段锦”的名字最早出现在南宋洪迈所写的《夷坚志》中：“政和七年，李似矩为起居郎……尝以夜半时起坐，嘘吸按摩，行所谓八段锦者。”“政和”是北宋徽宗时的年号。这说明八段锦在北宋时就已流传于世，并有坐势和立势之分。由于立势八段锦的易学易练性，八段锦就此传开，成为大众所喜爱的运动。

立势八段锦，在养生文献里最早见于南宋曾糙所著的《道枢 · 众妙篇》中。“仰掌上举以治三焦者也；左肝右肺如射雕焉；东西独托，所以安其脾胃矣；返复而顾，所以理其伤劳矣；大小朝天，所以通其五脏矣；咽津补气，左右挑其手；摆鳝之尾，所以祛心之疾矣；左右手以攀其足，所以治其腰矣。”但这一时期对八段锦的认识仅仅停留在视觉上的感性认识层面，并没有涉及对八段锦的归纳和总结。

到了明清时期，立势八段锦有了长足的发展，传播范围也扩大了许多。在清末《新出保身图说 · 八段锦》中首次出现了以“八段锦”命名的章节，并同时配以图像，有了较完整的动作套路的记载。从此，传统八段锦动作被固定下来。

新中国成立后，中国共产党和政府对于民族传统体育项目八段锦相当重视，先后组织专家学者编写了关于八段锦的相关教材。在 20 世纪 80 年代初，八段锦作为民族传统体育项目开始进入我国大专院校课程。这极大地促进了八段锦理论的发展，丰富了八段锦的内涵。

二、八段锦功法的特点

如今，作为健身气功的八段锦集中了传统和当今八段锦的优势，套路更加体系化，编排也更加合理，它充分考虑了人们的运动强度。概括地讲，八段锦的功法特点主要体现在以下几个方面。

1. 柔而不散，缓慢连贯

八段锦首先锻炼的是人们机体的柔韧性和连贯性。所谓“柔而不散，缓慢连贯”就是指练习者注意要以柔和的姿态和缓慢的动作进行练习，并注意不要停顿。它要求练习者必须先稳住重心，然后再调整动作。而“柔和”“缓慢”“连贯”都是对动作提出的要求。练习八段锦，只有做到“柔而不散，缓慢连贯”，才能体会到行云流水般的酣畅。这样练习者才会感受到身体上的放松，从而达到疏通经络、畅通气血和强身健体的效果。

其中“柔和”就是指练习时要舒展自如，充分放松，以大方的动作去舒活自己的筋骨，讲究的是身体的柔韧度。练习者如果能使自己的动作既不僵硬，也不拘束，那就达到了“柔和”所要求的最高境界。“缓慢”，正是稳住身体重心的题中之义，它的中心要领就是一个字——“慢”。这样，练习八段锦时，你不需要像其他的运动一样讲究动作上的迅雷不及掩耳，只需要做到重心不摇摆，虚实分明就可以了。在八段锦功法中，每一个招式都伴随着步法的变化，身体的重心在运动过程中起着保持身体平衡的作用。所以，重心不摇摆是八段锦动作到位的重要保证。“连贯”是对动作的衔接性所提出的要求。因为八段锦的编排是以运动学和生理学的自然规律为准的，所以要求每个动作必须符合人体各个活动关节自然弯曲的状态，这样练习者的全身运动才能成为一个闭合的循环，也才能达到练习八段锦的最佳效果。也就是说练习八段锦时要讲究动作和姿势的衔接，虚实结合，拳脚结合，不能有停顿和时断时续的情况发生。

2. 动静结合，松紧适宜

八段锦要锻炼的第二个方面就是意念和动作的结合，将动作置于意念的支配之下做到身心合一，手随心动，腿由心发。

“动静结合”讲究的是身体动作的外在表现，必须在意念的引导下才能做到连贯，达到最佳效果。“动”是指练习者要在意念的引导下将动作连贯自然地打出，讲究动作上的活泼轻灵，而不是盲目地快打快踢。而“静”字的底蕴是招式沉稳。从表面上看，它可能会略显停顿，但实际上却没有停，而是将内劲很好地接续起来，肌肉也在继续用力。这样虽然从动作上看很慢，却保持了对肌肉的拉伸牵引，效果并没有减弱。如果能够很好地将动静结合起来，那么就能使肌肉的拉伸处在一个适度的状态中。这样就能够使相应的部位受到一定的强度刺激，从而有助于锻炼效果的提高。

再说“松紧适宜”，最主要的就是将意识和动作很好地结合起来，以意识来主导动作，以动作来促进意识上的放松。其中“紧”是把握动作衔接的关键点，“松”是出发点和归宿。

所谓“紧”是指注重动作的连贯性。练习者在练习八段锦的过程中总是会缓慢地出招，同时保持适度的原则。而“紧”是在这一过程中注重前一动作的结束与下一动作的开始之前的衔接。“左右弯弓似射雕”的马步拉弓和“五劳七伤往后瞧”的转头旋臂都是如此。而与

“紧”相对应的“松”却有两层含义。一层是作为出发点的。要想达到前面所述“紧”的状态，就要先放松肌肉和关节，同时放松内脏器官和意识产生的中枢神经系统。只有将放松程度不断地加深，才能加强意识的主导作用，才能在出招时不慌不乱，有序衔接。一层是作为归宿的。当“紧”的状态达成时，肌体就会感到一种轻松和愉悦，从而使中枢神经和心脏器官更加放松。中枢神经系统是神经系统的主要部分，它是人体的中轴，只有当肌肉和关节得到放松时，当中枢神经和心脏器官达到放松状态后，一个新的循环才会开始。紧，在动作中只是一瞬间，而放松须贯穿动作的始终。松紧配合适度，有助于平衡阴阳、疏通经络、分解黏滞、滑利关节、活血化瘀、强筋壮骨、增强体质。

只有在练习过程中做到动静结合、松紧得当，练习者才能在练功过程中感到身心愉悦，才能达到疏通经络、强身健体的效果。

3. 神形合一，气寓其中

八段锦所要锻炼的第三个方面就是神形合一，养成自己独特的真气。

“神为形之主，形乃神之宅。”它讲究的是形神合一、内外兼修。神，主要是指人体的精神状态和正常的意识活动，同时涵盖了意识支配下的形体表现。神和形是相互作用、相互影响的。形体是精神的载体，精神是形体的领导中心。如果只有精神上的意念没有形体上的配合，意念就只是一堆空想；如果只有形体上的动作而没有精神上的指导，形体就只是一堆行尸走肉。

具体到八段锦功法中，如果只有神没有形的配合，八段锦就只是一段存在于头脑中的观念。如果只有形没有神的主导，八段锦就只是一些动作的简单堆砌，并不能起到疏通经络的功效。所以只有领会了八段锦中的动作编排与意识之间的对称与和谐关系，才能做到意动形随、神形兼备。将神形合一做好，其中的“浩然之气”自然应运而生。当精神的修养和形体的锻炼达到一定程度时，一股独特的真气就会在体内形成。而促进真气在体内的运行，就会在一定程度上达到强健体的功效。另外值得注意的一点是习练本功法时，呼吸应顺畅，不可强吸硬呼。

三、八段锦功法的动作说明

（一）基本手型与基本步型

1. 基本手型

八段锦的基本手型包括拳、掌、爪三种。

①“拳”就是大拇指弯曲到无名指的第三指节处，其余四指并拢弯曲到掌心（如图6.30）。这样摆成拳的姿势后，就会自然而然地形成一种紧握的状态，很容易将整条手臂上的力都集中到握成拳的手上。这时，一拳挥出，就会很有力量感，同时也便于整条手臂的关节进行全方位的活动，从而达到舒筋活血的效果。

②“掌”是分两种姿势的，具体如下：掌的第一种姿势是手掌侧立，五根手指要稍稍分开，中间留有一定的缝隙，同时还要微微弯曲，手掌心随着手指弯曲的方向微微向内弯（如图6.31）。这样手臂的力量就全部向掌心集中。掌的第二种姿势是手掌向前方竖起，大拇指和

示指稍稍分开并保持竖直的姿势，组成“八”字的形状，同时其余三根手指的第一、第二指节要弯向掌心，手掌心也随着手指弯曲的方向微微向内弯曲。这样集中到手掌的力量就会全部推向前方（如图 6.32）。

③“爪”是指手腕伸直，手掌侧立，五根手指并拢，大拇指的第一指节和其他四根手指的第一第二指节都要弯向手掌心，并保持收紧的状态（如图 6.33）。

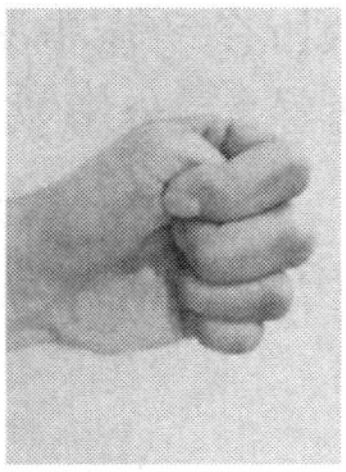

图 6.30　拳

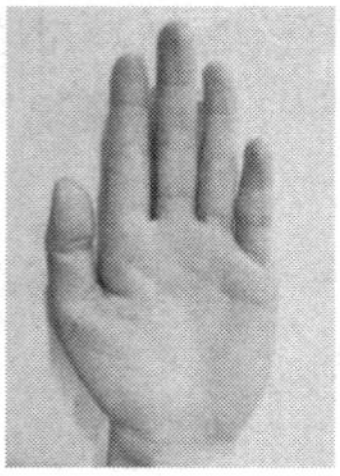

图 6.31　手指内弯

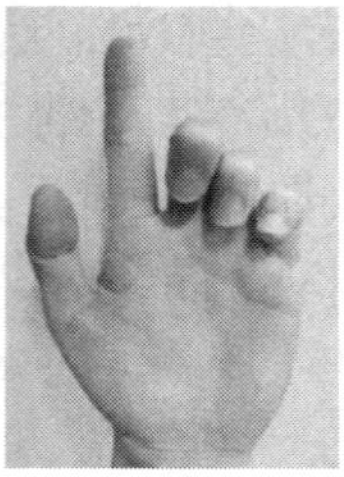

图 6.32　手掌前推

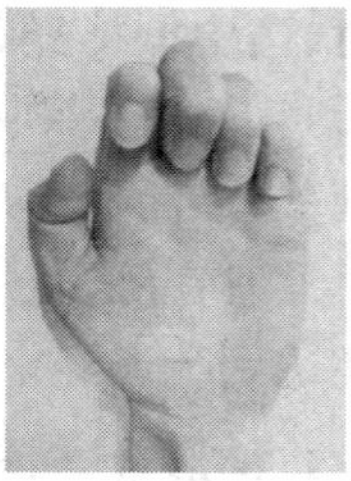

图 6.33　爪

2. 基本步型

①并步：两脚并拢，身体直立；两臂垂于体侧，头正颈直；目视前方（图 6.34）。

②开步：横向开步站立，两脚内侧与肩同宽，两脚尖朝前；头正颈直；目视前方（图 6.35）。

③马步：双脚开步站立，两脚之间的距离大概有运动者本人脚长的 2 ~ 3 倍，同时膝盖略弯，保持半蹲的姿势，大腿的高度略略高于水平线，上半身保持直立；目视前方。（图 6.36）。

图 6.34　并步

图 6.35　开步

图 6.36　马步

（二）八段锦整套功法动作说明

1. 预备式（图 6.37）

①两脚并立，两只手臂自然垂于身体两侧，身体保持平衡挺直的状态，眼看前方［图 6.37（1）］。

②接第一步，练习者身体的重心移到右腿，同时迈出左脚，脚尖朝前，使两腿之间的距离保持和肩膀宽度一致。眼睛继续注视前方［图 6.37（2）］。

③两臂内旋侧起，掌心向后，在体侧 45°时转掌心向前［图 6.37（3）］。

④合抱于腹前，与脐同高，指尖相对，间距 10 ~ 20 cm，立项竖脊，舒胸实腹，松腰敛臀，屈膝微蹲。［图 6.37（4）］。

(1)　(2)　(3)　(4)

图 6.37　预备式

2. 两手托天理三焦(图 6.38)

①接上势,两臂外旋下落至小腹前,掌心朝上[图 6.38(1)]。

②两掌五指分开腹前交叉[图 6.38(2)]。

③身体重心徐缓升起,两掌向上抬至胸部,掌心朝上[图 6.38(3)]。

④两腿徐缓伸直,两臂内旋翻掌上托,舒胸展体,抬头看手[图 6.38(4)]。

⑤手臂继续拉伸,抻拉时下颏微收,头向上顶,两手臂拉直两耳胖,略有停顿,力达两掌,脊柱上下对拉拔长[图 6.38(5)]。

⑥两掌分开,向两侧自然下落,下落时要松腰沉髋,沉肩坠肘,松腕舒指,保持上体中正;同时屈膝下蹲,两手下落至腹前,两手掌心向上,目视前方[图 6.38(6)、(7)]。

上下为一次,共做六次(短版音乐中做三次)。

(1)　(2)　(3)　(4)　(6)　(7)

图 6.38　两手托天理天焦

3. 左右开弓似射雕(图 6.39)

①接上式,身体重心右移,左脚向左踏出一步,两臂于胸前搭腕十字交叉,左臂在外,右臂在内;[图 6.39(1)]。

②随即左臂外旋手成八字掌,右手屈指成龙爪;两腿徐缓弯曲成马步,上身挺直,同时左掌向左推出,右手屈臂用力向右平拉,作拉弓状;肘尖向侧挺,两眼注视左手食指,略停[图 6.39(2)、(3)]。

③重心右移,双手成掌,眼看右手;重心继续右移,收左脚直立并步,两掌抱于小腹前。右侧同左侧动作,方向相反[图 6.39(4)、(5)]

④一左一右为一次,共三次(短版音乐中做一次)。最后的右侧动作做完收脚成开步抱

掌[图 6.39(6)]。

图 6.39　左右开弓似射箭

4. 调理脾胃须单举(图 6.40)

①接上式,身体重心稍升起,同时左手内旋上抬至胸前,掌心向内,右臂内旋掌对腹部[图 6.40(1)]。

②左臂继续内旋上举,左掌翻转上托至头左上方,肘关节微屈,力达掌根,掌心斜朝上,指尖朝右,中指尖与肩井穴在同一垂直线上;同时,右臂继续内旋,右掌下按至右胯旁约 10 cm 处,肘关节微屈,力达掌根,掌心朝下,掌指朝前,动作略停[图 6.40(2)]。

③松腰沉髋,两膝微曲,双手内旋,左手下落,右手上抬,两手收至腹前抱掌[图 6.40(3)]。

④右侧同左侧动作,方向相反。一左一右为一次,共三次(短版音乐中做一次),最后的右侧动作做完双手按于胯旁[图 6.40(4)]。

图 6.40　单举

5. 五劳七伤往后瞧(图 6.41)

①接上式,重心稍起站直,两臂伸直下垂,掌心向后,指尖向下,目视前方[图 6.41(1)]。

②两臂外旋,上摆至体侧 45°,继续充分外旋,掌心向外,头慢慢向左后转,目视左后方[图 6.41(2)]。

③臂内旋,目视前方,复原屈膝按于胯旁[图 6.41(3)]。

④再做右侧动作,动作相同,方向相反。一左一右为一次,共三次(短版音乐中做一次),最后的右侧动作做完屈膝双手抱于腹前[图 6.41(4)]。

(1)　(2)　(3)　(4)

图 6.41　五劳七伤往后瞧

6. 摇头摆尾去心火(图 6.42)

①接上式,身体重心右移,右脚开步直立,两脚间隔三脚宽,同时两掌上托至胸前翻掌,继续向上托至头顶,两臂微曲[图 6.42(1)]。

②两腿慢慢屈膝半蹲成马步,两掌向外侧下落,两掌扶按于膝上,拇指侧向[图 6.42(2)]。

③重心稍起,上身向右倾;随之俯身,目视右脚尖,上身由右向左旋至左斜前方,目视右脚跟[图 6.42(3)、(4)]。

④身体重心稍右移,右髋向右侧送出;尾闾随之向右、向前、向左、向后旋转至正后方;同时,身体重心随尾转动移至两腿间,膝关节弯曲;胸微含,头向左、向后转至正后方;目视上方[图 6.42(5)、(6)]。

⑤下颌与尾闾同时内收;身体重心下降成马步;目视前方[图 6.42(7)]。

⑥右式动作相同,方向相反。一左一右为一次,共三次(短版音乐中做一次)。最后的右侧动作做完,收右脚,两手侧举;至头上放下按,屈膝双手按掌于腹前,指尖相对[图 6.42(8)、(9)]。

7. 两手攀足固肾腰(图 6.43)

①接上式,两臂向前、向上举至头顶,掌心向前,目视前方,两臂外旋至掌心相对[图 6.43(1)]。

②屈肘,两掌下按于胸前,指尖相对,目视前方[图 6.43(2)]。

③两臂外旋,掌心向上、向斜后下方,两掌顺腋下反插[图 6.43(3)]。

④掌心向内,沿后背两侧向下摩运至臀部,上身慢慢前屈弯腰,两掌随之沿腿后向下摩运[图 6.43(4)(5)]。

图 6.42　摇头摆尾去心火

⑤两手转指尖向下,沿脚外侧行至脚面,攀足停片刻,抬头,目视前下方[图 6.43(6)]。

⑥两手臂上举至耳朵两侧,随后上体与手臂一同上起,至身体自然直立[图 6.43(7)、(8)]。

⑦上下为一次,共做六次(短版音乐中做三次)。做完屈膝双手按掌于腹前,指尖朝前[图 6.43(9)]。

图 6.43　两手攀足固肾腰

8.攒拳怒目增气力(图 6.44)

①接上式,身体重心右移,右脚开步,两腿屈膝成马步,同时两手握固收于腰间,拳眼朝上,目视前方[图 6.44(1)]。

②左拳向前缓慢用力击出,左臂内旋,拳眼朝上,与肩同高,瞪目怒视前方[图 6.44(2)]。

③左拳变掌,向左环绕成掌心向上后,抓握成拳[图 6.44(3)、(4)]。

④再缓慢旋臂收抱于腰侧,目视前方[图 6.44(5)]。

⑤左右交替做攒拳怒目,一左一右为一次,共三次(短版音乐中做一次)。最后右侧动作做完,右移重心收左脚并步,两手下落至体侧[图 6.44(6)]。

(1)　(2)　(3)　(4)　(5)　(6)

图 6.44　攒拳怒目增力气

9.背后七巅百病消(图 6.45)

①接上式,两脚跟尽量上提,头用力上顶[图 6.45(1)]。

②然后两脚跟下落,落地轻震地面,足跟落地时速度要快,全身放松,使身体震动,共七次(短版音乐中做三次)[图 6.45(2)]。

(1)　(2)

图 6.45　背后七颠百病消

10.收式(图 6.46)

①双脚并拢,双手向体侧打开[图 6.46(1)]。

②再自身体两旁屈臂合抱至腹前,两掌叠放(男性左手在内,女性右手在内),注意不要翘起拇指,全身放松,保持均匀的呼吸[图 6.46(2)]。

③随后两手落于体侧[图 6.46(3)]。

（1）　　（2）　　（3）

图 6.46　收式

(三)健身气功行礼方法

鞠躬礼(图 6.47)

①并步站立,双手向体侧打开[图 6.47(1)]。

②屈肘合抱,双手虎口交叉叠放于腹前[图 6.47(2)]。

③身体向前下躬身约 30°～45°,稍停留[图 6.47(3)]。

④随后上身直立,两手自然下垂[图 6.47(4)]。

（1）　　（2）　　（3）　　（4）

图 6.47　鞠躬礼

太极拳示范动作 1　　太极拳示范动作 2　　跆拳道示范动作 1　　跆拳道示范动作 2　　散打基本拳法

第七章　大球运动——团结协作、顽强拼搏

第一节　篮球运动

篮球运动课程在各级学校体育教学和课余校园文化生活中，已成为增进学生身体健康的教育手段和贯彻德智体美劳全面素质教育的重要手段之一。因此，应引导学生形成正确的世界观和人生观，寓政治思想教育、道德素质教育和集体主义教育于篮球运动课程教学过程中。结合篮球运动集体性和对抗性的特点，学校可以通过课堂教学和课外活动培养学生顽强拼搏的意志品质、团结协作的精神、良好的心理素质、公平竞争的意识和良好的体育文化修养等。

篮球运动包括人体的基本活动跑、跳、投和篮球基本技术及战术。经常参加篮球运动可以提高跑、跳、投等基本活动的能力，发展灵敏、速度、力量和耐力等身体素质，促进青少年的身心正常生长发育。篮球运动是在团体间对抗和变化条件下进行的，对提高神经系统的灵活性、应变能力和大脑的分析综合能力都具有重要作用。

一、篮球运动概述

(一)篮球运动的起源

篮球运动起源于美国，最初是开展于冬季和雨季的室内游戏，始于 1891 年 12 月 21 日美国马萨诸塞州斯普林菲尔德基督教青年会训练学校体育教师奈史密斯在体育馆内组织学生进行的游戏。他将竹篮固定在离地高 3.0 m 的墙上，然后将全班 18 个人分为两队。游戏时各队将球投入对方的竹篮内，进球多者为胜。因游戏中使用的器材主要是篮和球，故称为篮球。

(二)篮球运动的发展

最初的篮球比赛规则很简单，场地大小、参加人数多少、比赛时间长短等均无统一规定。1892 年，奈史密斯制定了第一部 13 条的原始规则，目的是使篮球游戏在公平对等的条件下进行，同时不允许粗野动作的发生。1893 年 3 月 11 日，在斯普林菲尔德基督教青年会训练学校举行了教师队与学生队的比赛，这是世界上记载的最早的篮球赛。同年，篮板、篮圈、篮网形成，每队上场人数由最初的 10 人逐渐减为 9 人、7 人，1920 年起规定为 5 人。1915 年，美国制定了全国统一的篮球竞赛规则，并翻译成多种文字，向全世界发行。1932 年，刚诞生的国际篮联以美国大学使用的篮球规则为基础，制定了第一份世界统一的竞赛规则。

1932 年国际业余篮球联合会成立。1936 年男子篮球正式列入奥运会比赛项目。1950

年和 1953 年分别举行了第一届世界男、女篮球锦标赛。1968 年国际篮球委员会成立。1976 年女子篮球列入奥运会正式比赛项目。

篮球运动是 1896 年前后由天津中华基督教青年会传入中国的，随后在北京、上海基督教青年会里也有了此项活动。在 1910 年我国全运会上举行了男子篮球表演赛后，全国各大城市的大学和中学的篮球活动逐渐开展起来，而中国篮球运动水平在 1926 年以后有了较大提高。

20 世纪 80 年代以来，随着世界篮球职业队伍参加奥运会，世界篮球运动跨入了一个崭新的创新发展阶段。1992 年巴塞罗那第 25 届奥运会篮球赛中美国“梦之队”的绝佳表现，表明了篮球运动整体内容结构和优秀运动队伍的综合智能、技能、能力结构发生了质的变化。今后，篮球运动将继续向着高、快、全、准、变的方向发展。

(三) 篮球运动的相关比赛与礼仪

1. 美国男子职业篮球联赛

NBA 是美国男子职业篮球联赛的英文简写。它是世界职业篮球较高水平的比赛，云集了美国和世界其他国家的优秀篮球运动员。NBA 在 20 世纪 80 年代后才进入快速发展的阶段。1984 年，迈克尔 · 乔丹被芝加哥公牛队选中，乔丹以他娴熟的球技完成了“飞人”的演绎。之后，NBA 被世界各国熟知。NBA 不但注重自身的发展和完善，同时也吸纳世界各国优秀的篮球运动员加入。NBA 结合所有职业体育成功的经验，通过球星和市场的有机结合不断地发展和壮大。

2. 中国男子职业篮球联赛

中国男子篮球职业联赛是由中国篮球协会所主办的跨年度主客场制篮球联赛，为中国最高等级的篮球比赛。其英文名称为“Chinese Basketball Association”，简写为“CBA”。中国篮球协会是具有独立法人资格的全国性群众体育组织，是由各省、自治区、直辖市篮球协会和各行业篮球协会及解放军相应的运动组织为团体会员的，全国性、非营利性的联合组织，是中华全国体育总会的团体会员，是中国奥林匹克委员会承认的奥运项目组织，是代表中国参加国际篮球联合会和亚洲篮球联合会的唯一合法组织。1997 年 11 月 24 日，国家体育总局实行体育管理体制改革和运行机制转变，成立了国家体育总局篮球运动管理中心。国家体育总局篮球运动管理中心是具有篮球项目行政管理职能的事业单位，也是中国篮球协会的办事机构。

3. 中国大学生篮球联赛

CUBA 的全称是 Chinese University Basketball Association，中文即中国大学生篮球联赛。CUBA 是中国历史上第一个面向社会、面向高校的大学生专项运动联赛，在 1996 年由中国大学生篮球协会与杭州恒华(国际)集团有限公司联手推出。CUBA 联赛的宗旨是在社会化、产业化的运作模式下实现“发展高校篮球，培养篮球人才”的目标。它言简意赅地概括了 CUBA 联赛的人才观和发展观。CUBA 联赛坚持“竞技体育不能脱离教育，素质教育不能脱离体育”的理念，从学校体育的功能出发，发展并丰富了传统的篮球人才观，提出篮球人才应当包括“五种人才”，即高水平的运动员、教练员、裁判员、从事与篮球相关工作的人员和广大球迷。

4. 篮球运动观赛礼仪

①观众进出场地要有序，一般要提前到达场地，这是对运动员、教练员和裁判员最起码的尊重。玻璃瓶、易拉罐饮料不允许带进赛场，只能带软包装饮料进入球场，但垃圾要用方便袋或者纸袋自行带出。观众最好在比赛的节与节之间或者上、下半场结束后如厕或者买饮料；观看比赛时不要坐在通道的台阶上。

②观众的衣着要整洁、大方，不能太随便，进入体育馆后，不要吸烟。比赛中，不要随意走动；手机要关机或设置振动、静音状态；不能随意使用闪光灯，尤其在运动员执行罚球时。

③在比赛入场仪式上，当现场主持人在逐一介绍双方比赛运动员时，观众要为每一位运动员鼓掌。在升参赛国国旗、奏参赛国国歌时，观众应该起立行注目礼。比赛结束后，有的会进行颁奖仪式，观众应等场内所有仪式结束后再离场。

④比赛时，由于东道主球队占了天时、地利、人和优势，所以要注意在为己方球队加油助威时，不要使用带有侵犯对方球队的语言。要为双方的精彩表演鼓掌，不要利用嘘声影响比赛、打压非东道主球队；不要冲着啦啦队运动员指手画脚，也不要使用带有挑衅性的肢体语言。

⑤良好的互动是篮球场上必不可少的环节，它可以激起运动员的热情，使其更好地投入比赛。观赛过程中，可以随现场的背景音乐为双方运动员加油呐喊。

⑥爱护场内公共设施。

二、基本技术和练习方法

（一）球性的熟悉

篮球运动是非常受人们喜爱的运动项目之一，它在全世界范围内得到广泛的开展和普及。手对球的控制能力是篮球运动中的重要技术环节，对球性的熟练程度直接影响运动员竞赛水平的高低。球性熟悉的练习主要有如下几种。

1. 抛接球练习方法

双手抛接球：两腿左右开立，双手持球于胸腹前。练习时，全身协调用力将球向上抛起，抛球时足踵提起，接球时顺势屈膝。抛球的高度，从低到高，再由高到低。

双手过顶抛接球：两腿左右开立，双手持球于背后。利用提肘抖腕，小臂外旋的力量将球抛起，经头上在体前落下，双手将球接住。

2. 接球练习方法

踢腿交接球：两腿自然开立，双手持球于胸前。练习时，两腿交替踢起，当一腿前踢时，一手将球于大腿下交给另一手。依此反复练习。

两手体前相互拨传球：两脚左右开立，双手相距 40 ~ 50 cm，相互传球。只许手指触球，不许手心触球。由腹部高度到胸部高度再至头上高度，再向下，反复练习。

胯下两手前后颠接球：两脚左右开立，深屈蹲两手持球于体前胯下。练习时，将球稍向上颠抛，两手迅速移至身后在胯下接球，然后再将球稍向上颠抛，两手迅速移至体前进行胯下接球。依此连续进行，动作由慢到快。

胯下“8”字交接球:两脚左右开立,略宽于肩,两手持球于膝前。练习时,右手持球在胯下将球交左手,左手持球经左腿后,在胯下将球再交右手。依此连续进行交接球,速度由慢到快,球的移动轨迹呈“8”字形。

3. 挥摆球练习方法

单手斜后上方挥摆球:两脚左右开立,持球于体前,左手将球推交右手引摆至身体右斜后上方,手指控制住球,回摆时要加速。依此左、右手交替进行。

单手体侧前后摆球:两脚左右开立,左手或右手持球于体侧。练习时,先向后拉摆球至极限,前臂迅速外旋,再将球向前挥摆。然后,前臂内旋再将球向后拉摆。依此连续进行。要求摆幅逐渐加大,同时不失对球的控制。

4. 推滚球练习方法

原地两手交换推滚球:两脚左右开立,略比肩宽,球放于右脚前地面上。练习时,用右手推球右侧,使之在体前从右侧滚动至身体左前,然后换左手再推滚球左侧,使球沿地面滚至身体右前。反复练习。要求用力协调,全身随球向左、右移动,手不离球,球滚动要平稳。

5. 运球练习方法

原地运起静止不动的球:练习时,原地半蹲,用手指、手腕力量拍击球,利用球的反弹作用将球拍起,然后再慢慢将球按拍成“死球”。

原地胯下左、右运球:两脚前后开立,成弓箭步,持球于胸腹前。练习时,右手持球加力使球从胯下向左反弹,左手迎引球后,再加力使球从胯下向右反弹,右手迎引球后,再加力使球从胯下向左反弹,依此两手交臂运球,动作速度逐渐加快。

(二)传接球

传接球是进攻队员之间相互联系、相互配合和组织进攻的具体手段。传球可分为头上、肩上、胸前、体侧、背后、胯下等多种传球方式,接球主要有单手接球和双手接球两种。传接球的好坏直接影响进攻的效果和质量,在比赛或练习中,不仅要掌握好传接球的技术,而且要根据场上情况的变化选择合理的传接球方式。

1. 持球

持球如图 7.1 所示,双手五指自然分开,拇指相对成“八”字形,用指根以上部位握住球的两侧后下方,手心空出,两臂弯曲,肘关节下垂,将球置于胸前。

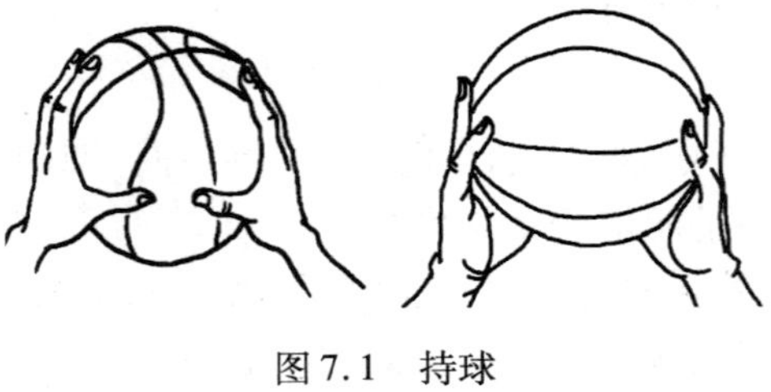

图 7.1　持球

2. 接球

接球分为双手接球和单手接球。接球时,眼睛要注视来球,手臂迎球伸出,手指自然分开，手掌对球。当球接触手指时，屈肘，手臂后引缓冲来球力量。本节介绍双手胸前接球。

动作方法：如图 7.2 所示，眼视来球，两臂迎球伸出，两手手指自然张开，拇指相对成“八”字形，其他手指向前上方，两手成一个半圆形。当手指触球时，两臂顺势屈肘后引缓冲来球的力量，两手持球于胸腹前，成基本站立姿势。

技术要点：主动伸手迎球，在手接触球后屈臂缓冲。

图 7.2　双手胸前接球

3. 传球

(1) 双手胸前传球

双手胸前传球是最基本、最常用的传球方法。其特点是传出的球迅速有力，准确性较高，而且便于结合突破、投篮。

动作要领：如图 7.3 所示，斜步姿势站立，双手持球于胸前。传球时，后脚蹬地身体重心前移，双手向传球方向伸臂发力，同时拇指下压、手腕翻转，通过拇指、食指和中指用力拨球将球传出。球出手后，手心和拇指向下，其余四指指向传球方向。

技术要点：手腕由内向外翻转，拇指下压，食指、中指拨球。

图 7.3　双手胸前传球

(2) 单手肩上传球

单手肩上传球是一种常用于中、远距离的传球方法。它的优点是传球力量大，利于抢到后场篮板后发动长传快攻。

动作要领：如图 7.4 所示，双手持球于胸前，双脚平行站立。右手传球时，左脚向传球方向迈出半步，左肩对着传球方向，同时将球引到右肩上方，手腕后屈，重心落在右脚上。传球时，右脚蹬地，转体，上臂随之向前挥摆，手腕迅速前屈，通过食指、中指拨球将球传出。

技术要点：蹬地、转体、挥臂和屈腕动作连贯。

4. 传接球练习方法

持球：徒手模仿持球动作，反复体会持球动作，两人持一球。

接球：拿放在地面上或同伴手里的球，原地接不同方向的来球。

练习方法：对墙连续传接球；两人原地多种方式传接球；四角移动传接球；二传一抢；两

图 7.4 单手肩上传球

人行进间传接球推进；三人以“8”字围绕传接球推进。

5. 易犯错误与纠正方法

易犯错误：双手胸前传球时，手腕翻转不够，手指发力不足；接球时双手不伸出迎球，当手指触到球时，手臂没有顺势后引、缓冲。纠正方法：徒手练习主动迎球动作；自抛自接体会“迎球”和“后引”缓冲动作；徒手模仿或在同伴协助下体会传球时手腕翻转和手指拨球的动作。

(三)运球

在篮球训练或者比赛中，运球是一个相当重要的技巧。运球是个人摆脱防守、进行攻击的有力手段，也是组织全队进攻战术配合的重要桥梁。通过运球练习，可以提高手对球的感应能力，熟悉球性，提高控制球、支配球的能力。运球方法很多，常用的有高运球、低运球；体前变向换手运球、体前变向不换手运球；运球急停急起；背后运球；运球转身；胯下运球等。

1. 基本技术

(1)身体姿势

运球时应保持两脚前后自然开立，两膝微屈，上体稍前倾，头抬起，眼睛平视。非运球手臂屈肘平抬，以保护球。脚步动作的幅度和下肢各关节的曲度随运球速度和高度的不同而有所变化，如图 7.5 所示。

图 7.5 运球基本姿势

(2)手臂动作

运球时，五指张开，用手指和指根以上部位及手掌的外缘触球，掌心不触球。低运球时，主要以腕关节为轴，用手腕、手指的力量运球；身前高运球和变向高运球时，主要以肘关节为轴，用前臂和手腕、手指的力量运球；体侧或侧后的提拉式高运球主要以肩关节为轴，用上臂、前臂、手腕、手指的力量运球。拍按球时，手应随球上下迎送，尽量延长控制球的时间。

拍按球的部位是由运球的方向和速度来决定的。

(3)球的落点

运球时应控制球的落点,使球完全保持在自己所能控制的范围内,以便随时利用自己的上体、臂、腿来保护球,而且也便于技术运用。

(4)手脚协调配合

运球时既要使移动速度和运球速度协调一致,又要保持合理的动作节奏。能否保持脚步动作和手部动作协调一致,关键在于按拍球的部位、落点的选择和力量大小的运用。脚步移动越快,拍按球的部位越靠后下方,落点越远,拍按球及反弹起来的力量越大。如图 7.5 所示。

2. 基本动作

(1)高运球

动作要领:两腿微屈上体稍前倾,抬头看前方,以肘关节为轴,用手拍按球的后上方,把球的落点控制在身体侧前方。手脚协调配合,使球有节奏地向前运行。

技术要点:手拍按球的部位正确,手脚协调配合。

(2)低运球

动作要领:两膝迅速弯曲,重心降低,抬头看前方,上体前倾,靠近防守队员一侧,用上体和腿保护球。同时,用手腕、手指力量短促地拍按球,以便更好地控制球和摆脱防守,继续前进。

技术要点:两膝弯曲迅速,降低重心,上体前倾;拍按球短促有力,手脚协调配合。

3. 体前变向换手运球

动作要领:以运球队员左手运球向对手右侧突破为例。先向对手左侧快速运球,当对手向左侧移动堵截时,运球队员突然变向,用左手拍按球的左侧后上方,并靠近身体向右侧送拍球,使球落在身体的右侧前方反弹,左脚迅速向右侧前方跨出,上体右转并前倾探肩,换手拍按球的后上方,加速运球突破,如图 7.6 所示。

技术要点:拍按球的部位、方向正确,同时要及时跨步、侧身护球和加速超越对手。

图 7.6　体前变向换手运球

4. 运球练习方法

①原地运球练习。

②行进间运球练习。

③综合性运球练习。

5. 易犯错误与纠正方法

①易犯错误:运球时低头,只顾运球,没有观察场上情况。纠正方法:强调运球手型,模仿练习。

②易犯错误:手脚配合不协调。纠正方法:多次做熟悉球性的练习。

③易犯错误:运球时手打球,手指手腕没有拍、按球。纠正方法:听信号做各种变换形式的运球。

(四)投篮技术

投篮是在比赛中,队员运用各种专门、合理的动作将球投进对方球篮的方法,是篮球赛中的得分手段。投篮是篮球运动中一项关键性技术。进攻队运用各种技术、战术的目的,都是为了创造更多更好的投篮机会并力求投中得分;防守队积极防御则是为了阻挠对方投篮得分。本节只介绍原地单手肩上投篮和行进间单手低手投篮。

1. 原地单手肩上投篮

原地单手肩上投篮是最基本的投篮方法,是行进间投篮和跳起投篮的基础。原地投篮易于保持身体平衡,便于全身协调用力,比较容易掌握。一般在中、远距离投篮和罚球时运用较多。

动作要领:如图 7.7 所示,以右手投篮为例,右脚在前,左脚稍后,两膝微屈,重心落在两脚之间。右手五指自然张开,用指根及指根以上部位触球,掌心空出,翻腕托球的后下部,右臂屈肘稍向内收,置球于右肩前上方,上臂与肩关节约成水平线,前臂与地面近似垂直,左手扶球的左侧,目视瞄准点。投篮时,下肢蹬地发力。右臂随腰腹伸展向前上方抬肘伸臂,用手腕前屈和手指拨球动作,使球从食指、中指指端柔和飞出。球离手时,手臂要随球跟送,脚跟提起。

技术要点:脚蹬地、腰腹伸展、抬肘伸臂、屈腕拨指要柔和用力。大拇指和小指要把握方向。

图 7.7　原地单手肩上投篮

2. 行进间单手低手投篮

行进间投篮动作方法很多,但动作结构基本相同,都是由跨步接球起跳、腾空举球出手和落地三个部分组成。其脚步动作的共同点:跨第一步时接球,跨第二步时跳起,空中投篮出手,双脚同时落地注意屈膝缓冲。在实际运用时,应根据投篮的距离、角度以及防守队员所处位置来决定投篮出手的动作方法。

行进间单手低手投篮是在快速跳动或运球超越对手后,在篮下的一种投篮方法。它具有伸展距离远和出球平稳的优点。

动作要领:如图7.8所示,以右手投篮为例。右脚向前跨出一大步的同时接球,左脚跨第二步时用力蹬地向前上方起跳,右腿屈膝自然上提。腾空到最高点,右手五指自然张开,掌心向上,托球的下部,右臂向前上方伸展,接近球篮时,用手腕上挑和手指的拨动,使球向前旋转进入球篮。

技术要点:腾空时身体向前上方充分伸展,举球后保持托球的稳定,手腕、手指上挑动作要柔和协调。

图7.8　行进间单手低手投篮

3. 投篮练习方法

①原地投篮模仿练习。

②两人一组对投练习。

③行进间接球投篮练习。

4. 易犯错误与纠正方法

①易犯错误:手法错误,五指没有自然分开。纠正方法:重复讲解和示范投篮的动作要点。

②易犯错误:肘关节外展。纠正方法:借助外部条件限制或信号提示,纠正错误动作。

③易犯错误:投篮时上下肢不协调。纠正方法:多做徒手练习,体会协调用力和动作节奏。

(五)持球突破

持球突破指篮球运动中一方持球,在运动中使身体摆脱对方球员的防守,从而在更接近篮筐的同时创造出利于自己投篮的空间。突破在篮球运动中是一项非常实用的技术,合理地安排突破战术,即使没有一次成功,也可以扰乱对方的防线,为队友创造出得分的机会。持球突破分交叉步突破、顺步突破、前转身突破和后转身突破。以下介绍两种常用的突破方法。

1. 交叉步突破

动作要领:如图7.9所示,以左脚为中枢脚为例,两脚左右开立,两膝微屈,身体重心降低,持球于胸前。突破时,先向右侧做突破的假动作,然后右脚前脚掌内侧迅速蹬地向左前方跨出一大步,上体左转右肩下压。同时左手运球超越对手。

技术要点:蹬跨积极,转探肩保护球。

图 7.9　交叉步突破

2. 顺步突破

动作要领:如图 7.10 所示,准备姿势和突破前的动作要求与交叉步相同。突破时,右脚向右前方跨出一步,向右转体探肩,重心前移,右手运球,左脚前脚掌迅速蹬地,向右前方跨出,突破防守。

技术要点:蹬跨积极,转探肩保护球,第二只脚迅速蹬地积极。

图 7.10　顺步突破

3. 持球突破练习方法

每人一球,做原地持球突破,向前抛球,上步接球后做持球突破练习。

4. 易犯错误与纠正方法

①易犯错误:手法错误,五指没有自然分开。纠正方法:重复讲解和示范投篮的动作要点。

②易犯错误:肘关节外展。纠正方法:借助外部条件限制或信号提示,纠正错误动作。

③易犯错误:投篮时上下肢不协调。纠正方法:多做徒手练习,体会协调用力和动作节奏。

(六)移动

1. 移动的概念

移动是在比赛中为了争取攻守主动所采用的各种脚步动作的总称。移动的基本目标就是攻守双方努力争取时间、位置和空间上的优势。随着运动水平的不断提高,对移动质量的要求逐渐升级,成为评价篮球意识的最重要的组成部分之一。

2. 移动分类

移动主要包括基本姿势、起动、跑(加速跑、直线跑、曲线跑、变向跑、变速跑、侧身跑、后退跑等)、跳(单脚跳、双脚跳、原地跳、助跑跳等)、急停(跳步急停、跨步急停等)、转身(前转身、后转身)、防守步法(平滑步、斜滑步、上下滑步、滑步结合交叉步、追步)等。

3. 移动练习方法及特点

①基本姿势：做好随时向各个方向迅速起动的准备。与日常个人习惯的突然起动前的准备姿势没有太大区别。

②起动:起动就是突然加速。用右脚蹬地、左脚迈出第一步进行突然加速。面对防守者向两边的侧前方突然启动时,最好能在起动前有虚晃的动作,让对手无法判断自己的起动时机与移动路线,更好地摆脱对手的纠缠。

③跑:跑的种类很多,篮球场上的各种跑与通常的跑区别不大,关键是要随时注意场上的球、对手、队友等的情况变化。突然、及时地出现在最需要、最合适的位置。

④跳:跳主要指向各个方向的助跑及原地起跳等,与通常的跳跃不同的是篮球场上需要随时随地能向各个方向(前、后、左、右、垂直)跳起及连续跳跃的能力。并且这些起跳往往是在对手的干扰、对抗和破坏下完成的。

⑤急停:急停分为跨步急停和跳步急停。持球急停时,要控制好身体重心,明确中枢脚,以防止由于重心不稳或变换中枢脚而造成的走步违例。

三、对有球人的防守技术

对有球人的防守是指对有球的进攻运动员传球、运球、突破和投篮动作进行积极干扰和破坏的防守行为。防守有球人时要注意观察和判断,做到球到人到,既要在对手接球的一刹那抢占合理的防守位置,又要识破对手意图,有针对性地选择防守位置和采取防守策略。

1. 平步防守

平步防守是指防守运动员正对进攻运动员,双脚平行开立,步幅比肩宽,重心降低,防守者的头要低于进攻运动员的肩,防守距离为一臂,能摸到持球运动员的胸,两臂屈肘,掌心向上放在进攻运动员的胸前,并用前臂的伸缩和手指、手腕的挑拨动作干扰以及袭击进攻运动员手中的球,使对手举球于头上或肩上。两脚随手的动作自然地碎步滑移,做随时启动的准备。

当持球运动员突破时,防守运动员应迅速以对方运球方向的同侧脚向进攻运动员的跨出脚前方做有力的滑动,张开双臂并随时准备抢堵进攻运动员的球,置对手前脚于自己两脚之间,用胸对着进攻运动员的肩,并继续横滑以抢占进攻运动员的突破路线。

2. 前后步防守

前后步防守是指防守运动员正对进攻运动员,两脚前后分站,后脚脚尖稍后于前脚脚跟,前脚对准进攻运动员的中枢脚,宽步幅,降低重心,防守距离为一臂,前脚一侧的手臂能触及持球运动员的胸,两臂屈肘,掌心向上放在进攻者的胸前以干扰和袭击进攻运动员手中的球,两脚随手的动作滑动,随时准备启动。

当持球运动员向防守运动员的前脚方向突破时,防守运动员的前脚应迅速后撤接侧滑步,同时张开双臂并随时准备抢堵进攻运动员的球。当对手的前脚落入自己的两脚之间时,转为横向滑动,并用胸对着进攻运动员的肩,以抢占突破路线。如果持球运动员向防守运动员的后脚方向突破时,防守动作方法同平步防守。

当对手运球突破时，防守运动员应面对对手，防守距离一臂，运用滑步与后撤步，始终堵球于自己两脚之间，头低于对手的肩，并抖动手腕去破坏球（不能探身去够球，以免失去重心和犯规）。如果防守被突破，防守运动员应迅速追防并超越对手，用追堵步继续防住进攻运动员。如果对手被迫停止运球，防守运动员应立即上前贴身防守，高举双臂，封住对手的传球路线。

四、篮球运动的比赛规则

篮球场地的规格是根据篮球比赛规则规定的。标准篮球场地为一块长28 m、宽15 m的长方形平地。球场必须有明显的界线。界线外在至少2 m内没有任何障碍物，界线与观众之间也至少应有2 m的距离。

球场长边的界线叫边线，短边的界线叫端线。连接两条边线中点的平行于端线的横线叫中线，中线应向两侧边线外各延长15 cm。以中线的中点为圆心，以1.8 m为半径画成的圆叫中圈。罚球线是一条与端线平行的直线，其中点必须和端线与中线的中点在一条直线上。罚球线以及罚球线两端连接端线的两条斜线所构成的区域叫限制区（三秒区）。

限制区加上以罚球线中点为圆心，以罚球线为直径向限制区外画的半圆为罚球区。限制区两侧的斜线上有分位线，供运动员在罚球时使用。场地两端拱形线外的区域为3分投篮区。球场上的各条线必须十分清楚，线的宽度均为5 cm。场地的测量，除边线和端线从线的内沿算起外，场内各线均从其外沿算起。

（一）篮球场设施

1. 篮板

两面篮板应以透明的材质制成，最好是强化安全玻璃，其硬度相当于厚度3 cm的木质。篮板的规格为宽1.80 m，垂直高度1.05 m，其下缘距离地板最少2.90 m。篮板的表面应平整，自界外线算起，四周画上宽为59 cm、高为45 cm的长方形，此长方形底线的上缘必须与篮圈上端相接。

2. 篮筐

篮筐包括篮圈和篮网。篮圈由坚实的铁料制造，内缘直径最短为45 cm，最长为45.7 cm，并漆成橘色。金属篮圈直径最短为1.6 cm，最长为2.0 cm。篮网应为白色，悬挂于篮圈上，其目的是使球入篮后能稍受阻碍，篮网应有十二目，以便悬挂在篮圈上，其长度最短为40 cm，最长不得超过45 cm。

3. 球

篮球必须是正圆体，颜色为橘色，外皮必须用皮、橡胶或合成物质等制成，球内气压的程度，以从球底部量起约1.8 cm的高度落到比赛场地上，其反弹高度从球的顶部量起不低于1.2 cm，不高于1.4 cm。

4. 定时器

定时器为显示比赛时间、双方比数和球队犯规次数，应该装置在场内每一个人均能清晰看见的。

5. 二十四秒定时器

二十四秒定时器应为自动计时,采用数字式倒数计时,显示单位为秒(s)。

6. 记录表

所有国际篮球协会举办的正式比赛,其记录表均应由国际篮球总会审定。

7. 次数牌

次数牌有以下几种:小尺寸为长 20 cm、宽 10 cm;2×20 min 赛制,数字为 1 ~5(1 ~4 为黑色,5 为红色);4×12 min 赛制,数字为 1 ~6(1 ~5 为黑色,6 为红色)。

8. 球队犯规标志

球队犯规标志为红色,至少宽 20 cm,高 35 cm,置于记录台上,让场上每个人都能清晰看见。

(二)比赛方法

1. 比赛人数

每队 5 人,其中 1 人为队长,候补球员最多 7 人,但可依主办单位增加人数。比赛分为四节,每节各 12 min,每节之间休息 5 min,中场休息 10 min。比赛结束两队积分相同时,则举行加时赛,时长 5 min,若加时赛后比数仍相同,则进行第二个加时赛,时长仍为 5 min,直至比出胜负为止。

2. 得分种类

球投进篮筐经裁判认可后,便算得分。3 分线内侧投入可得 2 分;3 分线外侧投入可得 3 分,罚球投进得 1 分。

3. 进行方式

比赛开始由两队各推出 1 名跳球员至中央跳球区,由主审裁判抛球双方跳球,开始比赛。中间断球掷界外球。

4. 选手替换

每次替换选手要在 20 s 内完成,替换次数则不限定。交换选手的时间选在有人犯规、争球、叫暂停等时段,裁判应暂时中止球赛的计时。

5. 罚球

每名球员各有 4 次被允许犯规的机会,第五次即犯满退场(NBA 中为 6 次),且不能在同一场比赛中再度上场。罚球是在谁都不能阻挡、防守的情况下投篮,是作为对犯规队伍的处罚,给予另一队的机会。罚球要站在罚球线后,从裁判手中接过球后 10 s 内要投篮。在投篮后,球触到篮筐前均不能踩越罚球线。

6. 违例

违例大致可分为以下几种:普通违例,如带球走步、两次运球、脚踢球或以拳击球;跳球违例,即指除了跳球球员以外的运动员在跳球者触到球之前进入中央跳球区。

7. **其他规则**

①24 s 规则。进攻球队在场上控球时必须在 24 s 内投篮出手（NBA、CBA、CUBA、WNBA 等比赛均为 24 s）。

②10 s 规则。球队从后场控制球开始，必须在 8 s 内使球进入前场（对方的半场）。

③5 s 规则。持球后，运动员必须在 5 s 内掷界外球出手，FIBA 规则规定罚球也必须在 5 s 内出手。

④3 s 规则。分为进攻 3 s 和防守 3 s。进攻 3 s 是指进攻方球员不得滞留于 3 s 区 3 s 以上；防守 3 s 是指当某防守方运动员对位的进攻方运动员不在 3 s 区或者 3 s 区边缘且彻底摆脱防守运动员时，防守方运动员不得滞留禁区 3 s 以上。

⑤侵人犯规。与对方发生身体接触而产生的犯规行为。

⑥技术犯规。运动员或教练员因表现恶劣而被判犯规，比如与裁判发生争执等情况。

⑦取消比赛资格的犯规。运动员做出的不体现运动员精神的犯规动作，比如打人。发生此类情况后，球员应立即被罚出场外。

⑧运动员 5 次犯规。无论是侵人犯规，还是技术犯规，一名球员犯规达 5 次（NBA 规定为 6 次）必须离开球场，不得再进行比赛。

⑨运动员出界。运动员带球或球本身触及界线或界线以外区域，即属于球出界。在球触线或线外区域之前，球在空中不算出界。

⑩干扰球。投篮的球向篮下落时，双方运动员都不得触球。当球在球篮里时，防守运动员不得触球。球碰板后对方不得碰球，直到球下落。

⑪球回后场。球队运动员如已将球从后场移至前场，该球队球员便不能再将球移过中线，运回后场。

第二节　足球运动

一、足球运动发展概况

足球运动被誉为“世界第一运动”。一场精彩的足球比赛，吸引着成千上万的现场观众和数以亿计的电视观众。据不完全统计，现在世界上参加比赛的足球队约为 80 万支，登记注册的足球运动员约 4 000 万人，其中职业足球运动员近 10 万人。

（一）足球运动简介

足球是以脚支配球为主的一项球类运动，两个队攻守对抗，争夺激烈，富于战斗性。

1863 年 10 月 26 日，英国 11 个足球俱乐部的代表在伦敦举行会议，成立了世界上第一个足球运动组织——英格兰足球协会，该天也被世界公认为现代足球运动的诞生日。1904 年 5 月 21 日，法国、比利时、西班牙、荷兰、丹麦、瑞典、瑞士 7 国的足球协会代表在巴黎举行会议，成立了国际性的足球组织——国际足球协会联合会，简称国际足联（“FIFA”）。

(二)现代足球运动的三个流派

由于历史、文化等多种因素的共同作用现代足球运动产生了不同流派。目前国际足联公认的流派有欧洲力量派,代表国家有德国、英格兰;南美技术派,代表国家有巴西、阿根廷;欧洲拉丁派,即欧洲与南美洲高度融合的一个派别,代表国家有法国、意大利。

(三)现代足球运动的发展趋势

①足球的攻守矛盾促使足球竞技水平不断提高。

②全攻全守型打法是现代足球发展的必然趋势。

③各种流派相互学习、取长补短,不断完善自己。

④速度越来越快,对抗越来越激烈。

(四)国际重要赛事

国际足联组织的世界性比赛有世界杯足球赛、奥运会足球赛、世界青年足球锦标赛、世界青年(1 岁以下)足球锦标赛、世界女子足球锦标赛、世界室内 5 人制足球锦标赛、世界俱乐部足球锦标赛。

二、基本技术和练习方法

(一)球性的熟悉

球性是足球运动中最基本的元素,也是学习和掌握好足球技术的前提条件。球性的好坏,直接影响足球技术掌握的速度和质量。球性是指在足球练习中,运动员能够比较正确地感觉到球的高度、速度、弹性及控制球的能力,以下介绍几种球性熟悉的练习技巧。

1. 跨下左、右脚传球

动作要领:上体直立,两脚左右开立,大于肩宽,足球放在两脚之间,靠在右脚内侧处。动作开始后,用右脚内侧把球传至左脚内侧,传完球后右脚立刻落地支撑,这时左脚内侧传球回右脚,传完球后立刻落地支撑。

技术要点:初次练习时眼睛可观察胯下的传球练习,但动作熟练后眼睛要目视前方。脚下的传球动作要逐渐加快。两脚动作和身体重心要配合协调。

2. 左、右脚交替踩球

动作要领:身体直立,两脚前后开立,左脚支撑身体,右脚前脚掌踩球的上部。动作开始后,两脚做一个交换跳动作,使左脚踩在球的上部,右脚支撑,这样两脚连续做交换跳练习。

技术要点:踩在球上的脚不要太用力,只需轻轻地踩球。动作熟练后,眼睛要目视前方,两脚的交换跳动作要快。

3. 左、右脚交替向后拉球

动作要领:上体直立,两脚前后开立,左脚支撑身体,右脚踩在球的上部。动作开始后,右脚踩球向后拉球使球向后滚动,拉完球后落地支撑身体,这时,左脚踩球的上部向后拉球,拉一下后马上落地支撑身体。

技术要点：每次踩球力量不要过大，拉球的距离不宜太长。身体重心要控制好。

4. 手抛、脚接球

动作要领：身体直立，双手持球于胸前，双手把球向身体前上方抛起（超过头一米左右），当球达到一定高度下落时，首先要判断好球的落点、速度、力量，迅速抬右腿用脚在空中接球（脚离地为 50 cm 左右），当球与脚快要接触时迅速压腿缓冲，使球停在右脚上。

技术要点：抛球要稳，脚接球时注意做好缓冲动作。通过积极的练习使左右脚都能熟练地接球。

5. 颠球

双脚颠球动作要领：双手持球于体前，轻轻把球抛起（不要超过胸部），当球下落时，右脚迅速抬起，用脚背击球，把球向上踢，球再下落时，左脚迅速抬起，用脚背击球，把球向上踢，两脚交替练习。

双腿颠球动作要领：双手持球于体前，轻轻把球抛起（不要超过头部），当球下落时，右腿迅速抬起，小腿与大腿成 90°，右大腿抬平，用大腿把球击起，右脚落地。球再下落时，左腿迅速抬起，小腿与大腿成 90°，左大腿抬平，用大腿把球击起，左脚落地。两腿交替练习。

头部颠球动作要领：双手持球于体前，轻轻把球抛起（超过头部 1 米左右），头部仰面朝上，当球下落时，用头部的前额把球击起，再下落，再击起，连续练习。

技术要点：必须全身放松，千万不要让脚僵硬，颠球时要击球的底部中央，球不要高于膝盖。颠球时一定要注意力集中，用力适当。

（二）踢球

踢球指运动员有目的地用脚把球击向预定目标的技术。踢球是足球技术中最重要的技术，主要用于传球和射门。踢球的方法很多，主要有脚背内侧踢球、脚背正面踢球、脚背内侧踢球、脚背外侧踢球、脚尖踢球和脚跟踢球。这些动作结构完全一致，均由助跑、支撑脚站位、踢球腿摆动、脚触球、踢球后的随前动作 5 个环节组成。

1. 脚背内侧踢球

动作要领：如图 7.11 所示，斜线助跑，助跑方向与出球方向约成 45°，最后一步稍大，支撑脚底积极着地，脚尖指向出球方向，距球内侧后方 20 ~ 25 cm，膝关节微屈。在支撑同时，踢球腿已完成后摆，并开始以髋关节为轴，大腿带动小腿由后向前摆动，当大腿摆至与支撑腿接近同一平面时，小腿做爆发式摆动，此时脚尖外转、脚背绷直，以脚背内侧部位触击球。击球后踢球腿及身体继续随球向前。

图 7.11　脚背内侧踢球

2. 踢球练习方法

①模仿踢球动作练习，体会动作要领，重点是支撑脚站位，摆动腿摆动和身体协调动作。

②对墙体，距离 5 ~ 8 m，做各种踢球动作。

③两人或两队一组，距离 15 m，相互踢定位球。

④两人一组，移动中踢球练习。

3. 易犯错误与纠正方法

易犯错误：踢球部位选择不正确脚背踢球时，脚踝没有绷紧，出球无力。纠正方法：注意选择正确部位和站位；脚背内侧踢球时绷紧踝关节，协调用力。

（三）停球

停（接）球是指运动员有目的地用身体的合理部位使运行中的球停下来，并将球控制在所需要的范围内，以便更好地衔接下一个技术动作。接球的方法有多种，常用的有脚内侧接球，脚背正面接球，脚底、大腿、胸部、头部等部位的接球。

1. 脚内侧接球

动作要领：如图 7.12 所示，身体正对来球，判断来球的速度和方向，选好支撑脚位置，膝关节微屈。接球脚根据来球的状态相应提起，膝、踝关节外旋，脚趾稍翘，用脚内侧对准来球，触球瞬间，接球部位做相应的引撤或变向接球动作，将球控在所需要的位置上。

2. 脚背正面接球

动作要领：如图 7.13 所示，根据球的落点，及时移动到位，脚背正面上迎下落的球，当球与脚面接触的一瞬间，接球脚开始下撤，此时接球腿膝关节、踝关节、脚趾均保持适度紧张，脚尖微翘将球接到需要的位置。

图 7.12　脚内侧接球

图 7.13　脚背正面接球

3. 胸部接球

（1）挺胸式接球

动作要领：如图 7.14 所示，接球时，身体正对来球，两腿自然开立，膝微屈，两臂在体侧自然屈抬，上体稍后仰与来球形成一定的角度。触球瞬间，胸部主动挺送，使球触胸后向前上方弹起落于体前。一般用于接有一定弧度的高球。

（2）收胸式接球

动作要领：如图 7.15 所示，面对来球，两脚左右或前后开立，两臂自然张开，挺胸迎球，触球瞬间收胸、收腹，臀部后移将球接在体前。若需将球接在体侧时，则触球瞬间转体，将球接在转体后相应的一侧。多用于接齐胸高的平直球。

图 7.14　挺胸式接球

图 7.15　收胸式接球

4. 接球练习方法

①慢跑过程中,向前上方抛球,做停球练习。

②两人一组,距离 5 ~ 8 m,接对面跑来的地滚球、高球、反弹球等。

③两人一组相互传、接地滚球、高球、反弹球。

④结合各种踢球做接球练习。

5. 易犯错误与纠正方法

易犯错误:球的落点判断不准确;接球时肌肉紧张,动作僵硬。纠正方法:加强判断能力,主动迎球;尽量放松肌肉,做到动作流畅、干净利落。

(四)运球

运球是运动员在跑动中用脚连续推拨球,使球处于自己控制范围内的技术。常用的运球技术有脚内侧运球、脚背正面运球、脚背外侧运球等。

1. 脚内侧运球

动作要领:如图 7.16 所示,运球前进时支撑脚位于球的侧前方,肩部指向运球方向,支撑腿膝关节微屈,重心放在支撑腿上,运球脚提起时,膝关节弯曲,脚跟提起,脚尖稍外转,随重心前移,运球脚膝外转,用脚背内侧向前侧推拨球,球向前侧曲线或弧线运行。

图 7.16　脚内侧运球

2. 脚背正面运球

动作要领:如图 7.17 所示,运球时身体持正常跑动姿势,上体稍前倾,步幅不宜过大,运球腿提起,膝关节稍屈,髋关节前送,提踵,脚尖下指,在着地前用脚背正面部位触球后中部将球推送前进。

图 7.17　脚背正面运球

3. **脚背外侧运球**

动作要领：如图 7.18 所示，跑动时身体自然放松，上体稍前倾，两臂自然摆动，步幅要小些。运球脚提起时，膝关节弯曲，脚跟提起，脚尖稍内转，当脚迈步前伸至球时，球正好在膝关节下方。用脚背外侧向前推拨球，球直线运行；向前侧推拨球，球曲线或弧线运行。

图 7.18　脚背外侧运球

4. **运球练习方法**

①慢跑中，交替用两脚的脚内侧做直线运球，体会脚内侧踢拨球的动作。

②原地用脚内侧和外侧横拉球。

③两人一组，一人消极防守，一人做直线运球结合射门的练习。

④结合“斗猴”游戏，练习接球、踢球以及运球。

5. **易犯错误与纠正方法**

易犯错误：身体重心高，变向运球时身体倾斜不够；触球时不是推拨球而是踢球。纠正方法：练习时注意降低重心，先从无球开始；脚触球时一定要准确，踝关节一定要放松，不宜用力过猛，以免球脱离身体控制范围。

（五）抢断球

抢断技术是一种积极有效的防守手段。抢断是防守技术的综合体现，是用争夺、堵截、破坏等方式延续或阻拦对方进攻的一种技术。一旦把球争夺过来，就意味着组织进攻的开始。

1. **正面抢断**

两脚前后稍开立，两膝稍屈，身体重心下降，并均匀落在两脚上，面向对手。当对方带球或触球即将着地或刚刚着地时，立即抢球。抢球脚的脚弓正对球，并跨出一步，膝关节弯曲，上体前倾，身体重心移至抢球脚上。

2. 侧面抢断

当与对方平行跑动争球时，身体重心要降低，两臂贴紧身体。在对方靠近自己的脚离地时，可用肩和上臂做合理的冲撞动作，使对方身体失去平衡，从而把球抢过来。

3. 后面抢断（铲球）

后面抢断有脚掌铲球、脚尖或脚背铲球。当防守人追至离运球人右后方1米左右时，可用右脚掌或左脚尖（脚背）进行铲球。当防守人在运球人的左侧时，则用左脚掌或是右脚尖（脚背）进行铲球。如用右（左）脚掌铲球，可在运球人刚刚将球拨出时，先蹬左（右）腿，跨右（左）腿，膝关节弯曲，以脚外侧从地面滑出，用脚掌将球踢出。然后小腿、臀部、上体依次着地，身体随铲球动作向前滚动。

三、足球战术

足球战术是指在足球比赛中，为了战胜对手，根据主客观情况所采取的个人行动和集体配合的方法。根据攻防的基本特点，足球战术可分为进攻战术、防守战术、比赛阵型三大部分。进攻战术和防守战术又分别包括个人、集体与全队的攻防战术。

1. 比赛阵型

（1）阵型的发展和演变

为了适应攻守战术的需要，全队运动员在场上的位置排列和职责分工，这被称为比赛阵型。各阵型的名称是按运动员排列的队形而定的。如今的“四三三”“三五二”“四二四”等，以及某些国家采用的“水泥式”“锁链式”等比赛阵型，都是根据19世纪中期第一个足球比赛阵型演变和发展的。

（2）各个位置的职责

①边后卫的职责。边后卫主要是防守对方的边锋以及其他进攻运动员在边路的活动，破坏对方由边路发动的进攻。同时，还可利用插上助攻式运球来直接威胁对方球门。

②中后卫的职责。中后卫有突前中后卫和拖后中后卫之分。前者的主要任务是盯守对方突前的最有威胁的中锋，因而又被称为盯人中后卫；后者则主要担负整个防线的指挥任务，其站位经常处于其他防守运动员后面，一般被称为自由中后卫。

③前卫的重要职责。前卫通常称为中场运动员。中场是一个非常重要的区域，控制了中场也就得到了比赛的主动权，因此比赛各队往往都在中场投入较大力量。

2. 进攻战术

（1）局部进攻战术

局部进攻战术是指进攻中两个或几个运动员之间的配合方法。它是集体配合的基础。基本配合形式有二过一配合、传切配合和交叉掩护配合。下面主要介绍二过一配合。

二过一配合是指局部地区两名进攻运动员通过两次连续传球配合，越过一名防守运动员的配合方法。二过一配合形式根据传球和跑位的路线分为：斜传直插二过一、直传斜插二过一、踢墙式二过一和回传反切二过一。

(2)整体进攻战术

①边路进攻。利用球场两侧地区发起进攻的方法叫边路进攻。边路进攻是全队进攻战术的主要形式之一,其主要特点是有利于发挥进攻速度,打破对方防线,制造缺口。

②中路进攻。中路进攻是利用球场中间区域组织的进攻,这种进攻虽能直接射门,但难度最大,因中路防守最为严密,前场的攻击手必须是反应极其敏锐、意识强、技术高、敢于冒险、速度快和善于路位策应的运动员。

③转移进攻。当一侧进攻受阻,另一侧进攻有利时要及时、快速地转移进攻方向。此方法多采用有效而准确的中长距离传球来实现,以拉开对方的一边防守,达到声东击西的进攻目的。

④快速反击进攻。比赛时当攻方进攻时,后卫线往往压至中场附近,防守人数也由于插上进攻和助攻而相对减少,此时如能抓住对方防区空隙较大和回防较慢的机会,乘其失球发动快速反击,往往能取得良好的效果。

快速反击是最有威胁的进攻手段,有效的进攻在于突然快速地反击,但其难度较大,既要冒险,又要有准确、快速的传切配合技能。快速反击要有组织,配合得要极为默契,必须进行专门性的训练,否则很难在比赛中实施。

3. 防守战术

(1)局部防守战术

局部防守战术是指两个或两个以上防守运动员之间的配合方法。它是集体防守战术的基础。基本配合形式有保护、补位和围抢。

①保护。保护是指在逼抢持球对手的同伴身后,选择适当位置协防并阻止对方突破的战术配合行动。

②补位。补位是指防守运动员弥补同伴在防守中出现漏洞时采取的相互协助的战术配合。在比赛中,通过同伴的相互补位,可以有效遏制和破坏对方运动员的进攻行动,变被动为主动。

③围抢。围抢是指在特定场区,两个以上的防守运动员突然、快速、有效地夹击对方控球运动员,把球抢夺回来或破坏的战术配合。

(2)整体防守战术

整体防守战术是指全队采取的防守战术。其基本形式有区域盯人防守、人盯人防守和混合盯人防守;按打法分为前逼压式打法、层次回撤式打法和快速密集打法。

四、足球竞赛规则简介

(一)比赛场地

①比赛场地必须是长方形的。两条较长的线叫边线,较短的线叫端线,当球的整体从地面或空中越过边线或端线时,即为死球。

②比赛场地长度为 90 ~ 120 m,宽度为 45 ~ 90 m,如图 3.14 所示。国际比赛场地的长度为 100 ~ 110 m,宽度为 64 ~ 75 m。世界杯决赛阶段比赛场地长 105 m,宽 68 m。所有线宽

都是 12 cm。

③比赛场地被中线划分为两个半场,在场地中线的中点做一个中心标记叫中点,以距中心标记 9.15 m 为半径画一圆圈叫中圈。

④从距每个球门柱内侧 5.5 m 处,画两条垂直于端线的线。这些线伸向比赛场地内 5.5 m,与一条平行于端线的线相连接,此区域范围是球门区。

⑤从距每个球门柱内侧 16.5 m 处,画两条垂直于端线的线。这些线伸向比赛场地内 16.5 m,与一条平行于端线的线相连接,此区域范围是罚球区。在罚球区内距球门柱之间等距离的中点 11 m 处,设置一个罚球点,在罚球区外,距罚球点 9.15 m 为半径画一段弧。

⑥球门的宽度是 7.32 m,高度是 2.44 m。球门柱和横梁的宽度与厚度相同,均不超过 12 cm。球门柱和横梁必须是白色的。

(二)比赛用球

①球为圆形,用皮革或其他适当材料制成。

②球的周长为 68 ~70 cm。重量在比赛开始时为 410 ~450 g。压力等于 0.6 ~1.1 个大气压。

(三)比赛规则

1. 越位

①越位位置。运动员在对方半场并较球更接近于对方的球门线,且在他与对方端线之间,对方运动员不足两人;运动员处于越位位置并不构成越位。

②判越位。处于越位位置的运动员,在同队运动员踢或触及球的一瞬间,裁判员认为他正在干扰比赛、干扰对方运动员或利用越位位置获得利益时才被判为越位。

③不越位。如果进攻运动员直接从球门球、掷界外球、角球情况下接到球,则没有越位。

2. 犯规与不正当行为

①运动员故意违反以下规则的任何一种,将判给对方踢直接任意球:踢或企图踢对方运动员;绊摔或企图绊摔对方运动员;跳向对方运动员;冲撞对方运动员;打或企图打对方运动员;推对方运动员;拉扯对方运动员;争抢球时,在触球前触及对方运动员;向对方运动员吐吐沫;故意手球。

②运动员在出现下列情况时,将被判给间接任意球:动作具有危险性;阻挡对方运动员;阻挡对方守门员发球。

3. 掷界外球

当球的整体从地面或空中越过边线时,由最后触及球的运动员,从球越出边线的位置掷界外球;掷球运动员必须面向场地,站在边线上或边线外,使用双手将球从头后经头上掷出。掷球运动员若掷球违反规则,由对方掷界外球;掷界外球不能直接得分。

第三节　排球运动

一、排球概述

排球运动始于1895年,创始人是美国马萨诸塞州的霍利沃克城基督教青年会干事威廉·摩根。1896年美国开始有了排球比赛,历经33年,才在1928年成立了全美排球联盟,直到1942年美国才举行第一届全国排球锦标赛。最初排球比赛没有人数规定,赛前由双方临时商定,只要双方人数相等即可。美国虽是排球运动的发源地,但最初未被作为一种竞赛项目来开展,而主要作为休闲时的娱乐活动。排球运动在美国问世,后由美国的传教士和参加战争的美国军官兵带到了其他地方。由于排球运动传入的时间及采用的规则不同,因而世界各地排球技术水平的发展很不平衡。

美国是排球的故乡,因此6人制排球在美洲流传的时间比较早。而后于1900年首先传入加拿大,1905年传入古巴,1912年传入乌拉圭,1914年传入墨西哥。

排球传入亚洲的时间约在1900年,先后传入印度、中国、日本和菲律宾等国。排球传入亚洲后采用的规则与美国6人制排球规则有许多不同之处,经历了16人制、12人制、9人制到6人制的演变过程。

排球传入欧洲的时间比传入亚洲的时间晚。欧洲的排球是第一次世界大战期间由美国士兵带去的,1917年传入法国,后才传到苏联、捷克斯洛伐克、波兰等东欧国家。因排球传入欧洲时就是6人制,所以欧洲排球运动发展较快,水平较高。

1923年排球运动传到非洲的埃及、突尼斯和摩洛哥。至此,排球运动逐步发展,遍及五大洲。

纵观世界排球运动一百多年的发展历史,大致可将其划分为娱乐排球和竞技排球两个时期。即从排球运动问世至1947年国际排球联合会成立前为第一个时期,这一时期国际排球的比赛没有统一的组织、竞赛制度、竞赛规则。排球运动的发展具有明显的地域特点,亚洲开展的是16人制、12人制、9人制排球,欧洲推行的则是6人制排球。技术动作的内容有发球、传球、扣球和拦网,战术简单,集体配合战术处在萌芽阶段。从开始的娱乐游戏性质逐渐向竞技对抗方向发展。第二个时期是从国际排球联合会成立至今。1947年,比利时等14个国家的排球协会代表聚集法国巴黎,创建了国际排球联合会(简称"FIVB"),总部设在巴黎。第一任国际排球联合会主席是法国人鲍尔·黎伯,黎伯1985年因年迈退休,墨西哥人阿科斯塔接任国际排球联合会主席职位,国际排球联合会总部移至瑞士洛桑,而黎伯被推选为国际排球联合会终身名誉主席。国际排球联合会的成立标志着世界排球运动进入一个有组织、有领导、有计划、迅速发展的阶段,结束了国际的比赛没有统一的组织、竞赛制度、竞赛规则的时代,这促进了排球运动的发展。排球运动从娱乐游戏时代进入竞技时代,并且定期举办世界排球锦标赛、世界杯排球赛、奥运会排球赛等世界大赛。20世纪80年代,排球运动进入大发展、大变革时期,各种形式的排球运动的开展,推动了排球运动成为世界上最大的单项运动。排球的社会化、商业化和职业化进程促进了排球技术、战术水平的不断提高。

1954 年国际排球联合会正式接纳我国为正式会员，1958 年 12 月因政治原因，我国正式宣布退出国际排球联合会。1974 年联合国恢复了我国的合法席位，同年 10 月，国际排球联合会在墨西哥举行的第 14 次代表大会特别会议上，我国排球协会以获得的绝对票数，成为领导中国领土排球运动的唯一全国性协会。

自 1947 年国际排球联合会成立，经过半个多世纪的发展和壮大，世界排球运动的规模和水平都达到了前所未有的普及程度，国际排球联合会成为世界上会员国最多的国际单项体育运动组织。据 1998 年最新资料统计，国际排球联合会会员国总数已发展到 217 个，排球运动成为一项世界性体育运动项目。

排球运动的运动形式：

排球运动为适应不同群体和环境条件，不断演化出各种各样的运动形式。国际排球联合会不仅有计划、有目的地普及和推广室内 6 人排球，同时还大力开展各种形式的排球运动。

（一）室内 6 人制排球

世界锦标赛、世界杯赛、奥运会排球比赛，这些 6 人制排球比赛已经被列为每 2 年或 4 年举行 1 次的传统的国际排球三大赛事。

（二）沙滩排球

20 世纪 20 年代在法国南部地中海沿岸的度假胜地，兴起沙滩上玩排球的娱乐活动，由于从事该项运动的人越来越多又受到商家的重视，其逐渐由娱乐活动变成一项新兴的竞技体育项目。1996 年沙滩排球作为排球运动的一个正式比赛项目被列入亚特兰大奥运会。

（三）软式排球

软式排球是 20 世纪 80 年代在日本首先开展起来的。由于它使用重量轻、质地软、气压小、反弹力低的球进行活动，所以球速慢，难度小，这就增加了该项运动的趣味性，其很适合青少年和中老年参与。它是集娱乐性与竞技性于一体、极有发展潜力的群众性体育项目。现已有高校把该项目作为专项课进行教学实验。我国全国大学生排球联合会也会每年举办一次大学生软式排球比赛。

（四）残疾人排球

残疾人排球已被列为残奥会的正式比赛项目。

（五）其他

其他排球运动还包括气排球、小排球、雪地排球、水中排球、泥地排球、羽毛排球、墙排球等。

二、基本技术和练习方法

排球技术是指运动员在比赛规则允许的条件下采用的各种合理的击球动作和配合动作的总称，是排球运动的基础和重要部分。排球技术主要包括两种：一是有球技术，包括传球、垫球、扣球、发球和拦网；二是无球技术，包括准备姿势、移动、起跳及各种掩护动作等。排球技术主要由步法和手法组成，同时与视野活动、躯干活动和意识活动融为一体。每项排球技术都是由击球前动作、击球动作和击球后动作组成。

（一）准备姿势、移动和起跳

1. 准备姿势

准备姿势是排球各项技术的基础。做好准备姿势是为了及时起动、快速移动，以便在合理位置上完成各项技术动作，达到战术目的。做准备姿势时，要求思想高度集中，身体处于最合适的移动和防守状态之中。常见的准备姿势有稍蹲、半蹲和低蹲三种，如图 7.19 所示。

图 7.19　稍蹲、半蹲和低蹲

2. 移动

移动是从起动到制动之间的人体位移，迅速的移动可以占据场上的有利位置，争取时间和空间。排球运动都是在人体移动中完成击球动作的，因此，移动速度的快慢，直接影响击球效果。移动技术是由起动、移动步法和制动 3 部分组成。排球常用的移动步法有并步与滑步、交叉步、跨步、跑步和综合步等。

①并步与滑步：右脚先向右迈一步，左脚迅速并上，落在右脚的左面，即为并步，而连续的并步即为滑步。

②交叉步：向右移动时，上体稍向右转，左脚从右脚前面向右迈一步，右脚再迅速向右迈一步落在左脚的右面，同时身体向来球方向移动，做好击球前的准备姿势。

③跨步：首先向移动的方向跨出一大步，同时屈膝，上体前倾，身体重心移至跨出腿上。

④跑步：采用跑步移动时，两臂要配合摆动，应根据来球移动的方向，边跑边转身。

⑤综合步：当身体离球较远，用一种步法不便于完成击球动作时，常运用综合步。例如，跑步之后再使用滑步，或滑步之后再使用交叉步、跨步等完成拦网或接距离较远的球。

移动技术注意事项如下：

准备姿势和移动相结合进行练习；移动步法要轻松自然，身体重心不能起伏，以免影响移动速度；以短距离的移动练习为主；根据视觉信号反应进行准备姿势和移动的练习。

3. 起跳战术

起跳常见于扣球助跑起跳，第一步要确定二传传球的方向，移动步幅要大；第二步要进行调整，以保证身体能够正对排球；第三步，屈膝、起跳，注意在空中的展腹要充分。如图 7.20、图 7.21 所示。

图 7.20　扣球助跑

图 7.21　扣球起跳

(二)发球

发球是由队员自己抛球,用一只手将球从网上空两标志杆内击入对方场区的技术动作。发球是比赛和进攻的开始,是排球技术中唯一不受别人制约的技术动作。攻击性强的发球不仅可以直接得分,还能破坏和削弱对方的进攻,打乱对方的部署,在心理上给对方造成威胁。常见发球有正面下手发球,侧面下手发球,正面上手发球,正面上手飘球,勾手飘球,勾手大力发球。本节重点介绍正面下手发球和勾手大力发球。

1. 正面下手发球

正面下手发球动作较简单,容易掌握,失误少,准确性高。但球的速度较慢,力量小,攻击性较差,一般适用于初学者,如图 7.22 所示。

图 7.22　正面下手发球

①准备姿势:发球队员面对球网站立,两脚前后开立,左脚在前,右脚在后,两膝稍弯曲,上体前倾,左手持球于腹前下方。

②抛球摆臂:左手将球平稳抛起在腹前右侧,球离手高 30 cm 左右。在抛球同时,右臂伸直往后下方摆动。

③挥臂击球:以右脚蹬地,右臂伸直,以肩为轴,由体后下方向腹前挥臂摆动,身体重心随之前移,在体前右侧以全掌或掌根击球的后下方。击球后,迅速进场比赛。

2. 勾手大力发球

勾手大力发球能充分利用转体收腹力量带动手臂猛烈挥动来击球,发出的球速度快、力量大、弧线低、旋转力强,容易造成对方接发球困难,在心理上给对方造成较大压力。如图 7.23 所示。

图 7.23　勾手大力发球

①准备姿势:发球队员左肩对球网,两脚左右开立,与肩同宽,两膝弯曲,上体前倾,重心落在两脚之间,左手或双手持球于胸腹前,两眼注视着对方。

②抛球摆臂:左手或双手将球平稳抛至左肩上方,球离手 1 m 左右,在抛球的同时,右腿弯曲,重心移至右脚,上体向右侧转动和倾斜,右臂向身体右侧后下方摆动,同时抬头挺胸,两眼注视球体。

③挥臂击球:击球时,右脚用力蹬地,身体向左转动带动手臂沿弧形轨迹向上挥动,在右肩前上方击球。同时身体重心移至左脚,手臂充分伸直保持高点击球,手掌手指自然张开呈勺形,以全手掌击球的后中下部,击球一瞬间,手腕和手掌要做迅速的明显向前推压的动作,使球呈上旋飞行。击球后,迅速进场比赛。

3. 发球练习方法

①对墙发定点球。

②强制发直线球、斜线球 。

③发定点、定位、定区域的球,按指标训练。

4. 易犯错误与纠正方法

①易犯错误:抛球时有屈腕动作,使抛出的球不平稳,影响发球效果。纠正方法:平抛护膝或扁平物体,并使之不旋转。反复做平托上送抛球动作。

②易犯错误:抛球的高度中位置不准确。纠正方法:设置固定的目标,对准目标反复做抛球练习。

③易犯错误:正面上手发球时,做不出推压带腕动作。纠正方法:徒手练习挥臂。对墙或对挡网距离 5 ~6 m,用掌根轻击球,体会击球手法。

(三)垫球

垫球是借助蹬地、抬臂动作,用双手前臂的前部,利用来球的反弹力将球击出的技术动作。垫球在比赛中多用于接发球、接扣球和接拦回球,是比赛中争取多得分、少失分,由被动变主动的重要技术。垫球可分为:正面双手垫球、移动垫球、侧面垫球、跨步垫球、变方向垫球、背垫球、单手垫球、挡球等。本节重点介绍正面双手垫球。

1. 正面双手垫球

正面双手垫球是双手在腹前垫击来球的一种垫球方法,是各项垫球技术的基础。

①准备姿势:两脚开立稍比肩宽。

②击球手型:抱拳互握式、叠掌式、互靠式等,如图 7.24 所示。

图 7.24　抱拳互握式、叠掌式、互靠式

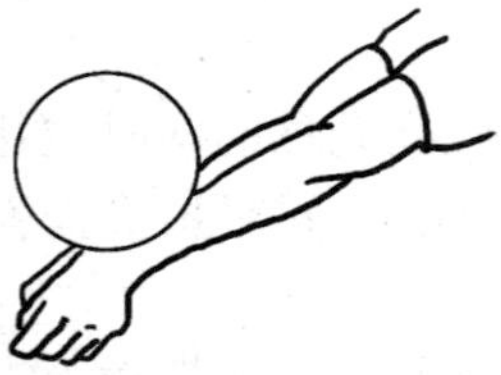

图 7.25　垫球部位

③垫球部位：看准来球，两臂夹紧前伸，插到球下，用前臂腕关节以上 10 cm 左右的地方两臂桡骨内侧形成的平面击球的下部，如图 7.25 所示。

④击球动作：向前上方蹬地抬臂，迎击来球，使插、夹、抬、蹬连贯完成，灵活控制传球方向和力量。

⑤手臂角度：垫球手臂与地面所形成的夹角，对控制球的方向、弧度、落点影响很大。一般来说，来球弧度大，手臂与地面的角度应该小些；来球弧度小，手臂与地面的角度应该大些，如图 7.26 所示。

图 7.26　正面双手垫球

2. 垫球练习方法

①原地做徒手模仿垫球动作练习。

②垫固定球。两人一组，一人持球于腹前，另一人用垫球动作击球，体会击球动作。

③垫抛球。两人一组。一人抛球，一人垫球。

3. 垫球的注意事项

形成正确的手臂击球动作；注意垫球时的全身协调用力；多结合场地练习垫不同方向的来球；结合发球、扣球练习接发球、接扣球。

垫轻球时，两臂夹紧前伸，插到球下，向前上方蹬地提肩压腕抬臂，迎击来球，在腹前利用前臂垫球的后下部；垫重球时，利用含胸收腹，使手臂随球屈肘后撤缓冲来球力量，同时利用微小的手臂和手腕动作，控制垫球的方向和角度。

（四）传球

传球是排球运动的基本技术之一，主要用于衔接防守和进攻。传球的种类很多，向前传球是传球的基础动作，传球前要求人必须及时移动到适当位置，保持好人与球的合适位置。下面主要介绍正面传球。

1. 正面传球

①准备姿势:采用稍蹲准备姿势,抬头目视来球,双肘弯曲自然抬起,双手置于脸前。

②传球手型:手触球时,两手应自然张开成半球形,使手指与球吻合,手腕稍后仰,拇指相对,小指在前;传球时,用拇指内侧、食指全部、中指的2、3指节触球,无名指和小指在球的两侧辅助控制出球方向,两肘适当分开,自然下垂,如图7.27所示。

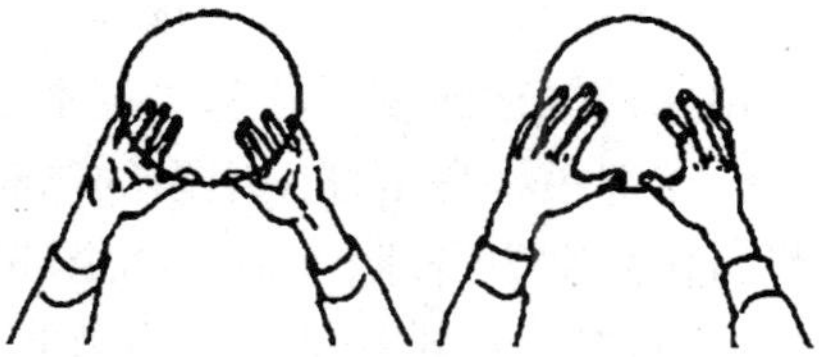

图7.27　传球手型

③迎球:当球接近额前时开始蹬地、伸膝、伸臂,两手微张,从脸前向前上方主动迎击来球。

④击球:击球点应保持在额前上方约一球远,击球部位一般在球的后下方。

⑤传球的用力:传球主要靠伸臂力量与下肢蹬地力量的协调配合,通过球压在手上使手指手腕产生的反弹力将球传出。击球后身体重心随击球动作前移,全身放松呈准备姿势状态,准备下一个击球动作,如图7.28所示。

图7.28　传球

2. 传球练习方法

①原地做正面双手上手传球的徒手练习。体会正确的传球动作和正确的击球点。

②原地向上做抛接球练习。体会正确的传球手型和正确的击球点。

③原地自传。每人一球,连续向上自传,传出球的高度由低到高。主要体会传球动作、击球点、手型,提高控球能力。

3. 易犯错误与纠正方法

①易犯错误:传球手型不好,影响传球效果。纠正方法:反复做徒手练习,建立正确动作表象,体会正确动作。

②易犯错误:击球点过高或过低。击球点过高是因为传球时两臂近似伸直;击球点过低主要是肘关节过于外展所致。纠正方法:反复做原地抛接球练习,逐渐体会正确手型和正确击球点,熟练以后,将球抛离身体,通过快速移动,人至球下将球接住。

③易犯错误:上下肢传球时用力不协调。纠正方法:多做简单抛传动作,体会正确传球动作和全身协调用力。

(五)扣球

扣球是排球最重要的基本技术之一,也是排球基本技术中最难掌握的技术。扣球是队员跳起在空中将高于球网上沿的球有力地击入对方区域内的一种击球方法。扣球动作包括助跑、起跳、空中击球、落地等几个环节。扣球技术可分为正面扣球、扣快球、单脚起跳扣球、自我掩护扣球、后排扣球等。本节重点介绍正面扣球。

1. 正面扣球

正面扣球是扣球中的一种基本方法。正面扣球面对球网,便于观察,准确性较高,运动员可根据对方防守布局,随时改变扣球路线和力量,有利于控制击球落点,因而是最好的进攻方法。

①准备姿势:站在离网 3 m 左右处,两脚自然开立,两膝微屈,上体稍前倾,两臂自然下垂,观察来球,随时准备向各个方向助跑起跳。

②助跑:助跑时,左脚先向前迈一小步(便于寻找和对正方向),接着右脚再迅速跨出一大步,同时两臂绕体侧向后引。左脚及时跟上右脚,踏在右脚之前,两脚尖稍向右转,屈膝制动同时两臂自后积极向前摆动。

③起跳:在助跑跨出最后一步的同时,两臂绕体侧向后引,左脚在落地制动的过程中,两臂自后积极向前摆动,随着双腿蹬地向上起跳,两臂配合起跳用力上摆。

④空中击球:起跳后,挺胸展腹,上体稍向右转,右臂向后上方抬起,身体成反弓形。挥臂时,以迅速转体、收腹动作发力,带动肩、肘、腕各部位关节成甩鞭动作向前上方挥动。击球时,五指微张成勺形并保持紧张,用全手掌包满球,以掌心为击球中心,击球的后中部,同时主动用力屈腕屈指向前推压,使扣出的球加速上旋。击球点在起跳和手臂伸直最高点的前上方。

⑤落地:空中完成击球动作后,身体自然下落,为了避免腿部负担过重,应用双脚的前脚掌先着地,同时顺势屈膝收腹,缓冲身体下落的力量,如图 7.29 所示。

图 7.29　正面扣球

2. 正面扣球易犯错误及纠正方法

①易犯错误:助跑动作不协调,步幅由大到小,步速先快后慢。纠正方法:清楚助跑动作要领,助跑时步速由慢到快,步幅先小后大,多做助跑起跳徒手模仿扣球动作练习。.

②易犯错误:起跳点不正确,与球的关系保持不好,造成击球点太前或太后,偏左或偏

右。纠正方法:多做助跑起跳动作练习;多做助跑起跳和固定球和扣树叶练习。

③起跳时间过早或过晚。纠正方法:多做对墙和网前助跑起跳的自抛自扣练习。

(六)拦网

拦网是排球基本技术之一,是防守的第一道防线,也是反攻的重要环节。成功的拦网不但可以直接拦死或拦起及拦回对方的扣球,还可以直接得分或获得发球权,由被动变为主动,削弱对方的进攻力量,减轻防守上的压力。拦网分单人拦网和集体拦网。本节重点介绍单人拦网。

单人拦网是集体拦网的基础。其动作结构分为准备姿势、移动、起跳、空中击球和落地五个互相衔接的部分,如图 7.30、图 7.31 所示。

图 7.30　拦网

图 7.31　向右起跳拦网、向左起跳拦网

①准备姿势:队员面对球网,两脚左右开立,约与肩同宽,距网 30 ~ 40 cm。两膝微屈,两臂屈肘置于胸前。

②移动:为了及时应对对方的进攻,拦网队员需要及时移动。常用的移动步法有并步、滑步和交叉步等。

③起跳:原地起跳时,两腿屈膝,重心降低,随即用力蹬地,两臂以肩发力,在体侧近身处,划弧状前后摆动,帮助身体迅速跳起。

④空中击球:起跳时,两手从额前沿球网向上方伸出,两臂伸直并保持平行,两肩上提。拦网时,两臂应伸过网去接近球。两手自然张开,屈指、屈腕成半球状。当手触球时,两手要突然紧张,手腕下压盖在球的前上方。

⑤落地:拦网后,要做含胸动作,以保持身体平衡。手臂要先后摆或上提,从网上收回时,再屈肘向下收臂,以免触网。与此同时,屈膝缓冲,双脚落地,随即转身面向后场,准备接应来球或为下一个动作作准备。

三、排球的基本战术

(一)战术的有关问题

1. 战术与技术的关系

技术是战术的基础,技术只有通过战术才能得到充分的发挥和运用。而战术上的需要,又可以积极促进技术的提高。技术和战术也是不断发展的。没有战术、没有特点的排球比赛是没有观赏性的。在排球学习中,我们必须正确认识和处理好技术与战术的辩证关系。

2. 进攻与防守的关系

战术分为进攻战术和防守战术。发球与扣球是进攻性技术;拦网与垫球是防守性技术;传球是由防守转入进攻的桥梁,没有防守也就没有进攻,所以我们要树立贯彻以攻为主,积极防守的战术指导思想。

3. 一攻和防反

一攻和防反是排球运动训练与比赛中的两大战术系统。一攻是接起对方发球后,组织的第一次进攻;防反是指后排运动员防起对方进攻过网的各种组成的反击,和在网上直接拦击对方的各种进攻,它是得分的主要手段。

(二)阵容配备

1. "四二"配备

如图 7.32 所示,安排两个二传手站对角,两个主攻手站对角,两个副攻手站对角。这样前后排都保持一个二传运动员和两个进攻运动员。能充分发挥本队的攻击力量。

2. "五一"配备

如图 7.33 所示,其目的是加强进攻力量。二传在前排时,可打"边一二"和后排攻。二传在后排时,可打"插上",保持三点攻。

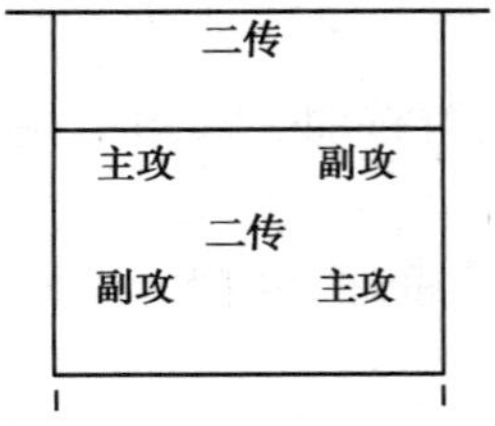

图 7.32 "四二"配备球

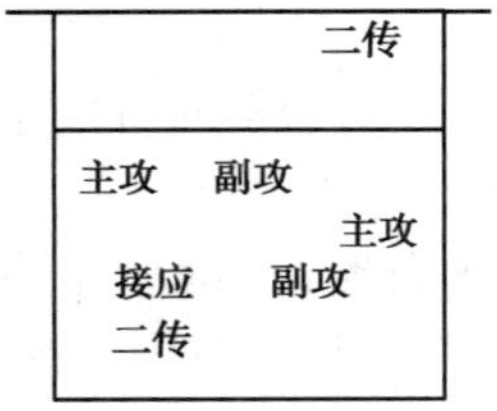

图 7.33 "五一"配备

3. "三三"配备

"三三"配备即三名进攻的运动员与三名负责传球的运动员间隔站位,使每一轮次都有传有扣,是初学者常用的阵容配备。

(三)位置交换

排球规则规定,发球以后,运动员在场上可任意交换位置。利用这一规则,各队通常采用专位进攻、专位防守的方法。一般来说，在前排的，主攻运动员换在 4 号位，拦网好、移动快、连续起跳能力强的副攻运动员换到 3 号位，二传运动员换到 2 号位；在后排，主攻运动员换到 5 号位，副攻运动员换到 6 号位，二传运动员换到 1 号位。这种位置交换，使运动员专位化，便于发挥每个运动员的特长，有利于让运动员集中学习训练掌握某项实用技术。但专位化也容易造成运动员技术的不全面。

换位时应注意：换位前，应按规则的要求站位，防止“位置错误”"犯规；当发球运动员击球后，立即迅速换到预定位置；对方发球时，应首先准备接球，然后再换位，以免影响接发球；本方发球时换位运动员应面向对方场区，观察对方动态；成死球后，应立即返回原位，及早做好下一个球的准备。

(四)进攻战术

1. 进攻战术阵形

进攻战术是从接发球开始。组织接发球进攻战术可分为“中一二”“边一二”“插上”三种形式。

(1)“中一二”阵形

“中一二”进攻战术接发球时，把球传给前排中间的 3 号(二传手)，由他传给 2、4 号位运动员扣球，这种配合进攻叫“中一二”进攻战术。(图 7.34)

“中一二”战术形式的特点是：容易组织，但战术变化不多，前排只有两点攻，战术意图容易被识破，战术的突然性和攻击性小。这种战术适合于技术水平较低的队采用。

(2)“边一二”阵形

“边一二”进攻战术接发球时，把球传给前排 2 号位(二传手)，由他组织 3 号位或 4 号位扣球，这种进攻配合就叫“边一二”进攻战术。(图 7.35)

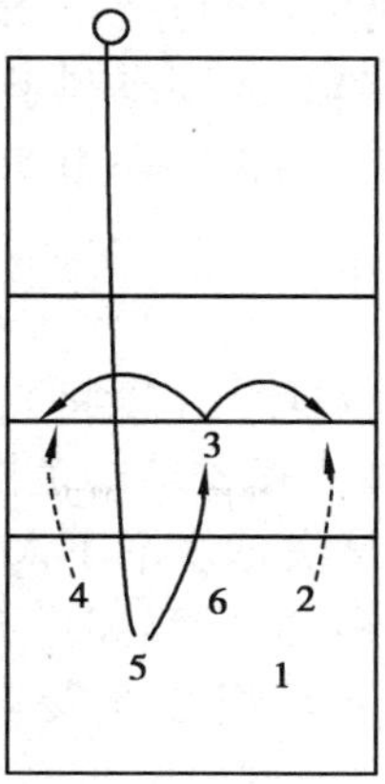

图 7.34　“中一二”进攻

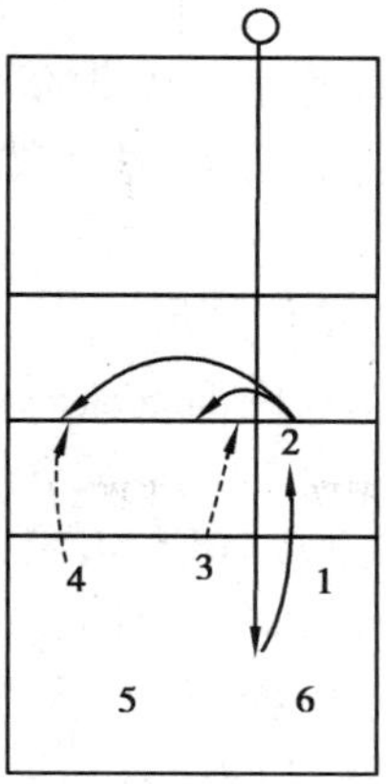

图 7.35　“边一二”进攻

(3)“插上”进攻战术阵形

二传运动员由后排插上前排作二传，把球传给前排 4、3、2 号位运动员进攻的组织形式。其优点是能保持前排三点进攻，战术配合变化多，并能利用网的全长组织进攻，缺点是对插上二传运动员的要求较高。

2. 进攻战术打法

指二传运动员与扣球运动员之间所组织的各种进攻配合。包括强攻、快攻和两次球进攻三种基本打法。每种打法中又有若干不同战术配合。而所有这些打法又都可以在“中一二”“ 边一二”和“插上”三种进攻战术阵形中具体运用。

(1)强攻

强攻指在没有同伴掩护的情况下,在对方有准备的拦防情况下,强行突破的进攻。强攻的二传球较高,根据不同的二传球位置,可以分为集中进攻、拉开进攻、围绕进攻、调整进攻等,后排运动员的高球进攻也属于强攻的打法。

(2)快攻

快攻指扣二传传出的各种平快球,以及用这些平快球作掩护所组成的各种战术配合。可以分为平快球进攻、自我掩护进攻、快球掩护进攻三类。平快球进攻常用的有前快、背快、短平快、平拉开、背溜、调整快、远网快、后排快、单脚起跳快等。自我掩护进攻包括时间差、位置差、空间差的进攻。快球掩护进攻包括各种交叉进攻、夹塞进攻、梯次进攻、前排快攻掩后排进攻的本位进攻等。

(3)两次球进攻

两次球进攻指一传来球较高,又在网前适合扣球的位置上,前排运动员跳起来直接进行扣球,如遇拦网,就在空中改作二传,把球转移给其他前排运动员进攻。

(五)防守战术

排球的防守战术是组织进攻或反攻战术的基础,没有严密的防守,进攻就无从组织。而一切防守战术都应从积极为进攻和反攻创造条件的角度进行设计和考虑。

1. 接发球

当对方发球时,本方处于防守地位,也是组织第一次进攻的开始。事先站好位置,摆好阵形,是接好发球的基础。站位的阵形,不仅要有利于接球,也要有利于本方所采用的进攻战术。同时,还要根据对方发球的特点,采取不同的阵形。通常多采用 5 人接发球和 4 人接发球。

(1)五人接发球站位阵形

除 1 名二传员站在网前或从后排插上准备二传不接发球外,其余 5 名运动员都担负一传任务的接发球站位阵形。其优点是运动员均衡分布,每人接发球的范围相对减小,接发球时,已站成了基本的进攻阵形,组织进攻比较方便,适合接发球水平不太高的球队。其缺点是一传运动员从 5 号位插上时距离较长,难度大;3 号位运动员接球时,不便组成快攻战术;不利于运动员间的及时换位;运动员之间地带较多,配合不默契时,容易互相干扰。

(2)四人接发球站位阵形

插上二传运动员与同列的前排运动员均站在网前不接发球,其他 4 人站成弧形接发球的站位阵形。其特点是便于后排插上和不接发球的前排运动员及时换位;其缺点是对接发球的 4 人要求有较高的判断、移动能力和掌握较好的接发球技术。

2. 接扣球

接扣球的防守与组织反攻是密不可分的,只有防守成功才能有富有成效的反攻。接扣球的防守战术是前排拦网与后排防守的整体配合，根据对方进攻情况、本队运动员特长、防守后的反攻打法，一般可分为不拦网、双人拦网和3人拦网的防守阵形。

（1）不拦网的防守阵形

在对方进攻较弱，没有必要进行拦网时，可以采用不拦网的防守阵形。这种阵形与5人接发球站位阵形相似，前排进攻运动员要撤到进攻线后，准备防守和防守后的反攻；后排运动员后退，准备防后场球；二传运动员留在网前，准备接吊到网前的球和组织进攻。

（2）单人拦网的防守阵形

当对方扣球威胁不大、扣球路线变化不多、轻打中吊球较多时，可以主动采用单人拦网的防守阵形。拦网运动员拦扣球人的主要进攻路线，不拦网运动员及时后撤防守前区或保护拦网人，后排运动员后撤加强后场防守。

（3）双人拦网的防守阵形

对方水平较高、进攻力量较强、进攻路线变化较多时，多采用这种防守阵形，即两人拦网、4人接球。通常分为“边跟进”和“心跟进”两种。

①“边跟进”防守当对方4号位进攻时，本方由2、3号位组成双人拦网，4号位运动员后参加防守，1号位运动员跟进三米线附近保护拦网及防吊球，后排4、5、6号位运动员组成弧形圈，防一条线（图7.36）。如对方2号位进攻时则方向相反，由4、3号位组成拦网，2号位运动员后防守，5号位跟上保护防吊。这样由1、5号位边上跟进保护。后排其他运动员成弧形防守的形称为“边跟进”防守战术。

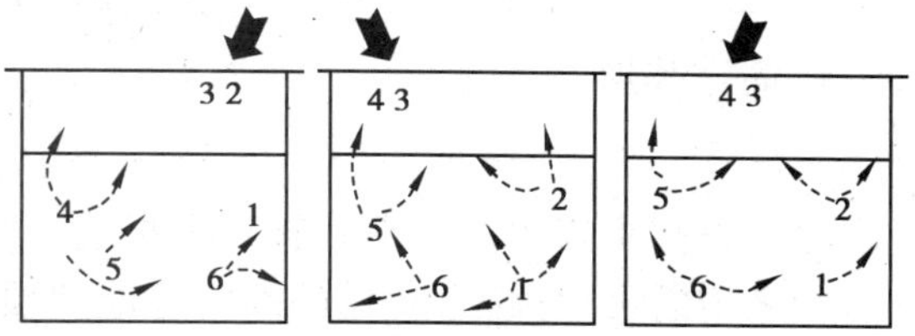

图7.36 “边跟进”防守

②“心跟进”防守 当对方2或4号位进攻时，由6号位运动员跟进保护防吊，前排两个运动员拦网，其他运动员组成的防守形式（图7.37）叫“心跟进”防守。

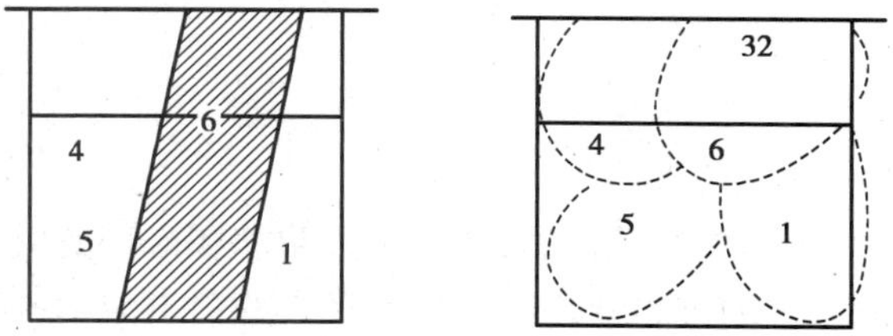

图7.37 “心跟进”防守

（4）三人拦网时的防守阵形

对方主要扣球手进攻实力很强，不善吊球的情况下可采用3人拦网，3人后排接球的防守阵形。这种阵形加强了网上力量，但后防的空隙也相对增大。3人拦风时，后排防守的6号位运动员可以跟进到进攻线附近保护，也可以退至端线附近防守。

3. **接拦回球**

本方扣球时必须加强保护，积极防起被拦回来的球，并及时组织继续进攻。由于拦网人可以将手伸过网拦网，拦回的球通常速度快、角度小，因而接拦回球的保护阵形应形成多道防线的弧形状，且第一道防线紧跟在扣球人身后。以我方4号位运动员进攻，其他5人保护为例。5号位运动员向前移动和向左后方移动的3号位运动员形成第一道防线，1号位运动员保护后场，为第三道防线。其他位置进攻时，保护的阵形也可按同样道理布阵。

(六)攻与守的转换

在排球比赛中，攻与守是密切联系、相互转换、连续进行的。这不仅在于排球技术本身具有攻与防的双重含义，还由于全攻全守、攻防兼备是当前排球运动的发展趋势。正在进攻的一方必须同时注意防守；处于防守的一方，必须随时准备反叛攻。在进攻与防守的转换中，如果准备不充分，动作不结贯，一味进攻，都可能贻误战机，导致失败。因而，在进攻的时候准备防守，在防守的时候想到进攻，才能有备无患，立于主动。同时，阵容部署上要有相应的措施和方法。

1. **攻守转换**

当球扣入对方区后，进攻的一方应立即转入防守状态。当球扣过网或二传不慎传球过网后，前排运动员应迅速靠网前站位，准备拦网，后排运动员由上前保护扣球，迅速退守原位，准备防守。其阵形一般以"三一二"站法和"三二一"站法两种。前者适合于"心跟进"防守阵形，后者适合于"边跟进"防守阵形。

2. **守攻转换**

当对方扣球过网后，防守一方在防守的一刹那就转入了进攻。这是由于后排运动员在防守来球时，必须根据本队所采用的进攻战术，有目的地将球起到预定目标，并根据保护扣球的部署，立即跟进保护前排运动员进攻。前排参加拦网的运动员，在完成拦网动作之后，必须立即转身或后撤，准备接应或反攻扣球。前排未参加拦网的运动员，在后撤防守之后，转入接应或反攻扣球。

(七)扣球交叉

1. **前交叉**

这些战术在实战中的应用是相当多的，利用多人跑动和掩护的突击战术，将会在网上形成以多打少的局面，造成很好的进攻效果。由于是多人的突击战术，所以要求一传效果也相当高（而我们接下来的介绍和讨论也不考虑一传问题了）。突击战术的丰富也是彻底贯彻我们中国排球快速多变，全面灵活，特点突出的总体建队思路。

多人跑动和掩护的突击战术是相当多的，首先介绍的是一个比较常见，但是被人误解很多年的一项战术——前交叉，那么首先什么是交叉呢，"交叉"是指两名前排运动员交叉跑动的行动。扣球运动员和另一运动员助跑路线相交叉，并作跑动扣球。两名运动员实是互为掩护，并在换位进攻中造成局部地区中以多打少的局面，使拦网者来不及判断跑动者中谁是真正的扣球运动员，故具有很大的威胁。从定义可以看出"交叉"战术的核心就是需要两名跑动进攻运动员互相掩护的前提下交叉跑动,形成的一项突击战术。注意,“交叉跑动”是相当重要的。

前交叉,前交叉就是指二传手面向 4 号位传球时,4 号位运动员上步做打近体快球动作或掩护,以吸引对方拦网;同时 3 号位运动员与 4 号位运动员作交叉跑动,3 号位运动员在 4 号位或者 3,4 号位之间扣远网快球或半高球。从定义可以看出,前交叉两个运动员的换位和交叉跑动都是 2 传手身前完成的。所以真正意义上的前交叉战术,需要 4 号位的进攻运动员在网前拥有比较好的掩护意识和跑动能力。而 3 号位运动员则是真正进攻点,需要他(她)有比较好的进攻意识和能力,尤其是在交叉跑动的时候需要头脑的清醒,与掩护运动员的配合,上步节奏的控制比较清楚。前交叉战术,由于拦网运动员移动能力的加强,而且交叉跑动和进攻全部都是在 2 传手身前完成,隐蔽性有限制,欧美球队的 4 号位接应和主攻跑动能力有限,一传能力不好。亚洲球队 3 号位副攻手身前球和强攻能力一般。所以前交叉战术国际比赛的实战中已经比较少的应用了。

2. 后交叉

后交叉是我们比较熟悉,实战中运用最多的多人跑动和掩护的突击战术之一。而和前交叉一样,后交叉也是总是被人误解和弄错的一项多人的突击战术。

那什么是后交叉呢。很多人认为真正进攻点在 2 传手身后,而形成的交叉跑动战术就是后交叉,实际上这是错误的。后交叉实际定义就是,二传手面向 4 号位传球时,3 号位运动员在做打近体快球动作或掩护,同时位于二传手背后的 2 号位运动员与 3 号位运动员作交叉跑动,绕至二传手前面扣远网快球或半高球。从定义可以看出,后交叉无论 3 号位的掩护运动员在 2 传手身前还是身后做掩护,真正进攻点是从 2 传手身后跑到 2 传手身前扣球。这点是后交叉的关键,这样形成的交叉战术才称做后交叉。

那么通过对前交叉和后交叉的了解,我们得出了,前交叉和后交叉的“前”“后”二字并不是和个人基本突击战术中的“前”“后”有本质上的区别。这里的“前”“后”是指多人跑动和掩护的突击战术中的真正进攻运动员的启动位置在 2 传手的身前还是身后,而真正进攻点则是身前球。这样形成的交叉跑动战术我们才能称为前交叉或者后交叉。后交叉战术和前交叉一样,需要攻击运动员,掩护运动员和 2 传手之间的配合相当默契,节奏要有统一,跑动线路要有规则。但是后交叉战术的使用,能充分调动 2 号、3 号位的进攻变化,使对手难以防范,在实战中,其是相当常用的。中国女排对后交叉战术的使用是相当熟练的,它也是我们具体通过我们自身的特点——快速灵活多变,来充分调动 2 号、3 号位攻击力的主要战术之一。除了中国女排,韩国,日本,俄罗斯等球队也都善于使用后交叉战术。

3. 反交叉

反交叉,反交叉是后交叉的一种延伸形式。具体来说反交叉就是,2 号位运动员上前,在 2 传手的身前或者身后打快球动作或者掩护,3 号位运动员做反方向交叉跑动到 2 号位进攻。从定义可以看出,反交叉战术的核心依旧是交叉跑动。掩护运动员和进攻运动员的启动点和结束点,仍然有位置上的交换。反交叉进攻 实际上就是 2 号位运动员做掩护,3 号位运动员到 2 传手身后进攻,这跟后交叉是刚好相反的。真正进攻点是 3 号位运动员。

反交叉战术依然需要掩护运动员和进攻运动员之间有比较好的默契,线路上有一定的规则。2 号位运动员做掩护可以是身前的也可以是身后的，但是真正进攻点 3 号位运动员则需要有一个比较大的跑动范围，需要绕到 2 传手身后进行进攻。这样也要求 3 号位的运动员拥有比较快的移动能力和灵活性。由于反交叉，跑动线路是和后交叉相反的，所以 2 传手的传球弧度不会太低，而速度也不会太快。反交叉进攻和后交叉进攻，能充分的调动起 2、3 号位的进攻点的变化性和灵活性，让对手难以防范。在实战中将这两种交叉战术充分的运用出来，能在网上局部地区产生比较好的突击效果，结合个人突击战术，能让对手在 2、3 号位顾此失彼。

中国女排对反交叉战术的运用是相当熟练的，1998—1999 年，吴咏梅和邱爱华、崔咏梅、李珊之间配合的反交叉战术比较丰富和经典，可以通过录像资料仔细观察。另外俄罗斯队也对这个战术有比较好的掌握。

4. 假交叉

假交叉战术，实际并不能称为交叉战术。假交叉进攻是后交叉进攻的演化和延伸。具体就是 3 号位运动员在 2 传手身前或身后做近体快球等个人快速突击战术的掩护，2 号位运动员先跑后交叉战术，向 3 号位跑动，但是当 2 传手传出球之后又跑回 2 号位进行进攻。从定义可以看出假交叉战术中，实际结果并不存在交叉跑动和进攻点上的换位，实际进攻点是 2 号位运动员，而 2 号位运动员仍然在 2 号位进攻，假交叉战术只不过是有交叉跑动的趋势。假交叉战术的核心实际就是，运动员采用假动作，假跑位，在网上对对手形成进一步迷惑和混乱，在网上的局部区域形成以多打少，出其不意的突击效果。

假交叉战术在实战中，与后交叉，反交叉战术相结合，能造成虚实结合，变化多样的 2 号、3 号位的进攻体系，其运用十分普遍。假交叉战术由于 2 号位运动员需要有假动作和假跑动，这样进攻时就要求 2 号位运动员作为真正攻击运动员，其必须拥有比较强的个人能力。而位置上的横向变化，也要求其与 2 传手之间的配合，与掩护运动员之间的呼应要相当默契。由于 2 号位运动员跑动范围比较大，二传手传球弧度不会太低，所以 2 号位运动员一般会使用背飞，背围绕个人战术进行突破。中国女排的假交叉战术是相当熟练和经典的。我们所熟悉的“双背飞”就是假交叉战术的一种，如刘亚男背快掩护，周苏红会先往 3 号位进行假跑动，接着再返回 2 号位进行背飞突破。这个战术在世界大赛中取得了非常好的效果，将中国女排的 2、3 号位进攻充分结合和变化，让对手防不胜防。俄罗斯女排，日本女排的假交叉战术经验也相当丰富。由于日本女排主攻和接应的游动特性，结合前交叉，日本女排将假交叉战术充分运用在前排，例如，日本女排在 1996 年、1999 年的比赛录像，通过与中国女排作比较，观察 2、3 号位的假交叉进攻和整体战术的相互结合。

四、排球比赛

（一）场地与器械

1. 比赛场地

①比赛场区为 18 m×9 m 的长方形。中线把它分为相等的两个场区，其四周至少有 3 m 框的无障碍区。

②比赛场地的地面必须平坦、水平，并且划一，不得有任何可能伤害运动员的隐患。

③场区上所有的界限宽 5 cm。边线与端线都包括在比赛场区的面积之内。

④球网高度为男子 2.43 m，女子 2.24 m。少年比赛球网高度为男子 2.35 m，女子 2.15 m。

2. 比赛用球

比赛用球是圆形的，由柔软皮革或合成革制成，颜色为一色的浅色或彩色，圆周为 65～67 cm，质量为 260～280 g。

（二）比赛规则

1. 胜一分、胜一局与胜一场

比赛采用每球得分制，胜一球即得一分。

比赛的前 4 局以先得 25 分并同时超出对方 2 分的队为胜一局。如当比分 24∶24 时，比赛继续进行至某队领先 2 分为一胜局（如 26∶24 或 27∶25……）。决胜局以先得 15 分，并同时超出对方 2 分的队获胜。如当比分为 14∶14 时，比赛继续进行至某队领先 2 分为止（16∶14 或 17∶15……）。正式比赛采用五局三胜制。最多比赛 5 局，先胜 3 局的队为胜一场。

2.“自由防守运动员”

①各队登记在记分表上的 12 名运动员中，可选择一名运动员为“自由人”。

②“自由人”必须穿着与其他运动员不同颜色（或不同式样）的上衣。

③“自由人”可以在比赛中断或裁判员鸣哨发球之前，从进攻线和端线之间的边线处自由进出，换下任意后排运动员，无需经过换人，也不计入正常换人次数内，其上下次数不限，但在其上下两次之间必须经过一次发球比赛过程，替换他（她）的运动员必须是由他（她）替换出场的运动员。

④“自由人”不得发球、拦网和试图拦网。

⑤“自由人”在任何区域都不得对高于网的球完成进攻性击球。

⑥“自由人”在前场区运用上手进行传球，其同伴不允许在高于球网处完成对该球的进攻性击球。但他可以在后场区自由传球。

⑦“自由人”受伤，经第一裁判员允许可由场下的任一运动员替换，受伤的“自由人”不得再参加本场比赛。替换受伤“自由人”的运动员在这场比赛中仅限于以“自由人”的身份参加比赛。

3. 发球犯规

①发球次序错误。未按登记的发球次序发球为发球次序错误。出现错误后恢复正常发球顺序，并判罚 1 分。

②发球击球时球未抛起或持球手未撤。

③发球超过 8 s。第一裁判鸣哨后 8 s 内未将球击出。

④发出的球触及本队球员或未能通过球网垂直面。

⑤界外球。球的落点完全在场区界线以外；球触及场外物体、天花板或非比赛成员；球触及标志杆、网绳、网柱或球网标志杆以外部分；球的整体或部分从过网区以外过网。

⑥发球掩护。以挥臂、跳跃或左右晃动等动作妨碍对方接发球，而且发出的球从掩护运动员上空飞过。

4. 击球时的犯规

①四次击球，每队最多击球 3 次（拦网除外）将球从球网上击回对方，超过规定次数的击球为 4 次击球犯规。

②持球，球必须被击出，不得接住或抛出。

③连击，一名运动员连续击球两次或球连续触及身体的不同部位视为连击犯规。

④借助击球，运动员在比赛场地内借助同伴或任何物体的支持进行击球，为借助击球犯规。

5. 拦网犯规

①过网拦网，在对方进攻性击球前或击球时，在对方空间拦网触球为过网拦网犯规。

②后排运动员拦网，后排运动员靠近球网，将手伸向高于球网处阻拦对方来球并触及球为后排运动员拦网犯规。

③拦发球，拦对方发过来的球为发球犯规。只要运动员在球网附近，手高于球网上沿阻拦对方发过来的球，不论拦起、拦死，只要触球即视为犯规。

④从标志杆外伸入对方空间拦网并触球。

6. 进攻性击球犯规

后排运动员进攻性击球犯规。后排运动员在前场区内，或踏及进攻线（或其延长线），击打整体高于球网上沿水平面的球，并使得整体高于球网的球由过网区通过球网垂直面或触及对方拦网运动员，则视为后排运动员进攻性击球犯规。

在前场区对对方发过来的并且整体高于球网的球，完成进攻性击球视为犯规。但在后场区起跳，击球后仍在后场区落地不犯规。

7. 比赛间断与延误比赛

（1）正常的比赛间断

正常的比赛间断有“暂停”和“换人”两种。每局比赛中，每队最多请求两次暂停和 6 人次换人。所有被请求暂停的暂停时间为 30 s。国际排联世界性比赛第一局至第四局，每局另外有两次时间为 60 s 的技术暂停，每当领先队达到 8 分和 16 分时自动执行。决胜局（第五局）没有技术暂停，每队在该局中可请求两次 30 s 的普通暂停。

（2）延误比赛

一个球队拖延比赛继续进行不正当行动为延误比赛。例如，换人延误时间、拖延暂停时间、请求不合法的替换、再次提出不符合规定的请求、球队成员拖延比赛的进行。在一场比赛中，同一球队任何一名运动员或其他运动员造成任何类型的第二次以及更多的延误犯规，则给以“延误判罚”，扣去一分。

另外，所有局间休息均为 3 min。每局比赛结束后，双方球队交换场区，决胜局除外。决胜局中某队先获 8 分时，两队交换场区，不休息，运动员在原来的位置继续比赛。

篮球传球技术　　行进间投篮技术　　足球踢球技术

足球带（运）球技术　　排球拦网技术　　排球垫球技术

第八章　形体运动与游泳运动——美美与共、自信阳光

第一节　形体训练

形体训练是一项比较优美、高雅的健身项目，主要通过舒展优美的舞蹈基础练习（以芭蕾为基础），结合舞蹈和艺术体操进行综合训练，可塑造人们优美的体态，培养高雅的气质，纠正生活中不正确的姿态。可以说它是所有运动项目的基础。

一、形体训练概述

（一）形体训练的内涵

关于形体训练比较典型的说法有两种，即狭义和广义。狭义的形体训练把它定义为形体美训练；广义的形体训练认为，只要是有形体动作的训练或能改变人的身体形态的练习就可以叫作形体训练，这样各式各样的动作都可以称为形体训练，甚至某些服务行业的程式化动作，比如迎宾、端菜、送菜、礼仪姿势等，也可以称为形体训练。

当然，我们更多地认为用芭蕾、体操等能培养人的形体和气质的形体美训练来定义形体训练比较确切，这也符合大多数形体训练者的意愿。他们花费大量的时间、金钱和体力进行训练，绝不仅仅是活动一下身体、娱乐和游戏，对自身体态美的塑造才是其最终目的。

形体是一项比较优美、高雅的健身项目，形体训练是以人体科学理论为基础，通过各种身体练习以增进健康、增强体质、塑造体型、训练仪态、陶冶情操。它是一个有目的、有计划、有组织的教育过程。

（二）形体训练的意义

1. 塑造优美的形体

形体训练的动作形式多样，锻炼部位广泛，通过对站立姿势的练习，各种手臂的摆动、绕环、波浪组合、姿态组合，腰腿的柔韧性组合，头部练习，舞蹈组合练习等能够形成正确的身体姿态。但是，仅有健康和静态的外形美是不够的，与静态的美相比，动态的美，比如步态、姿势、表情、动作优美协调等，更显人的气质与魅力。动态的训练在形体训练中特别强调步态、姿态、表情以及形体训练的性别感、节奏感和优美感。在形体雕塑训练中，要注意拥有动态魅力，通过练习使学生不仅锻炼了身体，增强了体质，而且能从中得到“美”的享受，从而提

高艺术的修养。因此，通过形体训练，可以使学生身体各关节得到充分活动，各部位的肌肉得到协调、匀称的发展，消除人体多余的脂肪，使其变得体格强壮、体形匀称、姿态优雅。所以当一个人的身形体态已经出现某些缺陷的时候，就可以针对性地选择某些适当的动作进行锻炼，以达到矫正畸形的目的。

2. 促进身体发育，纠正不良姿态

自古以来，我国就很重视体态，强调一个人要站有站相、坐有坐相、走有走相。因为，如果长时间不注意保持体态端正，就会影响某些骨骼的正常生长和发育。例如，有些青少年羞于自己身高长得太快，就有意识地含胸弓背，时间一长，脊柱（胸椎段）就不能呈正常的“S”形，而形成驼背。又如，有不少青少年用一侧肩膀背沉重的书包，久而久之，形成一侧肩高，一侧肩低，造成脊柱侧弯。而大多数大学生仍处在身体发育时期，形体训练中各种肢体的运动可以使骨骼得到适宜的锻炼，能加速骨细胞的分裂和骨化，使骨骼粗壮、长长，同时使肌肉粗壮有力，加强关节的韧性和灵活性，改善心脏功能，增强人体免疫力，从而促进身体形态的正常发育。青少年的骨骼中软骨成分较多，有机物高于无机物含量，骨骼具有一定的可塑性，接受形体训练，能够使不良骨形在训练动作的压力和拉力作用下，向正确方向发展。

3. 调节神经系统机能，促进心理健康发展

中枢神经系统是由大脑和脊髓构成的，而其最高指挥机关则是大脑皮层。它一方面管理和调节人体内部各器官系统的活动，保持人体内部环境的平衡；另一方面则维持人体与外部环境的平衡。形体训练是在中枢神经系统的支配下进行的。在形体课上，适度的身体练习使心率上升和血液循环加快，单位时间内通过大脑的血量增多，脑细胞就可以得到更多的氧气和营养，这不但能加快神经疲劳的消除，而且可以有效地提高大脑的调节功能和大脑的反应速度，对理解能力、思维能力和记忆能力具有促进作用。

形体训练需要对一些动作进行机械的、不断的重复练习，对形体美的追求使学生不断克服各种困难坚持练习，这无形中培养了学生克服困难的能力和坚韧顽强的意志品质。练习中大家彼此交流合作，利于建立良好的人际关系，形成乐观、开朗的性格。形体练习对自己身体形态和体态都有良好的影响，可以使学生感受喜悦，增强自信心，从而减少紧张、焦虑，克服自卑，促进心理得到健康发展。

4. 形成终身体育能力

形体训练能有效地保持人体优美体型，使柔韧度提高，肌肉力量增加，清除身体上的多余脂肪，使体、力、美得到充分的体现。形体训练带来的诸多益处吸引着大学生带着浓厚的兴趣加入锻炼，为了追求线条优美、气质高雅的效果，形体课也便成了她们自觉身心投入的课程。形体课形成的强大内驱力将促使她们课余时间连续不断地进行形体训练，从而又使其形体训练的兴趣进一步增强，形成良性循环，即使出校门后仍能坚持形体训练，形成终身体育能力。

5. 培养优雅的气质和风度

气质是人的个性特征之一，主要表现在情绪波动的强弱、情绪表现的隐、显；风度是人的言谈、举止、态度的表现。健康的人体是美的，人体美是最自然、最基本的美，形体美是人体外在美的重要部分。不同的运动项目对人的气质、风度的形成有不同的影响，形体训练融体操、舞蹈、音乐于一体，注重艺术美与形体美的结合，更注重人的精神、气质、风度的培养。形体练习能增强身体的协调性，强壮体质，提高身体健康水平，使生命力更旺盛、精力更充沛，优美的形态和体态让人充满自信，形成热情、开朗、大方的好性格。

6. 形体课对大学生塑造健全人格品质有着极其重要的作用

目前，大学生中普遍存在学习压力大、精神无所寄托等问题。有些同学则因为自身条件的差异，产生自卑、怯弱、自闭等不良心理，这些现象与塑造健全的人格品质是相悖的，会对他们今后的成长和就业带来不良影响。形体训练是在开放环境中优美音乐的伴奏下，相互模仿的氛围中进行集体练习，通过特殊的训练方式初步达到强壮身体、健美形体的效果，这同时可以起到舒缓精神压力、增强自信的作用，对塑造其健全的人格和心理非常有帮助。此外，可以锻炼其克服困难的能力，培养其活泼开朗、积极向上的品格，树立其团结协作的精神，从而为其适应社会打下坚实的基础。

（三）何谓形体美

1. 气质优雅

在生活中，一个打扮得体、气质优雅的人从我们身边走过，总会给我们留下美好的印象，让人忍不住想多看几眼。这是一个人的外形给人带来的视觉效果，其会给人带来美的感受。每个人在社交活动中都会给公众留下一种特定的印象，并形成一定的综合评价，这就是自我形象。自我形象不只是一个人的仪容、服饰、举止、言谈等某一方面给他人留下的印象，而是其内在与外在方面因素综合协调形成的系统化的整体形象。现代社会竞争激烈，人们往往借助外物塑造形象，当然仪容只是外在的，可以借助技术手段改变，但是徒有其表的常被称为花瓶，内在魅力与外在气质的和谐统一才是个人魅力的完美体现。

2. 仪态美

仪态美是个人的服饰、仪态、仪容等外在形象的综合表现，同时又是一个人的内在素质、精神面貌和文明程度的外在反映，体现着个人对他人、社会、工作、学习的态度。在公关公务活动日益频繁的当今社会，仪态已经成为社会和事业成功的“通行证”。然而形象是可以塑造的，每个人都可以进行自我设计，扬长避短，塑造一个最佳的自我形象。良好的整体形象是一个综合指标，它不单是指标准的身材、漂亮的脸蛋、华丽的服饰和超高的妆术，而是诸种因素相互协调后的整体效果。

3. 姿态美

生活中的形体美更多是通过我们的身体姿态表现出来的，它体现了我们的生活背景及个人性情、教育程度。人体的骨架结构、身体比例这些先天的身体条件是否协调都会在某种程度上影响我们的形体美，它包括身体各部分的长度、围度及对称性。在我们生长发育阶段通过锻炼身体，可以对骨骼的长度增加有一定帮助，但是人体的骨架形成受遗传、饮食、生活习惯等诸多因素的影响。因此，效果也是因人而异的。但是，姿态美能形成锦上添花的效果，如走路，重心应随着前脚掌的着地逐渐过渡到前脚上，上体保持正直就会给人一种挺拔的感觉。

4. 形体美

形体美即匀称协调的形体和优雅完美的体态的协调统一，表现出来的是健康、具有个人魅力的美，形体美要与气质一致。生活中，人往往需要通过言行来突出个性风度，既不夸张也不做作，要做到恰到好处。

二、三姿训练

（一）站姿

站姿是人的最基本的仪态，也是其他仪态的基础，是我们日常生活中正式或非正式场合中第一个引人注目的姿态。站姿的基本原则是“站如松”，即站立姿态要像青松一样端正挺拔。站是一种静态美，是培养优美仪态的起点，也是发展不同动态美的起点和基础。良好的站姿能衬托美好的气质和风度。

正确站姿对人体姿态的要求是：挺胸，收腹，立腰，展肩，夹臂，双臂自然下垂，中指贴紧裤缝，膈肌上提，下颌微收，双目平视，颈部挺直，面带微笑。

1. 标准站立姿态

（1）正步站姿

①两脚跟并拢，脚尖打开一拳的距离，身体重心置于两脚上。

②腿部肌肉收紧，直立，膝盖用力内收，不能弯曲。

③收腹，收臀，髋关节上提。

④后背挺直、上立，胸肌上提。

⑤两肩展开、放松，气往下沉，自然呼吸。

⑥下颌微收，颈部挺直，双目平视。

⑦头微抬起，面带微笑朝正前方，精神饱满。

（2）丁字步站姿

①左脚脚跟靠于右脚脚弓内侧，脚尖打开 90°，站成左“丁”字步，双手握于腹前，身体重心放于两腿上。

②右脚脚跟靠于左脚脚弓内侧，脚尖打开 90°，站成右“丁”字步，双手握于腹前，身体重心放于两脚上。

（3）男士分脚式站姿

①左脚横向迈半步，双脚尖向正前方，两手合握于腹前，身体重心放于两脚上，身体直立，收腹，沉肩。

②右脚横向迈半步，两脚尖向正前方，双手后背，身体重心放于两脚上，收腹，挺胸，立腰。

2. 不良的站立姿势

①站立时身体歪斜，两肩一高一低。

②弯腰，驼背，扣胸，坐髋，挺腹。

③随便倚墙而立，趴伏在某物上左顾右盼，自由散漫。

④男士分脚站姿超过肩宽。

⑤手臂乱晃,身体随意扭动。

(二)坐姿

坐姿是人在坐后身体保持的一种姿态。优美、端庄的坐姿给人以稳重、高雅、大方的感觉,可以体现其文化修养程度。

1. 女士基本坐姿

①双脚并拢,腰部挺直,膝盖靠紧,双小腿垂直于地面,双手平放于腿上。

②左脚置于右脚之上,两脚在踝关节处交叉,两脚前段外侧着地,膝部稍收,双手合握于腹前。

③左脚前伸,全脚着地,右小腿屈回,脚掌着地,大腿靠紧,两脚前后在同一条线上。

④髋部左转45°,头胸向右转,左小腿垂直于地面,右小腿向里收,右腿脚尖向下。

2. 男士基本坐姿

①双脚并拢,小腿稍向前,坐正立腰,双手放在两腿上,眼睛平视前方。

②双腿打开不可超过肩宽,小腿垂直于地面,两手合握于腹前。

③两小腿向前伸,双腿在踝关节处交叉,双手合握于腹前。

④小腿向后屈回,两脚交叉,脚掌着地,双手合握于腹前(或两手臂扶于椅子两侧扶手上)。

⑤左小腿垂直于地面,右腿重叠在左腿上,右小腿向里收,脚尖向下,双手交叉放在右腿上。

3. 坐姿中的入座与离座要求

①应让客人先入座,不能随意坐在桌子上、窗台上或地板上。

②注意座位的尊卑,应把尊位主动让给来宾或长辈。

③就座时动作要轻,以免干扰别人。

④离座时应先用语言或动作向其他在座的人示意,随后方可起身离座。

⑤离座时如有他人一同离座,让地位高的先起身离座。

⑥起身离座时不要匆匆忙忙起身就跑,要从椅子的左侧离开。

(三)行姿

1. 标准行姿

标准的行姿要求身体直立、舒展,沉肩,立腰,手臂自然前后摆动,头正,双目平视,走路平稳。其具体规范如下:

①在站姿的基础上,手臂前后自然摆动,手指自然弯曲,以肩关节为轴,上臂带动前臂。前臂不要向上动,前后摆动幅度为30~40 cm。

②提髋屈大腿,带动小腿向前迈出,脚尖向正前方稍开,重心平稳。

③方向感明确,尽量使自己在一条直线上行走。

④男士每步大约40 cm,女士每步大约30 cm。

⑤行走中注意保持身体平直，步伐轻松矫健，两眼平视，直背立腰，仰首挺胸。

2. 一字步行姿

①在站姿的基础上，出左脚时向前稍松左胯，出右脚时向前稍松右胯，两脚尽量行走在一条直线上。

②两手臂前后自然摆动，前后摆动的距离相等，手指自然弯曲。

③收腹，挺胸，立腰，沉肩，两肩后展。

④头正，微收下颌，眼睛平视前方。

⑤迈步松髋时身体保持平稳，不左右摇摆。此行姿适用于女士。

3. 平行步

①在站姿的基础上向前迈步，两脚在两条直线上，出左脚时脚跟着地，迅速过渡到脚尖。

②右脚动作同左脚，脚尖尽量放正。

③收腹，挺胸，立腰，展肩，眼睛平视前方，下颌微收。

④两手臂前后自然摆动，不能横摆、后摆，肘关节微屈。此行姿适用于男士。

4. 不正确的行姿

①两臂摆动距离不均，横摆。

②两肩一高一低，走路时身体颤动。

③低头含胸，脚尖向里或向外歪。

三、身体各部位训练——芭蕾舞

（一）芭蕾舞的基本站立姿势

1. 脚的基本位置

①并步：两脚并拢，脚尖向前。

②自然站立（小八字步）：两脚跟靠拢，两脚尖向斜前方成“八”字形。

③开立：两脚左右或前后分开（同肩宽）站立。

④丁字步：前脚跟在后脚弓处站立，两脚尖向斜前方成“丁”字形。

2. 站立姿势

两脚在任意一位置上全脚掌或前脚掌、脚尖、脚跟等不同部位支撑地面，两脚伸直或弯曲形成各种姿势。

①直立：两脚伸直并拢，全脚掌着地，重心在两脚间。

②起踵立：以前脚掌支撑地面，脚跟向上抬起，使脚面与小腿在一条垂线上。

③点地立：一脚直立或稍屈膝，另一腿脚面绷直以脚尖在前（侧、后）方点地（或脚跟点地），重心放在支撑腿上。

④蹲立：屈膝站立，稍屈膝为半蹲。屈膝角度小于90°为全蹲。

⑤弓步：是一腿屈膝，另一腿伸直的姿势，有前弓步、侧弓步、后弓步。

注意动作要领：

①站立时两脚位置准确，两脚和臀部肌肉向身体中线方向收紧，收腹收臀，挺胸夹背，立腰，两肩下沉，头正直，保持稳定的重心和挺拔的姿势。

②起踵立时前脚掌支撑，脚拇指用力向下踩地，内踝顶直，使脚跟高高抬起。

③点地立注意整个脚外旋，脚面充分绷直，以脚尖或脚跟点地。

④蹲立时膝关节和臀部肌肉收紧，屈而不松，具有弹性。

⑤弓步，重心在两腿间偏屈膝腿一侧，保持一腿屈，另一腿伸直的姿势。

(二)芭蕾舞手臂的7个基本位置

①一位：两臂成弧形于前下方，指尖相对，掌心稍向内。

②二位：两臂保持弧形前举(稍低于肩)，掌心向内。

③三位：两臂保持弧形上举(食指对眉心)，掌心向内。

④四位：一臂在三位，另一臂在二位。

⑤五位：一臂在三位，另一臂保持弧形侧举，掌心向前下方。

⑥六位：一臂在二位，另一臂保持弧形侧举，掌心向前下方

⑦七位：两臂保持弧形侧举，掌心向前下方，肘稍向上抬。

注意动作要领：

①手臂向上举起时，以上臂带动前臂，肩关节放松，肩下沉(腋窝空)，下颌随手移动全身协调配合。

②手形随臂形变化，当手臂伸直时手腕、手指随之伸展，尽量向远伸；当手臂成弧形时，手指、手腕随之放松(稍屈)呈圆滑的弧形，肘部向远顶，使手臂幅度增大，刚柔并存。

③两臂分别向前、后举起时，以身体中线为轴，两肩随手臂向前、后转动，使两臂举在前后方向上，成一条直线。

④手臂由上向下时，上臂、前臂、手依次下落。

第二节　体育舞蹈

一、体育舞蹈的起源与发展

体育舞蹈融体育、音乐、文学、美学、舞蹈为一体，是以身体运动的舞蹈化为基本内容，以双人或集体配合练习为主要运动形式的娱乐型体育运动项目。

体育舞蹈有着悠久的历史，经历了几百年的历史演变过程，从各国传统文化中吸取了营养，经历了一代代人的加工创造，逐渐形成了现代体育舞蹈。追本溯源，体育舞蹈于14、15世纪产生于意大利，16世纪传到法国。19世纪初，源于欧洲民间的现代舞，从宫廷走向社会，成为一项群众性的社交舞蹈。1924年英国皇家舞蹈教师协会会同各国舞蹈专家，首先对华尔兹、探戈、狐步、快步舞的步伐和舞姿进行了规范，制定了比赛规则。1925年以后，这种被规范的舞蹈被推广到世界各地，深受各国人民的欢迎和喜爱，并被竞相效仿，一种国际性的标准舞就随之产生。1947年在柏林举行了首届世界交谊舞锦标赛。1950年开始由世界

舞蹈组织举办世界性的比赛，并将其进一步完善，形成了现代舞五项、拉丁舞五项。现已举办过世界大赛40多届，随着比赛规则的日趋完善，不少国家把它纳入体育联合会的管辖范畴，并成立了有70多个国家和地区参加的国际体育舞蹈联合会，体育舞蹈已被列入奥运会的比赛项目。

体育舞蹈传入我国的时间虽然不长，但发展很快。1987年我国开始举行全国体育舞蹈比赛，1989年在北京国际体育舞蹈公开赛上我国选手获得现代舞银牌，1990年国家体委首次举办了全国体育舞蹈培训班。1993年我国成功举办了世界杯体育舞蹈锦标赛，其普及和推广工作不断深入。与此同时，民间的学舞热潮不断涌起。体育舞蹈以其独有的形式和内容，成为全民健身锻炼的一项内容。

二、体育舞蹈的基本舞姿

体育舞蹈是一种文明的文化娱乐活动，也是形体美的一种表现。因此学跳体育舞蹈，首先要学习跳舞的姿势。正确优美的舞姿是一个人的修养、气质和风度的外在表现，也是衡量体育舞蹈水平高低的首要条件。几种常见的舞姿如下：

（一）闭式舞姿

这是体育舞蹈中的最主要的舞姿，许多优美的步法都是从该舞姿发展而来的。闭式舞姿要求，男女舞伴相对站立，二者正面身体构成封闭状态。女伴身体向男伴右侧约偏1/3，男女腰部右侧轻贴，上身均向后倾，男伴左臂向左侧屈肘举起，高度稍超肩部，轻握女伴右手的拇指与其余四指之间。男伴右手环抱在女伴左胛骨下方，五指并拢，手掌呈空心，轻轻平贴在女伴的左背上。女伴左手五指并拢，轻放在男伴的右肩上。

（二）半开式舞姿

在闭式舞姿的基础上，男女舞伴上身均向外闪开大半部分，面向前方，目光通过相握的手，向同一方向远视，但男右腰部、女左腰部与闭式舞姿一样，仍然轻贴，距离不宜过大。

（三）开式舞姿

男女舞伴同向，身体几乎呈一平面，男伴右肩与女伴左肩相靠，男女舞伴目光通过相握之手的上方远看。

三、体育舞蹈的分类

体育舞蹈按舞蹈的风格和技术结构，分为摩登舞和拉丁舞两大类。

（一）摩登舞（Modern）

摩登舞被译为“现代舞”，是体育舞蹈项群之一。内容包括华尔兹、维也纳华尔兹、探戈、狐步和快步舞。特点是由贴身握抱的姿势开始，沿着舞程线逆时针方向绕场行进。步法规范严谨，上体和胯部保持相对稳定挺拔，完成各种前进、后退、横向、旋转、造型等舞步动作。

曲调大多优美抒情，旋律感强。服饰雍容华贵，一般男着燕尾服，女着过膝蓬松长裙。

1. 华尔兹(Waltz)

华尔兹亦称圆舞，用 W 表示，也称“慢三步”。舞曲旋律优美抒情，节奏为 3/4 的中慢板，每分钟 28 ~ 30 小节。每小节三拍为一组舞步，每拍一步，第一拍为重拍，三步一起伏循环。通过膝、踝、足底、跟掌趾的动作，结合身体的升降、倾斜、摆荡，带动舞步移动，舞步起伏连绵，舞姿华丽典雅。慢三步是维也纳华尔兹(快三步)的变化舞种。其早在 12 世纪的德国巴伐利亚和奥地利维也纳地区的农民中流行，17 世纪进入维也纳宫廷，18 世纪被誉为“欧洲宫廷舞之王”。19 世纪中叶，维也纳华尔兹传到美国，当时美国崇尚舒缓、优美的舞蹈和音乐，于是将快节奏的维也纳华尔兹逐渐改编成悠扬缓慢、有抒发性旋律的慢华尔兹舞曲，舞蹈也改变成连贯滑动的慢速步型，即如今的华尔兹舞。慢华尔兹舞步婉转曼妙，能变化出多种花样，特点是柔和而文静，优美而华丽，属于绅士派的舞蹈。因此跳舞时肩膀不能上下晃动，膝部应放松，男伴似王子，气质不凡上身挺拔；女伴如公主，温柔优雅，雍容大方。

2. 探戈(Tango)

探戈舞是 20 世纪初兴起的一种交谊舞，虽然仅有一百年的历史，但它自问世之日起，便以风格独特的舞步赢得人们的喜爱，被誉为“舞中之冠”。

探戈舞是来源于阿根廷的一种健壮有力的牧人舞，是一种善于表现强烈激情的交谊舞。它起伏、旋转，前后踌躇，变化多端。探戈舞的音乐原来是 2/4 拍，后来改成 4/4 拍。目前我国常见的探戈舞基本上有两种形式：一种是四步，其节奏为慢、慢、快、快；另一种是五步，其节奏是慢、慢、快、快、慢。慢拍占一拍，快拍占半拍。探戈舞最显著的特点是：当舞步需要前进时，总是斜行横进，并且常常是欲前还后，欲退还进。探戈的舞步不像布鲁斯、华尔兹那样具有“滑动”性，而是要提腿、大步、下踏，步伐稳健而扎实。在起舞过程中，男女舞伴都要保持上身平稳、端正，身体的各部位放松，脚步进退成弧线，落地后腿要弯曲。探戈舞的抱身方法与布鲁斯、华尔兹略有不同，女伴略偏于男伴的右侧，男伴的右脚尖与女伴的左脚尖相对，并始终以男伴为主导。

探戈正步是探戈舞的一种基本步伐。探戈正步的舞姿是：男女舞伴均将自己的右脚掌踏在左脚内弯处，并且前后错开半个脚，双脚不并合，膝盖松弛微屈，使身体重心自然下沉。女伴向男伴右方错过 1/2 身位，男女舞伴右胯部至膝盖相贴。男伴与女伴相握的左手肘部稍上抬，小臂内弯角度自然加大。

3. 狐步舞(Foxtrot)

狐步舞用 F 表示，也称“福克斯”。舞曲抒情流畅，节奏为 4/4 拍，每分钟 28 ~ 30 小节，每小节为四拍，第一拍为重拍，第三拍为次重拍。基本步伐是四拍走三步，每四拍为一循环。分快、慢步，第一步为慢步(S)，占二拍；第二、三步为快步(Q)，各占一拍。基本节奏为慢、快、快(S、Q、Q)。以足踝、足底、掌趾的动作，完成升降起伏，注重反身、肩引导和倾斜技术。舞步流畅平滑，步幅宽大，舞态优雅从容飘逸，似行云流水。相传系模仿狐狸走路的习性创作而成。狐步舞起源于美国黑人舞蹈。1914 年夏，美国演员哈利 · 福克斯模仿马在慢步行走时的动作，并设计了一种舞蹈形式，迅速在美国风行，人们因此称狐步为福克斯。现在国际上跳的狐步舞是英国的约瑟芬 · 宾莉改编的。

4. 快步舞(Quick Step)

快步舞用Q表示,舞曲明亮欢快,舞步轻快灵活,跳跃感强,是体育舞蹈中一种轻快欢乐的舞蹈。节奏为4/4拍,每分钟50～52小节。每小节四拍,第一拍为重拍,第三拍为次重拍。舞步分快步和慢步。快步用Q表示,时值为一拍;慢步用S表示,时值为二拍。基本节奏是慢、慢、快、快、慢。舞步组合有跳步、荡腿、滑步等动作。快步舞从美国民间舞"P、E、E、P、BODY"改编而成,早期快步舞吸收了快狐步动作,后又引入芭蕾的小动作,使动作更显轻快灵巧。现在大家跳的是英国式的快步舞。

5. 维也纳华尔兹(Viennese Waltz)

维也纳华尔兹用V表示,也称"快三步",摩登舞项目之一。舞曲旋律流畅华丽,节奏轻松明快,为3/4拍节奏,每分钟56～60小节,每小节为三拍,第一拍为重拍,第四拍为次重拍。基本步伐是六拍走六步,两小节为一循环,第一小节为一次起伏。基本动作是左右快速旋转步,完成反身、倾斜、摆荡、升降等技巧。舞步平稳轻快,翩跹回旋,热烈奔放。舞姿高雅庄重。快三步是源于奥地利的一种农民舞蹈,由男女成对扶腰搭肩共同围成一个圆圈而舞,故被称为"圆舞"。著名的约翰·施特劳斯为华尔兹谱写了许多著名的圆舞曲。维也纳华尔兹起源于奥地利北部山区农民舞,是历史最悠久的舞蹈。维也纳华尔兹舞的风格特点是动作舒展大方,连绵起伏,节奏清晰,旋律活泼,动作优美,舞步轻快流畅、旋转性强。

(二)拉丁舞(Latin)

拉丁舞是体育舞蹈项群之一,内容包括伦巴、恰恰、桑巴、牛仔和斗牛舞。其特点是舞伴之间可贴身,可分离,各自在固定范围内辐射式地变换方向角度,展现舞姿。步法灵活多变,各舞种通过对胯部及身体摆动不同的技术要求,完成各种舞步,表现出各种风格。舞姿妩媚潇洒,婀娜多姿。风格生动活泼,热情奔放。曲调缠绵浪漫,活泼热烈,节奏感强。着装浪漫开放,男着上短下长的紧身或宽松装,女着紧身短裙,显露女性曲线的美。

1. 伦巴(Rumba)

用R表示,拉丁舞项目之一,节奏为4/4拍,每分钟27～29小节,每小节四拍。乐曲旋律的特点是强拍落在每小节的第四拍。舞步从第4拍起跳,由一个慢步和两个快步组成,四拍走三步,慢步占二拍(第4拍和下一小节的第一拍),快步各占一拍(第二拍和第三拍)。胯部摆动三次,胯部动作是由控制重心的一脚向另一脚移动而形成向两侧作"∞"形摆动。伦巴具有舒展优美、婀娜多姿、柔媚抒情的风格。其产生与西班牙和非洲的舞蹈有密切关系,后在古巴得到发展。现代伦巴舞是由古巴舞蹈吸收16世纪非洲黑人舞蹈和西班牙"波莱罗"舞蹈逐渐完善形成,舞蹈动作曾受雄鸡走路启发,20世纪20—50年代又受美国爵士乐和舞蹈的影响。20世纪30年代初,皮埃尔夫妇在英国表演和推广古巴伦巴舞受到极大欢迎,风行欧洲。

2. 恰恰舞(Cha-Cha)

恰恰舞用C表示,拉丁舞项目之一。节奏为4/4拍,每分钟30～32小节,每小节四拍,强拍落在第一拍。4拍跳5步SSQQS(2、3、4&1),包括三个慢步和两个快步。第一步踏在第二拍,时值占一拍;第二步占一拍;第三、第四两步各占半拍;第五步占一拍,踏在舞曲的第一拍上。胯部每小节向两侧摆动六次。舞曲热情奔放,舞步花哨利落,步频较快,诙谐风趣。

恰恰舞源于非洲,后传入拉丁美洲,在古巴得到发展。它是模仿企鹅姿态创编的舞蹈。在动作编排上一反男子领舞的习惯,男女动作不求统一整齐,且多半是男子随后。恰恰舞的音乐曲调欢快有趣,节奏欢快易记,邦伐斯鼓和沙球的咯咯沙沙声与动作相吻合,舞蹈又有诙谐、花哨的风格,所以备受人们欢迎,是拉丁舞中最流行的舞蹈。

3. **牛仔舞**(Jive)

牛仔舞用 J 表示,拉丁舞项目之一,旋律欢快,强烈跳跃,节奏为 4/4 拍,每分钟 42 ~ 44 小节,六拍跳八步。牛仔舞由基本舞步踏步、并合步,结合跳跃、旋转等动作组合而成。要求脚掌踏地,腰和胯部作钟摆式摆动。特点是舞步敏捷、跳跃,舞姿轻松、热情、欢快。牛仔舞源于美国,原是美国西部牛仔跳的踢踏舞,随着 20 世纪 50 年代爵士乐的流行,加速和完善了这种舞蹈,但风格上还保持美国西部牛仔刚健、浪漫、豪爽的气派。舞步带有踢踏动作,节奏快速兴奋,动作粗犷,带有举持舞伴和甩动的技巧,是表现牧人强健体魄和自由奔放情绪的舞蹈,具有独特的魅力。后经规范牛仔舞进入社交界和表演舞范畴,二次大战期间传入英国,获得迅速推广。牛仔舞音乐舞曲欢快,有跃动感,舞步丰富多变,其强烈的扭摆和连续快速的旋转,常使人眼花缭乱,亢奋热烈。

4. **桑巴舞**(Samba)

桑巴舞用 S 表示,拉丁舞项目之一。舞曲欢快热烈,节奏为 2/4 拍或 4/4 拍,每分钟 52 ~54 小节,强拍落在每小节的第二拍或第四拍,每小节完成一个基本舞步。舞步在全脚掌踏地和半脚掌垫步之间交替完成,通过膝盖上下屈伸弹动,使全身前后摇摆,并沿着舞程线绕场行进,属“游走型”舞蹈。特点是流动性大,律动感强,步法摇曳紧凑,风格热烈奔放。桑巴舞源于巴西,是巴西一年一度的狂欢节的舞蹈,是巴西音乐和舞蹈的灵魂。20 世纪 20—30 年代桑巴舞传入欧美国家。桑巴舞的风格特点是动作粗犷,起伏强烈,舞步奔放、敏捷,富有强烈的感染力。由于它在移动时沿舞程线绕场进行,因此它是拉丁舞中行进性的舞蹈。

5. **斗牛舞**(Paso Doble)

斗牛舞用 P 表示,拉丁舞项目之一。音乐为旋律高昂雄壮、鲜明有力的西班牙进行曲。节奏为 2/4 拍,每分钟 60 ~ 62 小节,一拍一步,八拍一循环。其特点是舞步流动大,沿着舞程线绕场行进。舞姿挺拔,无胯部动作及过分膝盖屈伸。用踝关节和脚掌平踏地面完成舞步。动静鲜明,力度感强,发力迅速,收步敏捷顿挫。斗牛舞起源于西班牙,是模仿西班牙斗牛士动作,有西班牙风格的进行曲伴舞的一种拉丁舞。男着斗牛士装,气宇轩昂,刚劲威猛,女披红色斗篷,英姿飒爽,柔美多变。

四、体育舞蹈的作用

1. **形成良好的身体形态**

在体育舞蹈训练中,参加者需要保持抬头、挺胸、收腹、立腰、沉肩、膝放松、大腿和臀部夹紧上提,整个身体呈舒展、挺拔、优雅、大方的姿态;运动时需消耗大量能量,多余脂肪会减少,从而为保持合理的体重,造就优美体形奠定基础。

2. 提高身体素质

长期坚持体育舞蹈锻炼的人，无论在身体的平衡能力、柔韧性、力量还是灵敏性、反应速度方面，均能得到有效的改善和提高。

3. 保持健康的心理

跳舞时人与人会在宽松的环境中交流思想，抒发感情，加强合作，消除紧张、郁闷、失落的情绪。

五、体育舞蹈与健康娱乐

体育舞蹈作为一项新兴的体育项目，对人的身体健康起着积极作用。体育舞蹈在音乐的伴奏下，人体通过各个关节、各部位肌肉群的协调活动，创造出千变万化的舞步和姿态，同时通过身体的各种形态动作，表达人的内心对世界的向往和感情升华，使人陶醉在高尚的精神境界中，获得美的享受。

体育舞蹈是人类运动发展到高级阶段的产物。跳舞是人类最早的艺术和运动，它的诞生要早于语言、音乐和体育。古人云："舞则人之天性。"人们通常会以跳舞代替语言来表达他们的思想感情。舞蹈是一种无声的语言，是人们交流思想、联络感情的一种极佳方式。舞蹈能消除人们日常工作、学习和生活中的紧张和不安情绪。情绪对人们的心理状态是至关重要的，在良好的心情状态下，人们思想开阔，思维敏捷，解决问题果断迅速，工作效率高，记忆力强，理解能力好，思维清晰和富于推理；而心情低沉郁闷时则思维阻塞，反应迟缓。人在焦躁不安时，会影响正在进行的脑力劳动，长期郁闷、过度思考会增加心理负担，导致精神上和身体上的疾病。

参加体育舞蹈锻炼时，优美动听的音乐、活泼欢快的气氛、美妙动人的舞姿会感染每一个人，使人忘掉生活中的忧愁、工作中的烦恼和学习中的困难，让人们不自觉地随着欢快的音乐翩翩起舞，使人们的身心在娱乐和愉悦中得到放松。

体育舞蹈的内容美、形式美、技艺美和精神美使得体育舞蹈具有极强的感召力，同时在一定程度上满足了人们的审美需求，给人以审美享受。

体育舞蹈的种类较多，其内容丰富，动作简单，人数不限，不拘一格，尤其是体育舞蹈不像其他运动竞赛那样激烈，故男女老少皆宜。

第三节　游泳运动

一、游泳与健康

(一)对心血管的作用

游泳对心血管系统的改善有相当重要的作用。人在游泳时通过冷水的刺激进行热量调节与新陈代谢，从而促进血液循环。此外，游泳时水的压力和阻力对心脏和血液的循环有特殊作用，在水面游泳时，身体所承受的水压是0.02～0.05 kg/cm^2，潜水时随着深度的增加、物理条件的变化，压力还会增大，游泳速度的加快也会加大压力负荷，心房和心室的肌肉组织性能会得到加强，心腔的容量也能逐渐增大，心脏的跳动次数会减少，这样心脏的活动就能降低人体能量的消耗，整个血液循环系统就能得到改善，静止状态下缩张压有所上升，收缩压有所下降，因此血压值变得更为有利；血管的弹性也有所提高。

（二）游泳的好处

①游泳锻炼重点是克服水的阻力而不是重力，肌肉和关节不易受伤。

②游泳时水的作用使肢体血液易于回流心脏，使心率加快。长期游泳会使心脏的运动性增强，收缩有力。

③游泳能改善体温、调节机能、预防感冒。已经感冒的人，不要游泳，否则易得心肌炎等疾病。

（三）不宜游泳的人群

①患心脏病、高血压、肺结核等严重疾病，难以进行较强运动的人。

②沙眼、中耳炎、皮肤病等传染性疾病患者游泳时有可能造成他人患病。

③饭后或酒后的人不宜立刻游泳，因为胃受水的压力及冷刺激易痉挛腹痛，久之会引起慢性胃肠炎。饭后40 min方可游泳。

④女性生理期时不宜游泳，若有保护装置并且有游泳习惯的人可以游，但时间不宜过长。

（四）游泳易引发的疾病

1. 结膜炎

结膜炎是游泳的人常见的疾病之一，表现为眼红肿、有异物感、疼痛不适等。其中，最常见的是由衣原体引起的游泳池性结膜炎和细菌引起的急性卡他性结膜炎。人在游泳时最好戴防水眼镜，若游泳后感到眼部不舒适，可点用利福平眼液或0.25%氯霉素眼液进行预防，注意勿用手揉眼或用不洁毛巾擦眼。

2. 中耳炎

游泳后人体出现耳朵疼痛，甚至发烧、耳朵流脓等症状，是由于游泳时带有细菌的水灌入了人的耳朵。所以，当池水入耳后，可将头向水侧倾斜，或辅以单脚跳动，使其自然流出，切忌用手或他物去抠。为防止池水进耳，最好戴上耳塞。游泳后一旦耳痛，应用复方新霉素或氯霉素甘油滴耳液滴耳。

3. 鼻窦炎

人在跳水及潜水时易引起鼻腔进水，并将水带入与之相通的鼻窦。若水质不洁，就会引起鼻窦炎，可出现鼻塞、鼻痛、流黏涕或头痛等症状。治疗时可用1%的麻黄素滴鼻液与链霉素滴鼻液交替滴鼻。

4. 咽喉炎

咽喉炎多在呛水或吞水后发生，除可出现咽喉不适或疼痛外，常伴有咳嗽。轻者可用多贝尔液含漱或含化消炎含片，重者应及时去医院检查。

5. 接触性皮炎或过敏性皮炎

在天然水域中，水体有时会被工业废水、生活污水所含的化学物质污染，在此水域游泳会导致皮炎，人体体表会长出细小的红色丘疹。治疗时可用炉甘石洗剂每天外擦数次。

二、各种泳姿的基本技术和练习方法

(一)蛙泳

蛙泳技术动作比较复杂，腿部动作是基础，力量85%来自腿部，其呼吸是关键，任何泳式的教学顺序都是按腿、臂、手脚配合进行。

蛙泳学习口诀：

分手压腕，双锚拉纤，高肘抱水，翻掌起肩。

梗颈出水，蛇腰拖髋，收垂双膝，两足外翻。

入水隐头，拢臂藏肩，内踝向后，蹬夹下旋。

前低后高，滑沙伸展，绷腿收腹，浮升水面。

1. 腿部动作

(1)目的

掌握蛙泳腿部动作，其是蛙泳学得好与学得差的关键。

(2)难点

脚腕外翻和蹬夹动作。

(3)方法

①俯卧池边出发台上(长凳上)：收腿、翻脚腕、蹬夹并拢、停(滑行)的分解，再连贯起来做腿的完整动作。最好由一人练习，同伴体会和纠正其动作来进行练习，有利于观察、体会、练习、示范。

②水中练习：手扶池边(扶梯或水线)。

躯干——肩膀浸入水中，腰腹肌肉稍紧张，臀靠近水面，防止塌腰、挺腹、臀下沉。

收——慢收，小腿和脚在大腿投影之内。

外翻——向外翻脚要充分，小腿和脚内侧对准水，脚心朝上。

蹬夹——向外向后弧形蹬夹要连贯，速度相对要快。

停——两腿并拢伸直漂一会。

③扶板练习与呼吸练习：收腿要慢，蹬腿用力，收腿抬头吸气，蹬腿低头呼气。

(4)易犯错误与纠正方法

①易犯错误：收腿时不翻脚掌。纠正方法：绷脚尖，陆上强化翻脚动作，勾脚蹬水。

②易犯错误：只蹬不夹。纠正方法：双膝向外，收腿时两膝内扣。

③易犯错误：臀部上起下伏。纠正方法：收腿时头肩过低，抬高头肩，蹬腿时才能低头，

小腿大腿同时发力，髋关节展开。

④易犯错误是：收腿过快。纠正方法：收腿过于用力，强调收腿时要慢，蹬腿时要用力。

2. 手臂动作与呼吸配合

(1)目的

掌握蛙泳手臂动作与呼吸配合，完整配合动作依次用力的相互关系。

(2)难点

划水路线与呼吸动作。

(3)方法

①模仿练习：弯腰，两手并拢往前伸，掌心向下，稍停，两手同时向侧后下方划水；收下巴时，掌心斜相对，屈臂收手至颌下；两手并拢向前伸直稍停。

②手臂动作，呼吸动作，两者完美配合的相互关系。手臂与呼吸练习：两手分开时、抬头吸时、伸手时，低头呼气；稍停。手臂、呼吸与完整动作练习：(弓步站立)划水抬头脚不动，收手的同时收脚(注意：翻脚腕)，蹬腿低头两臂同时并拢前伸，按口令做：

"1"——划水。

"2"——收手同时收腿(收腿结束时开始翻脚)。

"3"——蹬腿手伸直。

"4"——手脚伸直稍停。然后再进行第二个动作。

(4)易犯错误与纠正方法

①易犯错误：划水时手掌过平"摸麻将"。纠正方法：划水时手掌沉肘，掌心向外侧下，高肘屈臂。

②易犯错误：超过肩的延长线。纠正方法：划水腿伸直，蹬腿手伸直，强调先伸、再蹬、漂一会儿。

③易犯错误：划臂时蹬腿，吸不到气。纠正方法：强调低头时在水中吐气，划臂时抬头深吸气。

(二)自由泳

自由泳动作形象地接近人们在陆地上的行走动作，臂、腿动作比较简单，但比蛙泳较费力一些，是专业运动员用来训练身体素质的主要的泳式。它前进动力的90%来自手臂动作。

自由泳学习口诀：

头擦水面，颈脊平长，下颌收敛，换气莫昂。

通体要刚，腰腹紧张，圆木滚动，脐望两旁。

伸臂入袖，转肩进框，近体直划，拉柔推刚。

大腿夹住，小腿如簧，足踝放松，有弛有张。

1. 腿部动作练习

(1)目的

学习两腿轮流交替的上下鞭状打动作，为学习自由游泳完整配合技术打下基础。

(2)难点

自由泳腿部动作的难点是鞭状打水动作。

(3)方法

打腿时以髋关节为轴,大腿发力,膝和踝关节放松伸直,大腿带动小腿做上下鞭状动作,腿向上时膝关节伸直,向下稍屈,两腿上下活动的幅度35 cm。练习时坐在池边,两手后撑,两腿前伸,并拢内旋,直腿模仿打水动作。下水练习时,要求两手伸直,头部夹在两臂之间,两边侧头轮流换气,从开始要求直腿逐渐过渡到膝踝适当放松弯曲的鞭状打水。

(4)易犯错误与纠正方法

①易犯错误:屈膝过大,小腿打水。纠正方法:小腿过于紧张,用直腿打水练习,体会大腿带动小腿动作。

②易犯错误:勾脚尖打水(锄头脚)。纠正方法:踝关节灵活性差,要求绷直脚尖,多做压踝关节活动。

2. 手臂动作与呼吸配合

(1)目的

掌握手臂动作与呼吸配合是学好自由泳完整动作的基础。

(2)难点

自由泳中臂动作与呼吸配合的难点是推水与呼吸动作。

(3)方法

①弓箭步一脚前一脚后,一手扶膝盖一手贴大腿外侧,移臂时肘高于手,移平肩膀时,手腕在肩的延长线擦入水,抱水时保持高肘的位置屈臂,沿身体中线向后做“S”型划水,划到脐下时用力推水到大腿。口诀:“移臂提高高,入水伸远远;划水正中线;推水碰大腿。”

②一臂前伸,另一臂向后伸直,轮流屈臂划水。

(4)易犯错误与纠正方法

①易犯错误:臂入水后向下压水。纠正方法:入水时手指先入水,肘关节高于手腕。

②易犯错误:手掌摸水。纠正方法:屈臂高肘划水,小臂与水面垂直,掌心向后对着脚尖。

③易犯错误:手臂在半腰出水。纠正方法:划水结束时手臂要直,手腕触同侧大腿。

④易犯错误:抬头吸气。纠正方法:吸气时,身体纵轴转动,转头时一耳浸在水中,吸气时做“咬肩”动作。

⑤易犯错误:吸不进气。纠正方法:强调水中吐气,划水推水时,口在出水前猛吐气,口出水后深吸气。

⑥易犯错误:划水结束时身体下沉,手出水困难。纠正方法:划水后触碰大腿时,掌心向后推水,利用惯性提肘带动手臂出水前移(像是摸到开水壶一样烫手,快快抽离)。

(三)仰泳

仰泳时,仰卧在水面上,呼吸较其他泳式简单易掌握。划臂动作是仰泳前进速度的主要动力,但对初学者来讲,腿是基础。

仰泳学习口诀:

水漫两颊,鼻指青天,呼沉吸浮,侧滑莫转。

提肩抽手,双辐轮换,利刃斩水,伸臂送髋。

横掌带水，垂肘塌肩，推压一线，抚腿贴边。

足踝绷直，双脚内弯，上踢下按，浪滚趾尖。

1. 腿部动作

(1)目的

掌握仰泳正确的仰卧姿势和腿的上下鞭状踢水，保持身体平衡，为学习手臂和配合动作打下基础。

(2)难点

仰泳腿部动作的难点是鞭状动作。

(3)方法

同自由泳一样，一个俯卧，一个仰卧，但用力相反。要求：屈腿后上踢，直腿下压，膝和脚不能露出水面。

(4)易犯错误与纠正方法

易犯错误：踢水时膝部露出水面。纠正方法：大腿积极下压，大腿带动小腿向上踢水，或用直腿打水纠正。

2. 手臂动作与完整动作配合

(1)目的

掌握仰泳两臂轮流屈臂划水动作与完整动作的教学。

(2)难点

仰泳手臂动作与完整动作的难点是屈臂划水。

(3)方法

①一手前伸夹耳一手划水练习，移臂时，先提肩后移臂，手臂伸直。提肩移臂至眼睛垂直线时，手臂开始外旋，掌心向外，手臂在肩的延长线(靠近耳朵)上，小指头先入水，手臂伸直且下深。抱水时，前臂不动，小臂抓水勾起。手腕、肘关节齐平肩膀时，掌心对准脚尖同时用力向后推水，推水将要结束时，手腕下压(像是摸到开水壶一样烫手，快快提起)，马上出水，不要停顿。

②一臂前伸，另一臂向后伸直，轮流做屈臂划水动作。

(4)易犯错误与纠正方法

①易犯错误：两臂划水分解，不连贯。纠正方法：双手像是摸到开水壶一样，马上出水，不要停顿。

②易犯错误：划水时，水花太大，手腕出水。纠正方法：先滑深后抱水，再用力向后加速划水。

③易犯错误：身体摆动严重。纠正方法：加强肩关节柔韧性的练习，手臂要在头部的前方入水，推水结束时，手臂触碰大腿，手腕要下压。

④易犯错误：踢水没水花。纠正方法：注意上踢时要用力，直腿下压时要放松。

⑤易犯错误："坐"着游。纠正方法：头部稍向后仰，挺胸、躯干要展平。

(四)蝶泳

蝶泳也称为海豚泳。这个泳式技术比较复杂，人游起来比较费力，在教学中，一般安排在其他三种泳式后进行。

蝶泳学习口诀：

胸腋下压，肘尖相离，收腹提臀，入水铁律。

侧压划水，内扫发力，虎背升腾，后摆弹臂。

耸肩甩腕，悠移双翼，轻拿轻放，肘高手低。

腿起腿落，源自腰脊，蛇态波状，首项为旗。

1. 躯干与腿部动作练习

（1）目的

掌握蝶泳躯干和腿的波浪动作，学会腰腹用力是学习蝶泳的基础。

（2）难点

蝶泳躯干与腿部动作的难点是波浪动作。

（3）方法

①原地站立，两臂上举伸直。腰腹前后摆动，模仿海豚波浪动作，挺、屈、提、伸四个动作要有连贯性。

②蝶泳打水动作原理。两腿并拢同时做上下打水练习，体会腰发力，有节奏地上下摆动，呈鞭状打水。向上动作不要用力过大，往下压水时要用力。

（4）易犯错误与纠正方法

①易犯错误：小腿屈伸打水，没有波浪。纠正方法：躯干参与动作，严格地按挺腹、屈膝、提臀、伸膝打水的顺序做动作。

②易犯错误：头、肩起伏过大。纠正方法：手、头、肩相对固定，腰腹用力带动下肢做波浪动作。

2. 手臂与呼吸配合

（1）目的

掌握蝶泳手臂动作与呼吸配合是为蝶泳完整动作打下基础。

（2）难点

蝶泳手臂与呼吸配合的难点是呼吸动作。

（3）方法

①手臂动作：原地开立，身体前倾，离支撑物约一手臂距离，模仿蝶泳两手移臂动作和划水路线。两手碰大腿，吸气抬头、提肩空中移臂（肩高于手腕，手背向前，手掌心向后），两臂前移平肩时低头，两手空中前伸在肩的延长线“入水”，入水后即向外内旋屈肘抱水（使肘处于较高位置作“S”型加速划水）。边推水边提肘出水，借惯性力移臂。

②手腿动作与呼吸配合：手臂入水时脚第一次打水，手臂划水时抬脚，手臂划水至脐下发力推水时，脚第二次打水（即一个划水动作，两次打水）。

③手、脚配合要有节奏，两次用力的比例是：第一次入水时用 1 ~ 2 分力；第二次推水用 8 ~ 9 分力，即“1928”用力法。

（4）易犯错误与纠正方法

①易犯错误：划水后出水移臂困难。纠正方法：推水时掌心向后，利用惯性提肘转肩向

前移臂。

②易犯错误:直臂划水。纠正方法:高肘屈臂划水,掌心要向后。

③易犯错误:手、脚配合脱节。纠正方法:手臂入水后接着就要向后划水,并进行第二次打腿。

④易犯错误:躯干没有波浪动作。纠正方法:手臂入水时要积极低头提臀,腿向下打时,膝关节伸直。

四种游泳姿势的技术特点如下:

①蝶泳。身体姿势:肩部必须保持在水平面上;臂部动作:臂部接近水面。头比双臂先入水,抬头要低。水、向外划和抱水、下划、上划和移臂;打腿:开始时,不屈膝,双脚并拢。一旦脚后跟露出水面,弯曲双脚向下打水;呼吸:在向上划动作开始时呼吸;节奏:划臂一次打腿两次。

②仰泳。身体姿势:两耳刚好放在水中,臀部刚好在水面下,双脚刚好露出水面,头保持稳定;臂部动作:入水、抱水、向下划、向后划,第二次下划、复位、移臂;打腿:双腿靠拢上下交替打腿,膝部可弯曲但不能露出水面;呼吸:一只胳膊移动时呼气,另一只胳膊移动时吸气;节奏:划臂一次打腿六次。

③仰泳身体姿势:头部和臀部尽量保持高位,体以胸部为基准;臂部动作:向外划、抱水、向下划、向内划、伸展;打腿:伸展、收腿、外蹬腿、下蹬腿、内蹬夹腿;呼吸:在臂部做有力的内划动作时呼吸;节奏:保证蹬腿动作在双臂伸展时完成。

④自由泳。身体姿势:身体尽可能平直,腿部刚好露出水面打水;臂部动作:入水、伸展、抱水、向内划、向上划、移臂;打腿:双腿并拢,膝部不要弯曲过度,向下打腿;呼吸:头朝肩膀出水面转动时呼吸,有轻呼吸和爆发式呼吸;节奏:打腿六次,两臂各划水一次。

三、初学者水性练习

(一)浮体与站立练习

目的:消除怕水心理,体会漂浮感觉,掌握浮体后站立的身体位置改变本领。

难点:闭气、漂浮、前伸。

1. 抱膝浮体练习(浮西瓜)

原地站立,深吸气后,下蹲低头抱膝。双膝尽量靠近胸部,前脚掌蹬离池底,成低头碰膝团身,身体会自然地慢慢漂浮在水面上。站立时,两手前伸向下按压水抬头,两腿同时伸直,两臂自然放于体侧即可站立。

2. 蹬边滑行

背向池壁,一手扶池边一臂前伸,一脚站立一脚掌紧贴池壁。深吸气后低头,身体成俯卧姿势后,收站立脚,两脚用力蹬离池壁,两臂夹紧头部后脑,身体笔直向前滑行。

易犯错误:浮不起来,蹬壁无力。纠正方法:明确要领,没深吸气,过于紧张;蹬壁前臀部尽量靠近池壁,大小腿尽量收紧,蹬边要用力。

(二)踩水练习

(1)目的

学会了踩水,才能彻底消除怕水心理,增强安全感。

(2)难点

手、腿合理协调运动。

(3)方法

手扶池边,身系浮衣踩水练习,即单手或双手扶边,身体直立,双腿屈膝,脚跟、臀部、肩膀成一条直线,两脚底朝向外侧下蹬水,连续不停地做收屈、外蹬;下巴、肩膀、手臂浸入水中,手臂外划下压收时触碰胸口;注意呼吸要有节奏。

(4)易犯错误与纠正方法

易犯错误:身体下沉;不能持久。纠正方法:手在胸前做向里向外的拨水动作,增加浮力;双腿同时向外蹬;感觉下沉时用力,不沉时放松;保持体力。

第九章　小球运动与轮滑运动——追求卓越、勇攀高峰

第一节　乒乓球运动

一、乒乓球概述

关于乒乓球运动的起源,我国目前较为一致的观点是,乒乓球运动于 19 世纪末创始于英国,其是从网球运动派生的。

1880 年,英国的一家体育器材公司刊登的乒乓球器材广告上出现了最早关于乒乓球运动的文字记载,当时这项运动还不叫"乒乓球",而是以"高西马""弗利姆——弗拉姆"等名称在英国盛行。最初这项运动作为一种游戏,并没有统一的规则。根据文献记载,19 世纪末,英国的一些大学生在室内以餐桌作为球台,在两把高背椅之间拉一根线作为球网。在单局记分上,有 1 局 10 分或 20 分的,也有 1 局 50 分或 100 分的。对球拍的大小和样式也没有统一的规定。最初的球拍,是两面贴有羔羊皮纸的空心球拍,球拍的长度类似小的网球拍。发球时很随意,可像打网球似的将球直接发到对方台面,亦可把球先发到本方台面再跳至对方台面。最初使用的球是在橡胶或软木实心球外部包一层轻而结实的毛线。这种游戏很像是在桌上打网球,故而也有人称其为"桌上网球"

1890 年,英国的詹姆斯·吉布在美国旅行时,带回了一些用赛璐珞制成的空心玩具球,弹跳力很强,于是产生了用小球代替软木球和橡皮球的想法,将这种球稍加改进后,代替了软木球和橡胶球,逐步在英国和世界其他地方推广起来。由于这些球打起来发出"乒乓"的声音,故称为"乒乓球"。因英国乒乓球协会发现"乒乓"二字是商业注册商标,因此成立了"桌上网球"协会,并一直沿用至今。汉语中的乒乓球是从声音上得名,日本称"桌上网球"为"桌球"。

二、基本技术和练习方法

(一)握拍与站位

1. 直拍握法

(1)直拍快攻型握拍法

①拍前:以食指第二指节和拇指第一指节扣拍。拇指与食指之间的距离要适中(一般为

一指）。

②拍后：中指、无名指、小指自然弯曲，斜形重叠，中指第一指节贴于拍的背面 1/3 处，如图 9.1 所示。

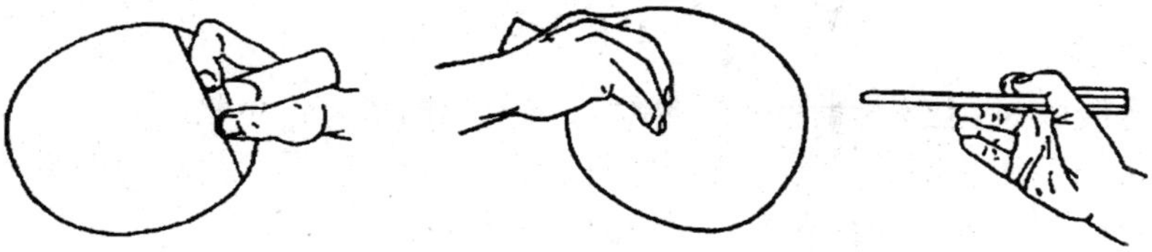

图 9.1　直拍快攻型握拍法

（2）直拍削球型握拍法

①拍前：大拇指弯曲紧贴在拍柄的左侧，并用力压拍。

②拍后：其他四指自然分开，托住拍的后面。

正手削球时，前臂旋后使球拍后仰，反手削球时，拍后四指灵活地把球拍抖起，使拍柄向下，如图 9.2 所示。

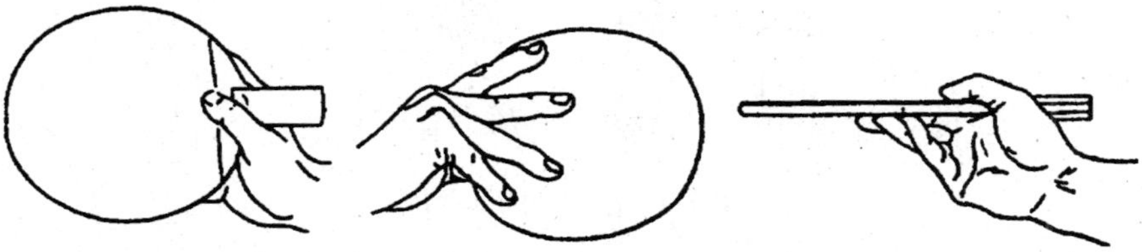

图 9.2　直拍削球型握拍法

2. 横拍握法

中指、无名指和小指自然地握住拍柄。拇指在球拍的正面轻贴在中指旁边，食指自然伸直，斜放于球拍的背面。浅握时，虎口轻微贴拍；深握时，虎口紧贴球拍，如图 9.3 所示。

图 9.3　横拍握法

3. 易犯错误与纠正方法

①易犯错误：握拍太深或太浅。纠正方法：直拍握法，食指和拇指构成的钳形不能过大或过小，以免影响手腕动作的灵活性和击球的发力。

②易犯错误：握拍过紧或过松。纠正方法：不论直拍握法还是横拍握法，在准备击球时或将球击出后，握拍都不宜过紧或过松。过紧会使手腕僵硬，影响球的飞行弧线；过松则会因拍面摇动，影响发力和击球点的准确性。

③易犯错误：手指不能灵活地调节拍面角度。纠正方法：握拍的关键在于手指能灵活地调节拍面角度，提高击球的命中率。因此，要反复体会各手指调节拍面角度的动作和用力。

4. **基本站位**

(1)站位的准备姿势

①下肢:两脚左右开立,约与肩同宽。身体稍向右侧,面向球台。两膝自然弯曲,提踵,重心置于两脚之间。

②躯干:含胸收腹,上体略前倾,下颌微收,两眼注视来球。

③上肢:持拍手和非持拍手均应自然弯曲置身体前侧方,保持相对的平衡态。

④提示:身体重心置于前脚掌内侧,如图 9.4 所示。

(2)站位的范围

站位的范围指运动员离球台端线的远近距离和左右距离。根据不同的打法选择不同的基本站位。站位正确,有利于保持稳定的击球姿势和向任何一个方向迅速移动,如图 9.5 所示。

图 9.4　站位的准备姿势

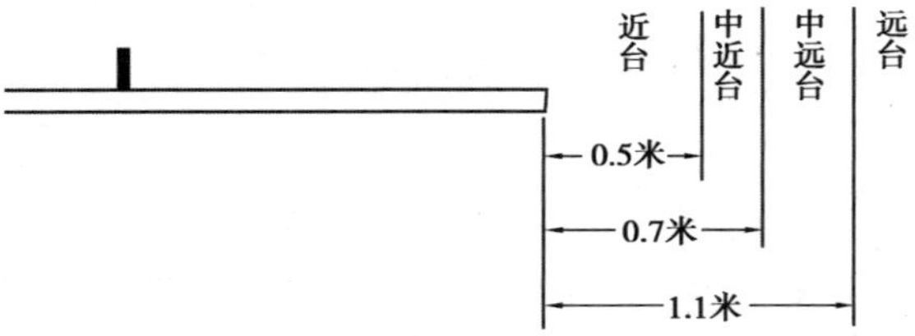

图 9.5　站位的基本位置

①左推右攻打法:基本站位在中间偏左。

②两面攻打法:基本站位在近台中间。

③弧圈球为主打法:基本站位在中台偏左。

④横拍攻削结合打法:基本站位在中台附近。

⑤削球打法:基本站位在中远台附近。

(3)易犯错误与纠正方法

①易犯错误:全脚着地,重心靠后,无法用力蹬地。纠正方法:在脚跟放乒乓球,要求练习者体会提踵、重心前移。

②易犯错误:两脚尖呈外八字形,步法移动慢。纠正方法:小腿内旋,重心移至前脚掌内侧,做模仿练习。

③易犯错误:双腿和上肢直立,重心偏高,起动慢。纠正方法:做屈伸动作练习,体会弹性运动。

(二)发球

发球在比赛中对于扬己之长、攻彼之短均有着技术和战术上的意义。它是连接整个乒乓球技术、战术的重要环节。发球、接发球、发球抢攻称为前三板技术,是我国乒乓球强项技术。下面介绍几种基本的发球技术。

1. 正手平击发球

动作要领:左手将球向上抛起,同时右臂内旋,使拍面稍前倾,向右后方引拍。当球从高点下降至稍高于球网时,击球中上部向左前方发力,如图 9.6 所示。

技术要点:发力部位以前臂带动手腕为主,动作过程中身体重心从右脚移至左脚。

图 9.6　正手平击发球

2. 正手发下旋加转球

动作要领:左手将球向上抛起,同时右臂外旋,直握拍手腕的动作,向右后上方引拍。当球从高点下降至稍高于网或与网同高时,前臂加速向前下方发力,同时手腕弯曲并内收,以球拍远端(拍头)触球,击球中下部向底部摩擦,如图 9.7 所示。

技术要点:加转下旋发球的旋转应尽可能强烈,发不转球的假动作尽量逼真,如此才能突出旋转的反差,发挥"转不转"发球的威力。

图 9.7　正手发下旋加转球

3. 易犯错误与纠正方法

①易犯错误:球未向上抛起,高度不够。纠正方法:理解要领并重复抛球动作练习。

②易犯错误:击球点过高或过低。纠正方法:强调按动作要点,掌握正确恰当的击球点。

③易犯错误:拍面前倾过多或不够,击球时向前力量过小或过大,落点距离过远或过近。纠正方法:用正确的拍面击悬空球;在台上划出第一落点的范围。

(三)接发球

在比赛中,接发球具有被动转主动、技术难度大、判断反应快、心理素质要稳定的特点。第一板回接球是由被动转入主动进攻的第一步。回接球的质量,直接影响自己技术、战术的发挥以及是否能将对手控制在被动状态。同时也直接影响自己的心理状态。若接发球处理得好,可直接得分或为抢攻创造有利条件。

接发球的基本手法由点、拨、带、拉、攻、推、搓、削、摆短、撇侧旋等多种综合技术组成。所以,接发球技术是各项基本技术的综合运用。

接发球练习方法:抽球练习,颠球练习,弹击练习,削球练习。

(四)击球

1.正手攻球技术

正手攻球具有力量大、速度快的特点,是比赛中争取主动,克敌制胜的重要手段。正手攻球又称近台快抽,是乒乓球运动攻球的一种。

击球前,左脚稍前站立,身体离台约 50 cm。当来球将落至台面时,前臂外展,将球拍后引至身体右侧稍后。当来球从台面弹起时,上臂带动前臂向左前上方快速挥动,并配合前臂内旋的动作使拍形前倾,在上升期击球的中上部。击球过程中,身体重心从右脚移至左脚,以腰部带动大臂,大臂带动小臂。击球后球拍继续挥至头部高度,然后迅速还原成击球前的准备姿势,如图 9.8 所示。

图 9.8　正手攻球

2.推挡球

(1)加力推

击球前,前臂上提,球拍后引。在来球上升后期或高点期击球的中上部,触球瞬间用力推压。击球后,手臂随势前送,如图 9.9 所示。

图 9.9　加力推

(2)减力推

站位与平挡球相同。击球时,在触球瞬间,手臂前移的动作骤停,或调节好拍面角度把球拍轻轻后移，以减弱来球的反弹力。击球后，迅速还原，准备好下一次击球，如图 9.10 所示。

图 9.10　减力推

(3)快推

站位靠近球台，右脚稍后或两脚平行开立，上臂和肘关节靠近右侧身旁。击球时，前臂向前推出，食指压拍，拇指放松，球拍前倾，在来球上升期击球的中上部。击球后，手臂随势前送，如图 9.11 所示。

图 9.11　快推

3. 搓球

(1)快搓球

站位靠近球台，身体重心前移，身体靠近来球，上升期击球。击球前，手臂应迅速前伸迎球，拍面稍后仰。前臂主动前伸插向球的中下部。快搓一般借力还击，若来球下旋弱可用力下切，如图 9.12 所示。

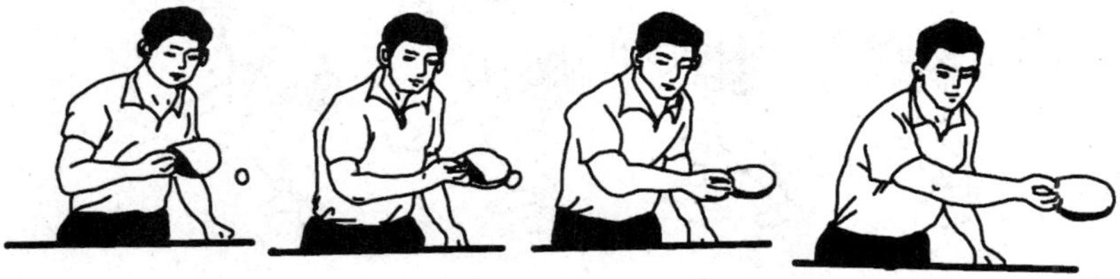

图 9.12　快搓球

(2)慢搓球

慢搓球指击球运动员正手或反手在来球下降前期搓击球的技术。反(正)手慢搓的站位是右脚稍前，身体离球台约 50 cm，保持手臂向左(右)上引拍。击球时，前臂和手腕向前下方用力，同时配合内旋转腕的动作，拍面后仰，在下降期击来球中下部，如图 9.13 所示。

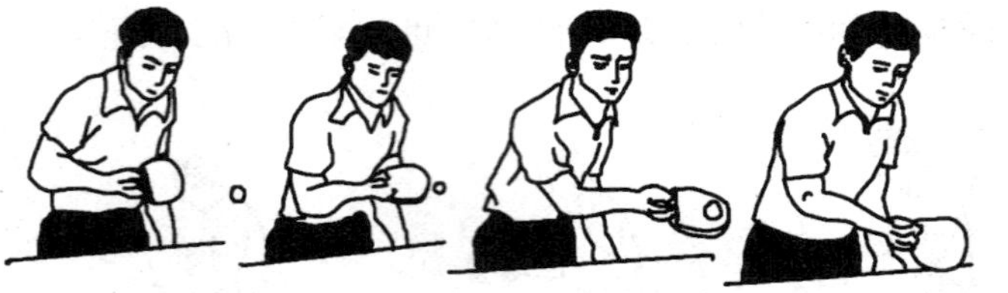

图 9.13　慢搓球

4. **削球**

削球可以通过旋转变化和落点变化来控制对手，主要包括正、反手远削，正、反手近削，削加转弧圈球等。

（1）远削

①正手远削时，左脚稍前，身体距球台 1 m 以外，上体稍右转，重心在右脚上。击球前，手臂自然弯曲，将球拍向右上引至与肩同高；击球时，手臂向左前下方挥动，在来球下降期击球中下部，拍形稍后仰；触球瞬间前臂加速削击，同时手腕向下辅助用力；击球后，球拍顺势前送，重心移至左脚，如图 9.14 所示。

图 9.14　正手远削

②反手远削时，右脚稍前，身体左转，手臂弯曲，球拍向左上方引至与肩同高，拍柄向下，重心在左脚上；击球时，手臂向右前下方挥动，前臂和手腕加速用力削击来球，在来球下降期击球中下部，拍形稍后仰；击球后，上体向右转动，球拍随势挥至身体右侧，重心移至右脚，如图 9.15 所示。

图 9.15　反手远削

（2）近削

近削动作小、球速快。正手近削时，左脚稍前，身体离球台 50 cm 左右，上体稍向右转；击球时手臂弯曲，把球拍引至与肩同高，拍形稍后仰；触球时，前臂用力向下方挥动，手腕配合下压，在来球上升期或高点期，击球中部或中下部。反手近削时，右脚稍前，手臂弯曲向左上引拍。击球时，前臂向右前下方挥动，手腕配合用力下压，在来球上升后期或高点期，击球中部或中下部，如图 9.16 所示。

图 9.16　近削

（五）基本步法

1. 单步

以一只脚的前脚掌为轴，另一只脚向前、后、左、右不同方向移动，当移动完成时身体重心也随之落到摆动的脚上，如图 9.17 所示。

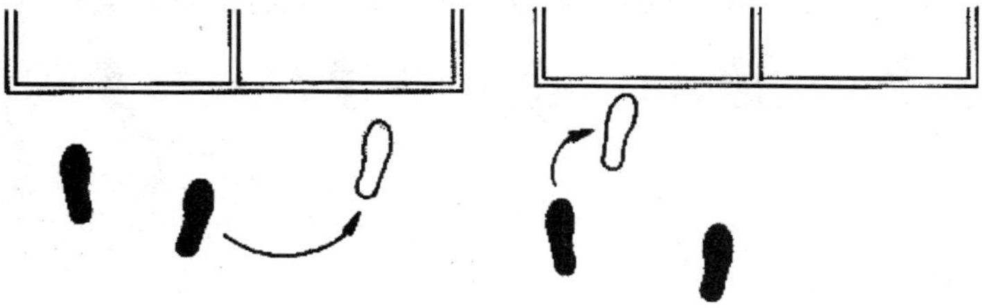

图 9.17　单步

2. 跨步

来球方向异侧脚用力蹬地，另一只脚向来球方向侧跨一大步，而蹬地脚也迅速跟着移动，也就是一脚先跨，另一脚跟进。常在扑救险球时，或正手打回头球时采用，如图 9.18 所示。

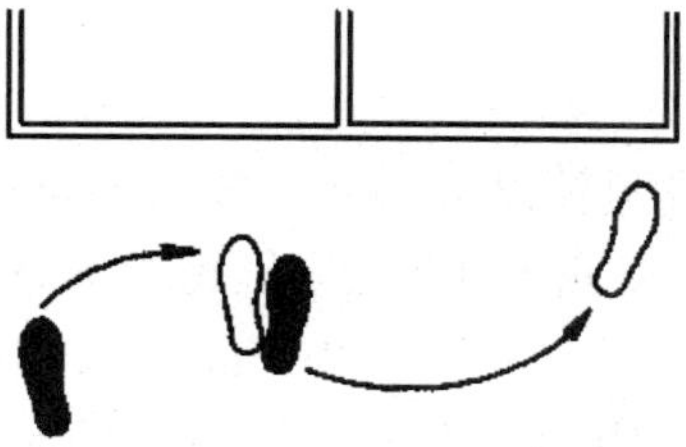

图 9.18　跨步

3. 跳步

来球异侧方向脚的前脚掌内侧用力蹬地，使两脚同时离开地面向前、后、左、右跳动，蹬地脚先落地。一般在来球离身体较远较急时使用。

4. 交叉步

交叉步应先以靠近来球方向的脚作为支撑脚，使远离来球的脚迅速向前、后、左、右不同的方向跨出一大步,而原作为支撑的脚跟着前脚的移动方向再迈一步。在移动时膝关节始终保持弯曲,与来球方向同侧脚外旋、异侧脚内旋,腰、髋迅速转向来球方向,与挥拍击球同步进行,如图 9.19 所示。

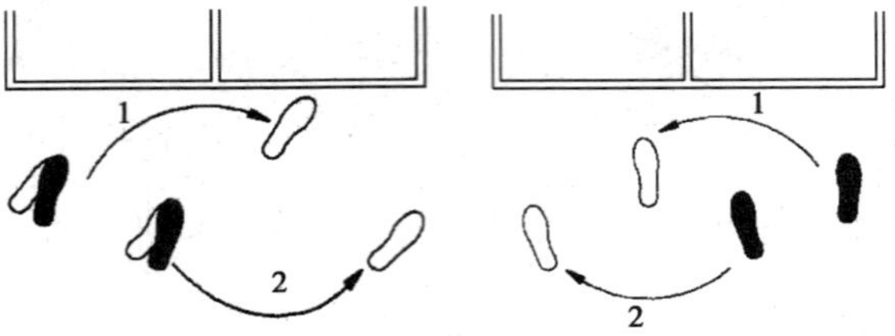

图 9.19　交叉步

5. 并步

先以来球异侧方向的脚用力蹬地向另一只脚移(或称并)半步或一小步,另一只脚在并步落地即向同方向移动,也就是一脚先并,同时另一脚跨出一小步,如图 9.20 所示。

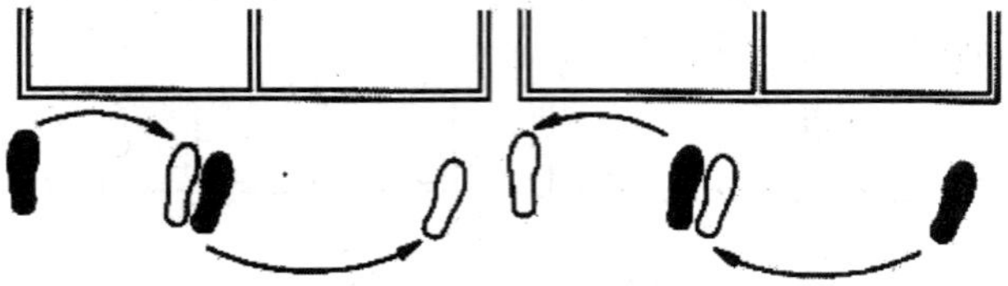

图 9.20　并步

6. 易犯错误与纠正方法

①易犯错误:步法起动慢,两脚姿势僵硬,动作不协调,重心掌握不好,不能及时地抢占有利位置。纠正方法:领悟每一种步法的方法、用途和特点,进行重复练习,练习时先慢后快,及时蹬地,迅速灵活移动重心。

②易犯错误:步法的流畅性和节奏感不强。纠正方法:首先了解步法的用处,熟练掌握正确的单个步法动作方法后再进行组合步法的重复练习。

三、乒乓球的基本战术

乒乓球的战术一般由两种或两种以上的单项技术结合运用而构成,因此乒乓球的技术是战术的基础。战术的制定,要以我为主,力争以己之长攻彼之短,这样才能获得场上主动权。

不同的打法有不同的战术,如快攻型打法的战术以充分发挥近台快攻的快速凶狠、灵活多变为主;弧圈型打法的战术以充分发挥弧圈球主动进攻、强烈上旋,并结合大力扣杀为主;削攻结合打法的战术以发挥削球的旋转多变和攻球的凶狠、快速为主。为使战术能够更好地发挥技术特长,各种不同打法类型的运动员应采用不同的适当技术以组合成适合自己打法的战术。

运动员在比赛中根据自己和对方的具体情况,有目的、有意识地运用技术,即构成乒乓球的战术。

(一)发球抢攻战术

反手发右侧上(下)旋球至对方中路靠右近网处,伺机抢攻;反手发急上(下)旋球至对手左角,配合发近网短球,伺机抢攻;正手发左侧上(下)旋球,配合发转与不转球抢攻;正手高抛发左侧上(下)旋球(长、短球)至对方左角,伺机抢攻。

(二)推挡侧身抢攻战术

用推挡技术压住对方反手,伺机侧身抢攻。

(三)对攻战术

这是进攻型打法。互相对垒时常用的战术主要有:紧压对方反手结合变线、连续压中路及正手、调右压左、轻重力量变化等。伺机抢攻、近台打(拉)回头、远台对攻(拉)及放高球的战术,可以争取由被动变为主动。

(四)攻对削战术

可以拉两角杀中路、拉中路攻右(左)角、拉右(左)杀左(右),或拉远台迫使对方远离,然后放短球,扰乱对方步法,伺机攻杀。

(五)以削为主,削中反攻战术

以旋转和落点变化迫使对方回球偏高,伺机反攻或使对方失误;以稳削变化旋转和落点为主,适当配合反攻;连续削加转球至对方左角,然后配合送不转球至对方右角;连续削对方正手,突变为削对方反手,迫使对方用搓球回接,伺机反攻;削转与不转球,配合控制落点,伺机反攻;交叉削两角,伺机反攻。

(六)双打战术

为了加强配合、协同作战,双打选手在发球时可用手势相互暗示发球意图,尽量为同伴创造抢攻条件,力争主动;在接发球时则应以抢攻、抢拉为主。当发球或接发球时,可运用打一角的战术,迫使对方两人在一角匆忙换位,再突袭另一角;亦可交叉攻两角或以长短结合的战术,打乱对方两人的基本站位,迫使对方两人不断地左右移动,从而创造进攻机会。

四、乒乓球比赛

(一)乒乓球比赛基本规则

1. 一局比赛

在一局比赛中,先得 11 分的一方为胜方。但打到 10 平后,先多得 2 分的一方为胜方。一场比赛应采用五局三胜制或七局四胜制。

2. 发球、接发球次序及方位

①当比分达到2分后，接发球一方即成为发球方，依次类推直至该局结束；或直至双方的比分都达到10分；或直至实行轮换发球法。

②双打比赛中由发球方确定第一发球员，再由对方确定第一接发球员；第二个发球员为第一个接发球员，第二个发球员为第一个发球员的同伴；第三个发球员为第一个发球员的同伴，第三个接发球员为第一个接发球员的同伴；第四个发球员为第一个接发球员的同伴，第四个接发球员为第一个发球球员；第五个发球员为第一个发球员，依次类推直至该局比赛结束。

③双方比分都达到10分，或者开始轮换发球法时，发球和接发球次序仍然不变，但每人只轮发一分球，直至该局结束。

④一局比赛中首先发球的一方，在该场比赛下一局应首先接发球。

⑤在双打比赛第一局后的各局中，确定第一个发球员后，第一个接发球员应是上一局发球给他的运动员。

⑥一局比赛中，在某一方位比赛的一方运动员，在下一局需换到另一方位。

(二)团体赛

1. 团体赛形式

(1)五场三胜制(五场单打)

①一个队由3名运动员组成。

②比赛顺序：A-X；B-Y；C-Z；A-Y；B-X。

(2)五场三胜制(四场单打和一场双打)

①一个队由2、3或4名运动员组成。

②比赛顺序：A-X；B-Y；双打；A-Y；B-X。

(3)七场四胜制(六场单打和一场双打)

①一个队由3、4或5名运动员组成。

②比赛顺序：A-Y；B-X；C-Z；双打；A-X；C-Y；B-Z。

(4)九场五胜制(九场单打)

①一个队由3名运动员组成。

②比赛顺序：A-X；B-Y；C-Z；B-X；A-Z；C-Y；B-Z；C-X；A-Y

2. 团体比赛程序

①所有出场运动员应来自团体报名表。

②团体比赛前由抽签的中签者优先选择A、B、C或X、Y、Z。由队长将该队名单提交给裁判长或其代理人，并将每一名单打运动员确定为一个字母代表相应的位置。

③双打比赛的配对信息不必立即提交，可以等到前一场单打比赛结束。

④需要连场的运动员有资格在连场的比赛间有最多5 min的休息时间。

⑤所有比赛场次采用三局两胜制。

⑥当一方球队赢得足够多场次时，本次团体比赛方可结束。

第二节　羽毛球运动

一、羽毛球概述

羽毛球最早起源于14世纪—15世纪的日本，球拍是木制的，球是用樱桃核插上羽毛制成的。由于当时的制作技术适应不了人们的需求，这种类似羽毛球的运动渐渐地消失了。现代羽毛球起源于印度，19世纪中叶，在印度的普那城内，出现一种与早年日本的羽毛球极其相似的游戏活动，即将羽毛插在一个硬纸板制成的球上，类似我国的“毽子”，用木制的板在网的两边来回拍和相对击球。1873年，在英国格拉斯哥郡的“伯明顿”(Badminton)镇，在一个叫鲍弗特的公爵的一次宴会，一位退役的英国军官把这个游戏以表演的形式展示给在场的上层英国人。从此羽毛球运动逐渐开展起来，“伯明顿”(Badminton)便成了羽毛球的英文名字。

羽毛球运动是在20世纪初传入我国的。1963年前后，随着华侨中的羽坛名将归国，我国羽毛球运动进入鼎盛时期。20世纪80年代以来，我国羽毛球选手在世界大赛中屡次取得优异成绩。

羽毛球也深受国人喜爱，它是全面锻炼身体、增强身体机能的良好方式。羽毛球运动适合男女老少，运动量可根据各人年龄、体质、运动水平和场地环境的特点而定。

二、基本技术和练习方法

(一)握拍

1. 正手握拍法

以右手为例，张开右手使虎口对准拍柄窄面的小棱边，拇指和食指贴在拍柄的两个宽面上，食指和中指稍分开，中指、无名指和小指并拢握住拍柄，掌心不要紧贴，拍柄端靠近手掌的小鱼际，拍面基本与地面垂直，如图9.21所示。

2. 反手握拍法

在正手握拍的基础上，拇指和食指将拍柄稍向外转，拇指顶点在拍柄内侧的宽面上，中指、无名指和小指并拢握住拍柄，柄端靠近小指根部，掌心留有空隙。球拍斜侧向身体左侧，拍面稍后仰，如图9.22所示。

图9.21　正手握拍

图9.22　反手握拍

3. **易犯错误与纠正方法**

易犯错误:采用“西方式”握拍法握拍;“一把抓”握拍,即食指低于拇指与中指并拢握拍;食指过于前伸,直接按在拍柄上部,造成在击球瞬间难以握紧球拍发力;前握拍太紧,掌心与拍柄没有空隙。直接影响握拍的灵活变化,同时也影响击球瞬间的发力。纠正办法:在练习击球的过程中,一定要养成随时提醒自己“检查握拍是否正确”的良好习惯。

(二)发球

发球可分为正手发球和反手发球两种。按球在空中飞行的弧线和距离分为高远球、平高球、平快球和网前球,如图9.23所示。

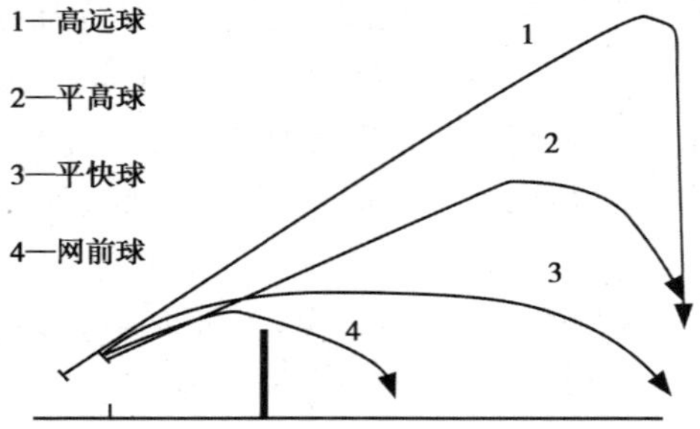

图9.23 羽毛球飞行路线示意图

1. **正手发球**

正手发球是指在身体的右侧采用正拍面击球的一种发球方式,在实战中被广泛采用,它包括正手发高远球、平高球、平快球和网前球。用正手发球,不论是发何种弧线的球,其发球前的站位和准备姿势都是类似的。

(1)正手发高远球

发高远球时,使球向对方的后场上方飞行,飞行的线路与地面形成的角度要大于45°,并在对方底线附近形成垂直下落,如图9.24所示。

图9.24 正手发高远球

(2)正手发平高球

发平高球,动作大致与发高远球相同,只是在击球的一刹那,前臂加速带动手腕向前上方挥动。球发得不太高,但能迅速地越过对方场地的上空而落到底线附近。球在空中飞行时与地面大约成45°,如图9.25所示。

图 9.25　正手发平高球

2. 反手发球

反手发球是指在身体的左前方用反拍面击球的一种发球方式。主要靠挥动前臂和伸腕“闪”动发力，其特点是动作幅度小、出球快、隐蔽性强，一般在双打比赛中采用较多，主要有反手发网前球和反手发平快球两种方式，如图 9.26 所示。

图 9.26　反手发球

(1)反手发网前球

前臂向前挥动并带动手腕，通过球拍拍面弹击球，使球落到对方场区的前发球线附近。球的弧线略高于网顶。发球时，重心稍前倾。

(2)反手发平快球

发球时，动作与发网前球一样，但在击球的一刹那，手腕采用弹击的方法，将球击到对方场区的双打后发球线附近。

3. 发球练习方法

①徒手做发球前的准备姿势，模仿发球的动作。

②站在墙边 50 cm 处，身体右侧对墙，反复进行挥拍练习，使挥拍路线尽量贴近右腿。

③用多球进行准确发球的练习。

4. 易犯错误与纠正方法

①易犯错误：正手发后场高远球时，羽毛球拍的挥动路线不是自下而上画弧，而是横扫。纠正方法：通过技术示范，进行模仿练习，慢动作挥拍练习。

②易犯错误：正手发后场高远球时，击球点在右肩下方，以肘为轴，出现甩臂动作。纠正方法：按照技术动作的要领做挥拍练习，直至熟练。用绳把球吊起来，选择适当的高度将球固定吊好，进行正确的挥拍击球动作练习。体会球与拍之间的距离及前臂内旋带动手腕由伸腕到展腕的发力过程。面对墙壁做发球练习，既要照顾到击球的准确性，还要兼顾击球动作的正确性。

③易犯错误:放球与挥拍时机配合不好,造成击球不准。纠正方法:熟悉球性,正手、反手向上颠球练习,体会击球时机。用绳把球吊起来,上下反复击球。

(三)接发球

接发球是羽毛球运动中一项重要的基本技术,其质量的好坏直接影响着运动员能否在一个比赛回合中获得主动,而要提高接发球的质量,首先要有正确的站位和准备姿势。

1. 接发球的站位和准备姿势

(1)单打站位

在右发球区要站在靠近中线的位置,在左发球区则站在发球区中间位置,主要是防备对手直接进攻至反手部位。

准备姿势:一般左脚在前,右脚在后,双膝微屈,收腹含胸,身体重心放在前脚上,后脚跟稍抬起。身体侧身向球网,球拍举在身前,两眼注视对方。

(2)双打站位

准备姿势:双打接发球时要站在靠近网前发球的地方。双打接发球准备姿势和单打接发球准备姿势基本相同,只是身体前倾较大,球拍举得略高些,当球来到网上最高点时击球。

2. 接发球练习方法

①学习接发球时,按球路或要求定时、定量进行练习,然后交换。

②练习接发球时,注意观察对方球的飞行方向来提高自己的判断能力。

③在上述基础上,进一步研究控制好回球落点,以避免在接球后给对方较多的进攻机会。

3. 易犯错误与纠正方法

①接发球脚步准备姿势错误:准备接发球时,双脚的脚后跟同时着地,八字脚直立,身体重心在两腿之间,不利于发挥突然起动和移动的速度。纠正方法:羽毛球运动的快速特点,要求在接发球准备时,膝关节要稍有一定的弯曲,左脚全脚掌着地(包括后跟),右脚后跟提起,右脚尖点地。这种准备姿势,便于身体迅速向前场,或是向后场蹬地起动和移动。

②接发球持拍手错误:准备接发球时,持拍手握拍垂直置于体侧,影响接上手高球,或是平射球的挥臂速度;或持拍手置拍过于偏右或是偏左侧,也会影响接发球的出手动作速度。纠正方法:接发球时,持拍手应放松握拍,自然屈肘举至体前,使球拍置于身体中部位置,拍头略靠左,这样的接发球姿势,便于接各个方向的来球。

③接发球时注意力分散:准备接发球时,如果全身肌肉松弛,注意力不集中,也会影响接发球质量。纠正方法:接发球时,应将持拍手置于身体前方中部,两眼平视,集中注意力于判断对方发球的方向上。

(四)击球

熟练掌握羽毛球的各种击球技术,有助于提高击球的质量。击球技术依据其动作特点分为高手击球、网前击球和低手击球三种。

1. 高手击球

(1)击高球

高球可分为高远球和平高球。平高球飞行弧度较低,球速快,故具有更大的进攻威力,是用于快速调动对方,创造进攻机会的重要手段,如图9.27所示。

图9.27　击高球

(2)扣杀球

扣杀球时靠腰腹带动大臂、前臂、手腕的鞭打动作,全力向前下方击球,球拍触球时拍面前倾向前下方用力,手握紧球拍,击球点在右肩稍前上方。击球后球拍随惯性向左下方摆动,身体重心由右脚移至左脚,如图9.28所示。

图9.28　扣杀球

2. 网前击球

(1)搓球

搓球动作以正手网前为例,上网步伐快,左脚蹬地,右脚网前跨步成弓箭步,侧身对网,重心在右脚,手臂向前伸出,出手要快,握拍手腕和手指自然放松。击球时,拍面与球网成斜面向前。用手指控制好拍面并发力,使搓出的球尽可能贴网而过,如图9.29所示。

图9.29　搓球

(2)推球

推球动作与搓球基本相同,只是在击球的瞬间,拍面几乎与网平行,主要靠腕部的转动及手指的力量向前快速“闪”动,如图9.30所示。

图 9.30　推球

3. 低手击球

（1）正手挑高球

判断来球，快速上网，左脚积极蹬地，右脚跨步向前成弓箭步，侧身对网，重心在右脚。正手握拍，手臂自然向右前方伸出、展腕，左臂自然后伸起平衡作用。击球时，以肘关节为轴，小臂带动手腕、手指快速由右下方向前上方呈半圆形挥拍击球，如图 9.31 所示。

图 9.31　正手挑高球

（2）反手挑高球

判断来球，快速上网，左脚积极蹬地，右脚跨步向前成弓箭步，重心在右脚，侧身背对网。反手握拍，手臂向左前方伸出，屈肘、屈腕。右臂自然后伸起平衡作用。击球时，以肘关节为轴，小臂带动手腕，手指快速由左下方向前上方呈半圆形挥拍击球，如图 9.32 所示。

图 9.32　反手挑高球

4. 击球练习

①按技术动作要领反复进行挥拍模仿练习。

②移动步伐，调整重心的挥拍练习。

③两人一组进行定点、定位变向的对击练习。

5. 易犯错误与纠正方法

①易犯错误：准备姿势不正确。接球前两脚站位太紧，重心偏高，全脚掌着地。纠正方法：应保持良好的准备姿势，两脚左右开立，右脚步在前，尤其要强调起踵、屈膝和全身自然协调，从而有利于快速起动。

②易犯错误：退后场移动步法。向后场移动不是采用后撤并步技术，而是用交叉步或挪

步，或者后撤并步移动步子较小，往往移动不到位（未到达后场）或到达击球点时已晚。纠正方法：首先徒手练习侧身后退并步移动步法，如一步、两步和多步移动技术，并要求适当放大脚下移动步幅，动作熟练后，再结合击球进行练习。同时通过素质练习加强脚弓、踝关节和下肢的力量。

③易犯错误：击球点不正确。纠正方法：反复强调击球点，如击高球时，强调击球瞬间持拍手臂处于伸直状态，找一适当高度的树梢为目标（直立持拍上举拍面击到树梢的高度）进行挥拍练习。

（五）步法

1. 上网步法

（1）跨步上网

站位于球场中心稍靠后处，两脚左右开立，右脚略前，上体稍前倾，两眼注视对方击球。当对方吊网前球时，在对方击球瞬间，脚跟提起、轻跳并迅速调整重心至后脚，以协助快速起动。左脚迈一小步，用脚掌内侧蹬地，右脚向前跨一大步，以脚跟和脚掌外侧着地滑步缓冲，脚尖外斜，右腿屈膝成弓箭步，左腿随即向前拖动，以协助右脚回蹬。击球后用并步或交叉步退回中心位置。如果对方来球较近时，可用左脚蹬地，随即右脚跨一大步上网，如图 9.33 所示。

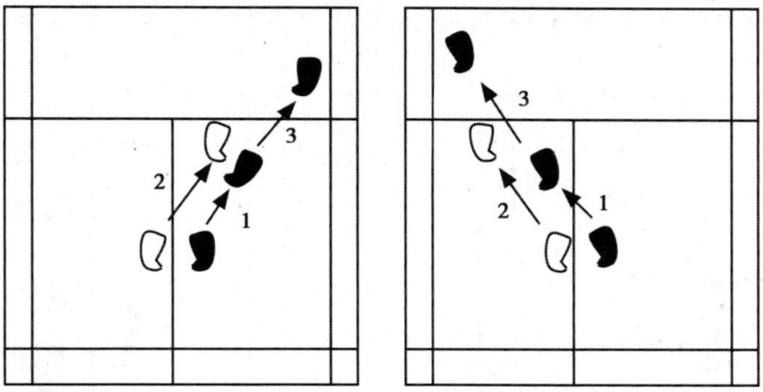

图 9.33　跨步上网

（2）垫步上网

准备姿势同跨步上网，右脚先迈一小步，左脚立即垫一小步靠近右脚跟，并用脚掌内侧起蹬，右脚接着迅速向前跨一大步。击球后用并步或交叉步退回中心位置。这种步法蹬力强、速度快，在被动情况下，有利于迅速调整重心，快速接应来球，如图 9.34 所示。

（3）蹬步上网

蹬步是为了提早击球时间，争取击球点在网顶上空，起到突击作用。当自己站位靠前，已做扑球准备，判定对方发（放）过来的是网前球时，右脚稍向前，刚一点地便起蹬，侧身扑向网前。当球至网顶时立即进行扑击，触球的同时右脚先着地，左脚随着身体的惯性在右脚后着地，并立即退回球场中心位置，如图 9.35 所示。

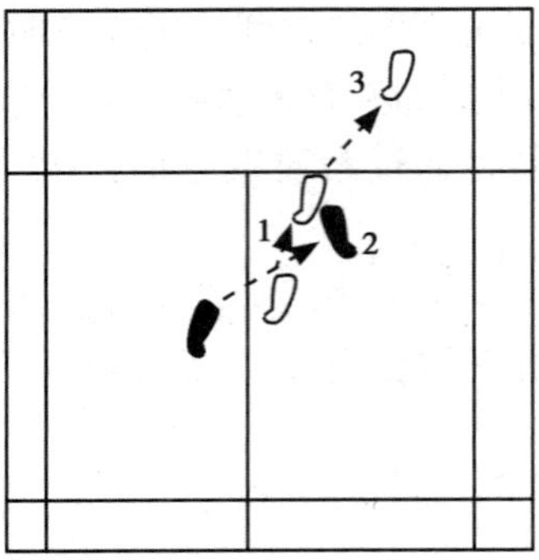

图 9.34　垫步上网

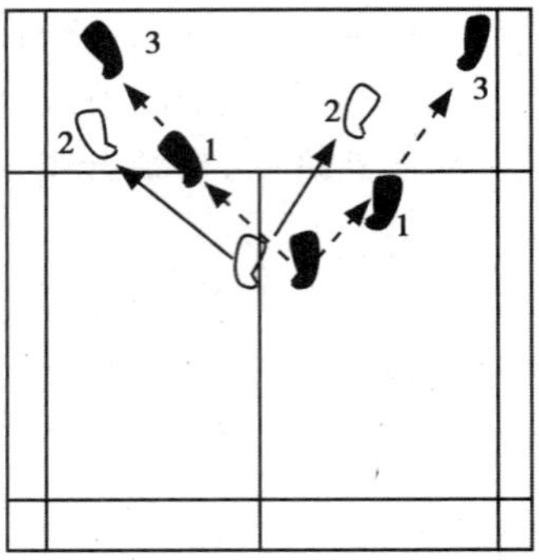

图 9.35　蹬步上网

2. 后退步法

(1)侧身并步后退步法

在对方击球前的瞬间,脚跟提起轻跳,迅速调整重心至右脚。接着右脚蹬地并快速向右后撤一小步,上体右转侧身对网,紧接着左脚并步靠近右脚,右脚再向后移至来球位置。击球后并步或小步跑回中心位置,如图 9.36 所示。

(2)交叉步后退步法

左脚撤后一小步后,左脚从体后交叉后退一步,右脚再向后移至来球位置。待来球在右肩上方下落时做正手底线原地击球或跳起击球。击球后并步或小步跑回中心位置,如图 9.37 所示。

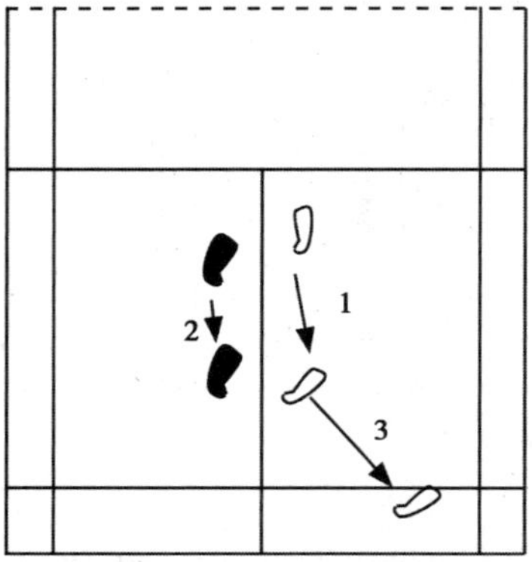

图 9.36　侧身并步后退步法

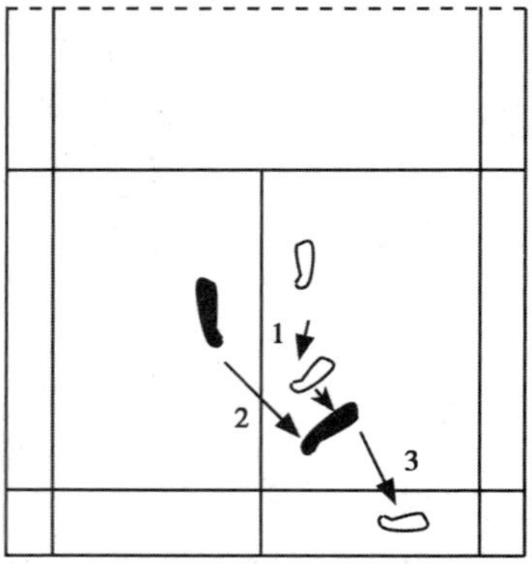

图 9.37　交叉步后退步法

3. 步法练习方法

①进行垫步、并步、蹬步、交叉步、跨步等单个步法的反复练习。

②进行上网步法练习。如中心位置→上右网前→回中心位置→上左网前→回中心位置。

③正手后退右后场步法练习。从起动开始,右脚向右后侧移动,髋部带动身体转向右后场,以并步或交叉步向后移动到接近底线的位置,然后起跳击球。完成击球后回中心位置再多次重复练习。

④后退左后场区正手绕头顶击球步法练习。从起动开始,右脚向左后方移动,髋部带动

身体转向左后方，以并步或交叉步移动到位。右脚起跳，随即左侧髋部迅速转向左后方，带动左腿后摆到身后落地，缓冲并支撑身体重心。当右脚落地时，身体前倾，重心移向右脚，左脚开始回动。回中心位置后再多次重复练习。

4. 易犯错误与纠正方法

①易犯错误：移动判断错误，球的落点在后场却往前场移动；球的落点在前场却往后场移动。纠正方法：要注意分析对手是否主动，如果主动，则要提防对手的多点变化，不要跑得太快，回位要慢，调整好重心，以便随时可以向各个方向起动。

②易犯错误：反应慢、移动慢。纠正方法：应保持良好的准备姿势，每击完一次球要回中心位置做好准备姿势，尤其要强调腰、腹、身自然协调。

③易犯错误：步法与击球动作配合不好，不协调。纠正方法：向右移动时，右脚在前，重心在右脚上；向左侧移动可视情况左脚在前或右脚在前，重心应在前面的脚上。

三、羽毛球的基本战术

原则上讲，羽毛球的基本战术就是要充分发挥自己的特长、技术去攻击对方的虚弱阵线。同时要尽量防止自己的缺陷被对手盯住，在打法上应坚持快、准、狠、活的技术风格，做到积极主动，以我为主。

（一）单打

1. 发球抢攻战术

要善于根据不同的对手采用不同的发球方法，发出不同性能的球，以取得主动权。其目的是利用发球的威力使对方被动出现机会球，然后组织进攻的一种战术。

2. 进攻后场战术

这种战术主要是根据对方后场的还击力量差、后退步伐较慢、后场反击力差或急于上网的情况下，连连压住对方的后场，使之被动后伺机突击。

3. 打四方球战术

这是以快速、准确的落点来攻击对方四个角落的战术。当发现对方反应较慢、步法迟缓的缺点后，运用此战术使其向四角接球而来不及回到中心位置，待出现机会球时，抓战机会大力扣杀。此战术对于灵活性差、转体慢的对手，打对角线较为有效。

4. 打对角战术

这种战术的目的很明确，不论是进攻或防守，都以打对角线为主。在判断对方身体灵活性差、转体慢的弱点后，用这种战术反复让对方的弱点暴露出来，使对方疲于奔跑左右两侧，由于重心不稳而造成被动，从而抓住战机进行攻击。

（二）双打

1. 发球、接发球战术

发球是争夺主动权的关键。双打的发球线比单打短，不宜发高球，以防止对方的大力扣杀，一般以发网前球为主。发球要根据对方的情况选择好自己的站位，充分发挥球路、力量的变化，力求争得主动权；接发球时，首先要把来球的性能判断准确，起动要快，动作要敏捷、迅速，较好的击球手法往往是扑球，这样可以使对方陷入被动，或是以搓、推获得主动和攻击的机会。

2. 攻人战术

攻人战术也称作二打一战术。在双打中对方的技术水平往往是不平稳的，要集中力量攻击对方的弱点或弱区，具体方法是先通过下压球路取得进攻机会，当对方不得不采用分边防守时，就集中力量攻其弱者。若对方有意保护弱者，那就两个人轮番攻击对方的强者，消耗其体力，削弱其进攻威力，伺机突击空档，这也是二打一战术。

3. 攻中路战术

攻中路战术是攻击对方配合能力的战术。方法是当对方分边站位时，把球击到两人之间的空隙区；若对方前后站位时可将球击到两人之间的边线位置，目的是造成对方两人都要争夺回击或不回击，即使回击也犹豫不决，从而导致其漏接或失误。

4. 攻后场战术

攻后场战术是一种先牵制后攻杀的战术。方法是用平高球、平推球，接杀挑底线，把对方一个人紧紧地拴在底线而两角移动。当对方被动还击时，即可以大力扣杀；如对方同伴后退支援时，可立即攻击其网前空档，或向正在后退者攻打追身球。这种战术常用来对付反手扣杀能力差的对手。

5. 杀后前封战术

杀后前封战术是连续攻击的一种战术。当争得主动进攻的机会时，站位在后边的运动员要强攻杀直线，而站位于前的运动员要立即移动到对方回直线球的位置，准备立即封网扑杀。

6. 守中反攻战术

守中反攻战术是在防守中积极寻找或制造反攻机会的战术，是摆脱被动争取主动的打法。不管对方进攻哪一点，都要把球挑到进攻者的另一侧。如对方后场攻直线，就挑对角线；如攻对角线球，就挑直线。目的是摆脱干扰，破坏对方的进攻，使对方在应变过程中出现失误，抓住时机大力反攻。

注意：羽毛球双打中是有多种配合方式，需要根据比赛的形式来进行变更。

四、羽毛球比赛

（一）羽毛球比赛方法及主要规则简介

1. 比赛的项目

男子单打、女子单打、男子双打、女子双打、混合双打、男子团体、女子团体。

2. 比赛的计分方法及规则

①类似曾经的乒乓球记分方法，羽毛球比赛采用每局 21 分制，即双方分数先达 21 分者

本局胜,3 局 2 胜为本次比赛获胜。每局比赛双方打到 20 平后,一方领先 2 分即算该局获胜;若双方打成 29 平后,一方领先 1 分,即算该局获胜。

②新的羽毛球比赛规则中,每球得分后除特殊情况(比如地板湿了、球打坏了),球员不可提出中断比赛的要求。但是,每局任意一方以 11 分领先时,比赛进行 1 分钟的技术暂停,让比赛双方进行擦汗、喝水等。

③得分者方有发球权,如果本方得单数分,从左边发球;得双数分,从右边发球。取消(单打)后发球线。在第三局或只进行一局的比赛中,当一方分数首先到达 11 分时,双方交换场区。

3. 比赛中的站位

(1)单打

①发球员的分数为 0 或双数时,双方运动员均应在各自的右发球区发球或接发球 。

②发球员的分数为单数时,双方运动员均应在各自的左发球区发球或接发球。

③如“再赛”,发球员应以该局的总的分数来确定站位。若总分为 15 分(单数),双方运动员均应在各自的左发球区发球或接发球;若总分为 16 分(双数),双方运动员均应在各自的右发球区发球或接发球。

④球发出后,双方运动员就不再受发球区的限制而自由击到对方场区的任何位置,运动员的站位也可以在自己方场区的界内或界外。

(2)双打

球发出后,双方运动员就不再受发球区的限制而自由击到对方场区的任何位置,运动员的站位也可以在自己这方场区的界内或界外。

①一局比赛开始和获得发球局的一方,都应从右发球区开始发球。

②只有接发球员才能接发球;如果他的同伴去接球或被球触及,发球方得一分。

A. 每局比赛开始首先发球的运动员,在该局本方得分为 0 或双数时,都必须在右发球区发球或接发球;得分为单数时,则应在左发球区发球或接发球。

B. 每局开始首先接发球的运动员,在该局本方得分为 0 或双数时,都必须在右发球区接发球或发球;得分为单数时,则应在左发球区接发球或发球。

C. 上述两条相反形式的站位适用于他们的同伴。

(3)注意

①任何一局比赛的本方发球员失去发球权后,由该局的对方发球员发球,对方发球员失去发球权后由本方另一位发球员发球,本方另一位发球员失去发球权后再由对方另一位发球员发球,依次传递发球权。

②运动员不得有发球错误和接发球的错误,或在同一局比赛中有两次发球。

③每一局胜方的任一运动员可在下一局先发球,负方中任一运动员可先接发球。

④球发出后就不再受发球区的限制,运动员可在本方场区自由站位并将球击倒对方场区的任何位置。

4. 交换场区

(1)以下情况运动员应交换场区

①第一局比赛结束。

②第三局比赛开始。

③第三局中或只进行一局的比赛进行至一方达到 11 分时双方交换场地。

(2)运动员未按以上规则交换场区,若发现立即交换,记得分数有效。

5. 合法发球

①发球时任何一方都不允许非法延误发球。

②发球员和接发球员都必须站在斜对角线发球区内发球和接发球,脚不能触及发球区的界限;两脚必须都有一部分与地面接触,不得移动,直至将球发出。

③发球员的球拍必须先击中球托,与此同时整个球必须低于发球员的腰部。

④击球瞬间球杆应指向下方,从而使整个球筐明显低于发球员的整个握拍手部。

⑤发球开始后,发球员的球拍必须连续向前挥动,直至将球发出。

⑥发出的球必须向上飞行过网,如果不受拦截,应落入接发球员的发球区。

6. 羽毛球的违例

①发球不合法违例。

②发球员发球时未击中球。

③发球时,球过网后挂在网上或停在网顶。

④比赛时:

A. 球落在球场边线外。

B. 球从网孔或从网下穿过。

C. 球不过网。

D. 球碰屋顶、天花板或四周墙壁。

E. 球碰到运动员的身体或衣服。

F. 球碰到场地外其他人或物体(由于建筑物的结构问题,必要时地方羽毛球组织可以制定羽毛球触及建筑物的临时规定,但其国家组织有否决权)。

G. 比赛时,球拍或球的最初接触点不在击球者球网的这一方(击球者击球后,球拍可以随球过网)。

H. 运动员球拍、身体或衣服触及网或网的支持物。

I. 运动员的球拍或身体,以任何程度侵入对方场区。

J. 妨碍对手,如阻挡对方紧靠球网的合法击球。

K. 比赛时,运动员故意分散对方注意力的任何举动,如喊叫、故作姿态等。

L. 击球时,球夹在或停滞在拍上紧接着又被拖带。

M. 同一运动员两次挥拍连续击中球两次。

N. 同一方两名运动员连续各击中球一次。

O. 球碰球拍继续向后场飞行。

P. 运动员违反比赛连续性的规定。

Q. 运动员行为不端。

⑤重发球时:

A. 遇到意外情况,应重发球。

B. 除发球外,球挂在网上或停在网顶,应重发球。

C. 发球时,发球员和接发球员同时违例,应重发球。

D. 发球员在接发球员未做好准备时发球,应重发球。

E. 比赛进行中,球托与球的其他部分完全分离,应重发球。

F. 司线员未看清球的落点,裁判员也不能做出决定时,应重发球。

G."重发球"时,最后一次发球无效,原发球员重发球。

⑥死球时:

A. 球撞网并挂在网上,或停在网顶上。

B. 球撞网或网柱后开始在击球这一方落向地面。

C. 球触及地面。

D."违例"或"重发球"。

⑦发球区错误时:

A. 发球顺序错误。

B. 从错误的发球区发球。

C. 在错误的发球区准备接发球,且对方球已发出。

⑧发球区错误的裁判方法

A. 如果发球区错误在下一次发球球击出前被发现,应重发球;若只有一方错误并输了这一回合,则错误不予纠正。

B. 如果发球区错误在下一次发球球击出前未被发现,则错误不予纠正。

C. 如果因发球区错误而"重发球",则该回合无效,纠正错误重发球。

D. 如果发球区错误未被纠正,比赛也应继续进行,并且不改变运动员的新发球区和新发球顺序。

(二)羽毛球场地

羽毛球场成长方形,长 13.4 m,单打场地宽 5.18 m,双打场地宽 6.10 m。条线宽均为 4 cm,场地上空 12 m 以内和四周 4 m 以内不应有障碍物。球场中央网高 1.524 m,双打边线处网高 1.55 m(图 9.38)。

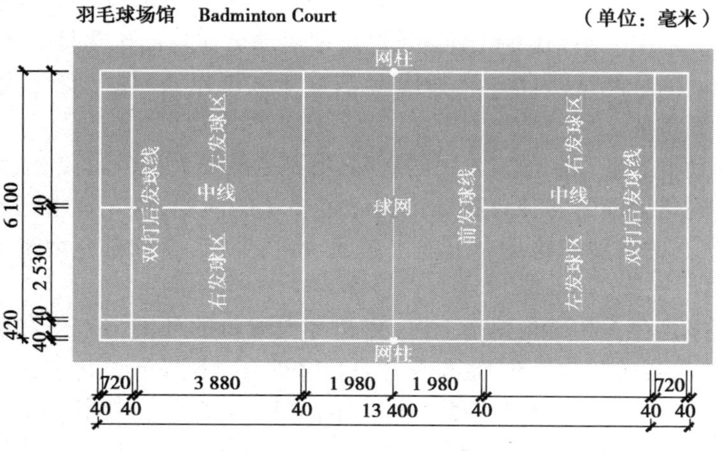

图 9.38　羽毛球场地

第三节　网球运动

网球运动的起源及演变可以用四句话来概括:网球孕育在法国,诞生在英国,开始普及和形成高潮在美国,现在全世界盛行。

一、网球运动的发展

(一)网球运动的起源

网球运动起源于法国。14 世纪时,法国宫廷中开展了一种叫"掌球戏"的游戏,两人中间隔一条绳子,双方用手将球打来打去。球用布裹上头发制成,以埃及坦尼斯镇所产的布最为著名,英文网球 Tennis 大概由此而得名。16 世纪时,出现用羊皮纸打球。17 世纪这种游戏传入英国后,绳改变为网,球拍不再是平面的羊皮纸,而是穿上了有弹性的弦线,场地也比较正规了。18 世纪资本主义兴起后,网球运动冲出宫廷,逐步在资产阶级和市民阶层中开展起来。到 19 世纪,网球运动在欧美盛行起来。19 世纪 70 年代,现代草地网球正式出现。目前,网球运动水平较高的国家有美国、俄罗斯、澳大利亚、法国、意大利、阿根廷。美国网球运动开展得很好,据统计,美国约有两千万人参加网球运动。

世界最高水平的网球比赛每年有四次,即英国温布尔顿国际网球锦标赛、美国网球公开赛、法国网球公开赛、澳大利亚网球公开赛。这四大比赛是得到国际网球联合会(以下简称"国际网联")承认的以个人名义参加的单项比赛,且都没有高额奖金。例如,温布尔顿的男子单打冠军可获得奖金 4 万英镑。国际网联正式比赛还有意大利网球公开赛和南非网球公开赛,以及欧洲、亚洲、美洲业余锦标赛。其他洲际或地区性的国际比赛,需要国际网联批准,方可成为正式锦标赛。国际网联承认的正式团体比赛有戴维斯杯赛,始于 1900 年,每年举行一次;联合会杯赛,每年举行一次,始于 1963 年。团体赛不设奖金,以国家为单位参加。1968 年,国际网联正式允许职业运动员参加其管辖的比赛。1970 年,由一些大企业资助,设立了大奖赛。大奖赛由一系列国际比赛组成,根据运动员在各场比赛得分多少排列名次,并授予相应的奖金。国际网球联合会于 1912 年成立于法国巴黎,现已有正式会员国 145 个,这个数字还在不断增加。

网球运动受到世界上许多国家人民的喜爱,特别是欧美人民的喜爱,成为世界电视节目中的重要内容。网球运动的各种打法和流派经过多年的演变,攻守技术已发展到很高的水平。现在,各种打法的发展趋势是力求技术全面、特长突出,发球讲究力量大、速度快、落点准确、旋转多变。

网球传入中国是在 1885 年,先是上海、广州等大城市的外国传教士和商人之间出现网球活动,后来一些教会学校也开展起这项运动。1898 年,上海圣约翰书院举行斯坦豪斯杯赛,这是中国网球史上最早的校内比赛。1906 年,北京汇文学校、协和书院、清华学校之间,上海圣约翰大学、南洋公学、沪江大学以及南京、广州、香港的一些学校开始举行校际网球赛,促进了网球运动在中国的传播。进入 20 世纪 90 年代,随着上海、广州等城市居民生活水平的提高和运动健身意识的增强，网球从一项竞技运动项目转变成为人们乐此不疲的强身健体的娱乐运动项目。

（二）四大网球公开赛

国际网联的主要职责是负责有关网球比赛的一切事务；制定与修改网球规则；为发展中国家的网球教练开设培训班；协调世界青年、成年和老年网球比赛。例如，每年都要组织 100 多次青年级比赛，还要组织 16 岁以下的国际男、女青年团体赛，取名"世界青年杯赛"。国际网联负责组织世界上的两大团体赛，即戴维斯杯赛（男子）和联合会杯赛（女子）；负责指导四大公开赛，即澳大利亚网球公开赛、法国网球公开赛、美国网球公开赛和温布尔登网球锦标赛；负责奥林匹克网球比赛最后阶段的比赛等。

1. 澳大利亚网球公开赛

①英文名称：Australian Open。

②场地类型：硬地。

③开始年份：1905 年。

④举行地点：墨尔本。

澳大利亚网球公开赛始创于 1905 年，是四大公开赛中最迟创建的赛事，但是每年却最早开赛，于 1 月底至 2 月初在墨尔本举行。男子比赛始于 1905 年，女子比赛始于 1922 年，刚开始使用草地网球场，到 1988 年才改为硬地网球场。1968 年，国际网球职业化后澳大利亚网球公开赛被列为四大公开赛之一，打法全面的选手在硬地上比赛最占优势。但是墨尔本的酷热气候使球员体能消耗大，发挥不稳定，影响比赛中技术的发挥。

2. 法国网球公开赛

①英文名称：French Open。

②场地类型：红土。

③开始年份：1891 年。

④举行地点：巴黎。

法国网球公开赛始创于 1891 年，比温布尔登网球锦标赛晚 14 年，通常在每年的 5 月至 6 月举行。法国网球公开赛开始只限于本国人参加，1925 年以后对外开放，成为公开赛。法国网球公开赛的场地设在巴黎西部的罗兰·加洛斯大型体育场内，这座体育场建于 1927 年，以在第一次大战中为国捐躯的空中英雄罗兰·加洛斯的名字命名。同时该球场的创建也是法国网球黄金时期的象征。因为它是直接为庆祝被称为"四骑士"的四名法国人首次捧回戴维斯杯，准备翌年的卫冕战而特意修建的。它的建筑古典优雅，别具一格，在一丛丛栗树枝叶的掩映下，令人心旷神怡。获得这个公开赛桂冠的选手也与温布尔登赛冠军一样名震世界。罗兰·加洛斯球场属于慢速红土球场，每场比赛采用 5 盘 3 胜淘汰制，所以一场比赛打 4 个小时是常见的。因此，在这样的球场要获取胜利是不易的，球员要有超人的技术和惊人的毅力。

3. 温布尔登网球锦标赛

①英文名称：Wimbledon Championships。

②场地类型:草地。

③开始年份:1877 年。

④举行地点:伦敦。

温布尔登网球锦标赛也称“全英草地网球锦标赛”,创办于 1877 年 7 月,是现代网球史上最早举办的比赛,每年 6 月底至 7 月初举行比赛。这项网球赛初创时只有男子单打一个项目,1879 年增设男子双打,1884 年没有女子单打,以后又增加了女子双打,到 1913 年又最后增设了男女混合双打。温布尔登网球锦标赛初始只限英国人参加,1901 年起允许英联邦各国派代表参加比赛,从 1905 年开始扩大为国际性的球赛。

温布尔登是英国的一个城市,全市拥有 18 个草地网球场、9 个硬地网球场和 2 个室内网球场,其中最大的中央球场可容纳 15 000 名观众,是世界最漂亮的草地网球场。在这里,每年有 300 多名选手角逐 5 个项目的冠军。随着商业化进程的发展,温布尔登网球赛所设的奖金也在逐年增高,如 1990 年大赛的总奖金有 387 万多英镑,获男单冠军可得 23 万英镑,获女单冠军可得 20.7 万英镑。

4. 美国网球公开赛

①英文名称:U. S. Open。

②场地类型:硬地。

③开始年份:1881 年。

④举行地点:纽约。

美国网球公开赛,其历史仅次于温布尔登网球锦标赛,它始创于 1881 年,美国网球公开赛的首届比赛是于 1881 年在罗得岛新港举行的,当时只是国内赛事,而且只有男子单打,以后每年一届。女子比赛始于 1887 年。每年的 8 月底至 9 月初在美国纽约举行比赛。1968 年被列为四大公开赛之一,设有 5 个单项的比赛,是每年四大公开赛中最后举行的比赛。美国网球公开赛在“四大网球赛”中,以奖金最多而闻名,奖金总额有 600 多万美元。据世界网球杂志统计,1989 年美国网球公开赛涉及的金钱总额达 1 亿美元。在球员奖金方面,男、女单打冠军均能得到 35 万美元的奖励。由于美国网球公开赛的地位和高额奖金以及中速硬地场地,吸引了众多著名选手参加。美国网球公开赛的影响虽比不上温布尔登网球锦标赛,却高于澳大利亚网球公开赛甚至法国网球公开赛。

二、基本技术和练习方法

(一)握拍

握拍是学习网球最基本的技术环节。正确的握拍方法是击球效果和质量的有效保障。握拍的基本方法有 4 种:东方式、大陆式、西方式和双手握拍法。拍柄各部位名称如图 9.39 所示。

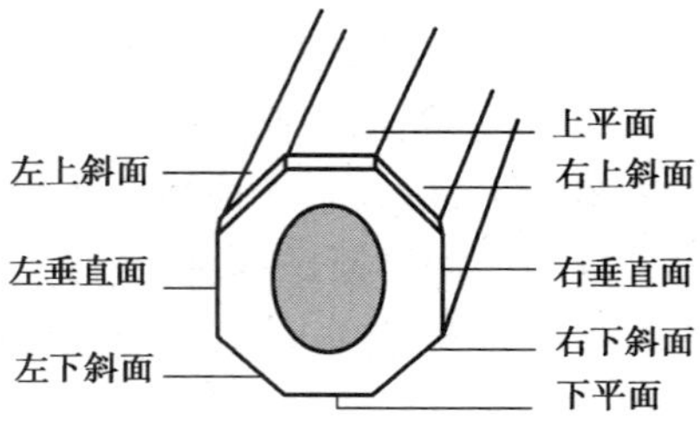

图 9.39　拍柄各部位名称

1. 东方式握拍法

(1)东方式正手握拍法

将球拍平放,大拇指与食指形成的“V”字形虎口对准拍柄右上斜面,拇指绕拍柄与中指接触,手掌与食指第三指节压住拍柄右垂直面,食指稍离中指,手掌根部与拍柄底部齐平。

(2)东方式反手握拍法

东方式反手握拍法是在正手握拍法的基础上向左移动1/4,使虎口对准拍柄左上斜面,拇指末节贴住左下斜面,食指第三指节压在右上斜面。

2. 大陆式握拍法

将球拍平放,“V”字形虎口对准拍柄上平面与左上斜面的交界处,手掌根部贴住右上平面,拇指直伸为主拍柄,食指第三指节贴住右上斜面。

3. 西方式握拍法

(1)半西方式握拍法

“V”字形虎口对准拍柄右上斜面与右垂直面交界处,拇指压住拍柄上平面,食指第三指节贴住右上斜面。

(2)西方式握拍法

“V”字形虎口对准拍柄右垂直面,手掌根部贴在拍柄右下斜面,拇指和食指都不前伸,拇指压在拍柄上平面,食指下关节握住拍柄的右下斜面,正反手用同一拍面击球。

4. 双手反手握拍法

右手用东方式反手握拍法,握在拍柄底部,手掌根与拍柄底部齐平,左手握在右手的上方,用东方式正手握拍法。

(二)正手击球

正手击球是网球技术中最基本的击球方法,也是网球初学者最先学习的击球技术。正手击球技术由4个技术环节构成:准备姿势、后摆引拍、挥拍击球和随挥跟进。正手击球技术根据击球时球拍擦击球体的不同部位分正手上旋球、正手平击球和正手下旋球(削球)等。

1. 正手上旋球

正手上旋球飞行弧线高,下落快,落地反弹高,前冲力强。击球技术动作参照正手击球4个技术环节,击球时,拍面稍稍后仰,球拍从下至上,向前击球的后上部,如图9.40所示。

图9.40 正手上旋球

2. 正手平击球

正手平击球速度快,球落地后前冲力大。击球时,击球点在左脚右侧前方与腰齐高的位置,触球时手腕绷紧,拍面与地面基本垂直,如图 9.41 所示。

图 9.41　正手平击球

3. 正手击球技术要点

①击球过程中眼睛要盯住球。

②击球提前后摆引拍。

③击球时,握紧球拍,绷紧手腕。

④击球后,球拍充分随挥至左前上方。

4. 正手击球练习方法

①徒手挥拍练习。

②自抛球,正手击打不落地球。

③自抛球,正手击打落地反弹后下降至腰部位置的球。

④对墙练习,连续正手击球。

5. 易犯错误与纠正方法

①易犯错误:击球点不准,不能打到球拍上。纠正方法:击球过程中眼睛始终盯球,击球时,用另一手指着球打。

②易犯错误:击球时手腕扭动过大。纠正方法:手腕固定,锁住球拍,用手臂挥拍击球。

③易犯错误:击球点太靠后。纠正方法:提前做好准备动作,主动上前,在身体前方击球。

(三)反手击球

反手击球是网球基本技术中的重要击球方法,动作技术上,反手击球与正手击球有相似之处。反手击球技术包括反手上旋球、反手平击球和反手下旋球(削球)。

1. 反手上旋球

反手上旋球与正手上旋球基本一样,落地反弹高,前冲力强。反拍击球时,首先要迅速侧身转肩转体,调整至反手握拍法向后引拍,击球时,拍面稍向后倾斜,击球完成后,随挥跟进,一直挥拍至右前上方为止,如图 9.42 所示。

2. 反手平击球

反手平击球速度快,飞行路线平直,球落地后前冲力大。来球时,迅速侧身转肩转体,反

图 9.42　反手上旋球

手握拍引拍至身体左后方，右肩或右背对球网。击球时，拍面与地面垂直，手腕绷紧，击球后，球拍应随挥至右肩上方，然后恢复准备姿势。

3. 双手握拍打反手

双手握拍打反手击球固定，击球更稳，隐蔽性更强，有较高的准确率和较强的攻击性。来球时，迅速侧身转肩转体，调整至双手反手握拍法向后引拍，侧身对网，击球时，双手握紧球拍，前臂保持伸直，手腕绷紧，用身体重心的高低调节不同高度的来球，击球后跟进时，挥拍至身体另一侧后上方，如图 9.43 所示。

图 9.43　双手握拍打反手

反手击球技术要点：转肩、转体要迅速，尽早向后引拍；击球过程中眼睛紧盯住球；握紧球拍，绷紧手腕；击球结束后随挥至身体另一侧结束。

4. 反手击球练习方法

①徒手挥拍练习。

②自抛球，反手击打落地反弹后下降至腰部位置的球。

③对墙练习，连续反手击球。

5. 易犯错误与纠正方法

①易犯错误：引拍慢，击球不准。纠正方法：尽早转肩、转体向后引拍，击球过程中眼睛始终盯球。

②易犯错误：击球时，手臂松动或弯曲、击球不稳。纠正方法：握拍方法固定，手腕绷紧，发力时蹬地转体，动作舒展。

③易犯错误：击球结束后随挥不充分。纠正方法：击球后，随挥跟进，将球拍挥至身体另一侧再恢复成准备姿势。

（四）发球

发球是网球基本技术之一，是比赛中由自己掌握并不受对方影响的重要技术。发球的好坏直接影响一分的得失，因此，良好的发球技术是网球比赛中的关键。发球技术一般分为3种：平击发球、切削发球和上旋发球。

1. 发球基本技术

发球的基本技术包括握拍法、准备姿势、抛球和后摆动作、击球动作和随挥动作，如图9.44所示。

图9.44　发球

①握拍法：大陆式握拍法或东方式反手握拍法。

②准备姿势：侧身站立于端线外中场标记附近，两脚分开站立，同肩宽。右区发球时，左脚与右区端线成45°，左区发球时，左脚与左区端线约平行站立，重心在左脚。左手持球轻托球拍。

③抛球和后摆动作：抛球与后摆动作是同时进行的。抛球时要协调、平稳，并在最高点将球抛至空中，此时持拍手手肘向后外展同肩高，拍头指向天空，左侧腰胯成弓形，重心移至右脚。

④击球动作：当球抛出时，球拍继续向上摆起，持拍手肘关节放松。当球下降至击球点时，迅速向上挥拍击球，左脚上蹬，手臂和身体充分伸展至身体与球网平行，击球时，持拍手腕带动小臂做一个内旋的鞭打动作。

⑤随挥动作：球发出后，身体向场内倾斜，保持连续、完整的向前上方伸展的随挥动作。

2. 发球练习方法

①原地徒手练习抛球和发球挥拍动作。

②在发球线后蹲下，练习发球动作，并将球打到对方发球区内。

③在发球线后站立，练习向对方发球区发球。

3. 易犯错误与纠正方法

①易犯错误：抛球不准，无法将球抛到最佳击球位置。纠正方法：设立标志，做专门性抛球练习。

②易犯错误：向后引拍时，无法下降到垂直于地面的位置，小臂不能按规定线路做动作。纠正方法：将替代物固定在击球处，要求持球拍按动作要领做规定路线的击球练习。

③易犯错误：引拍向外偏。纠正方法：侧对墙站立，重复练习引拍、挥拍的技术动作。

(五)接发球

接发球是网球的基本技术之一,相对较难掌握。接发球是在比赛中争取主动,打破对方发球优势的重要手段。接发球技术包括握拍、准备姿势与站位、击球和随挥跟进4个环节。

1. 接发球基本技术

(1)握拍方法

根据个人习惯选择合适的握拍法,但由于运动员一般会向对方的反手发球,所以建议采用东方式反手握拍法,换成正手握拍也比较容易。

(2)准备姿势与站位

两脚自然开立,与肩同宽,膝盖稍屈,脚后跟离地,重心前倾落在前脚掌,拍头指向对方,与腰同高;接发球的站位,在左右方向上应在发球队员与左右两落点连线的分角线上,在前后方向上则根据发球队员发球方式和力量大小来确定。

(3)击球

接发球时的击球动作与正常的击球动作基本相同,需要注意的是接球队员从对方发球到接发球击球的过程中,眼睛必须盯住球。

(4)随挥跟进

击球完成后,随挥动作较小,顺势结束在较高处,身体重心落在前脚掌,立刻移动到自己场地中央,准备下一次接球或随球上网。

2. 接发球的种类方法

接发球分正拍和反拍两种接法,可打出上旋球、下旋球、平击球等。根据战术的需要,除了用不同的回击力量和落点变化外,还可以直接放轻球或挑高球,也可以接发球上网和接发球破网。

3. 接发球练习方法

一人在对方场地发球,另一人分别练习正、反手接发球。

(六)截击球

截击球是在网前完成的一种进攻性击球方式,是指在球落地前将球击回对方场地,既可以在网前截击,也可以在场内任何位置截击空中球。网球比赛中,截击球是一种主要打法和进攻方式,并且是比赛中的重要得分手段之一。

1. 截击球基本技术

(1)握拍法

网前截击时一般采用大陆式握拍法。大陆式握拍法正反手截击都可以用,由于在近网截击中,进攻转换迅速,采取大陆式握拍法可以不需要变换握拍方法。

(2)准备姿势与站位

面向球网,两脚自然开立,与肩同宽,双膝稍屈,上身前倾,球拍放在身体前面,拍头朝前并高于握拍手,眼睛注视来球,准确判断来球的方向、路线,并及时起动,移动到位。站位上,网前截击应该是靠近网前较好,越是靠近网前,控制的角度范围越大,更容易占据进攻中的主动。

(3)击球动作

截击球的击球动作有多种，主要包括正手截击球、反手截击球、截击高球、截击低球、近身截击球、中场截击球、凌空抽球等。

2. 截击球练习方法

①持拍对镜练习正反手截击球动作。

②距离墙 2 m 左右，分别练习正反手截击球动作。

③两人隔网截击练习。

3. 易犯错误与纠正方法

①易犯错误：打不准球。纠正方法：眼睛时刻盯住球。

②易犯错误：心里恐惧，面对机会时，不敢上网。纠正方法：思想上解除顾虑，技术上要求在做准备动作时，重心落在前脚掌，随时移动，准确判断来球方向。

③易犯错误：击球时步法不准确，正面对网击球。纠正方法：截击球击球瞬间停顿，检查击球时手和脚步动作是否正确，击球时必须侧身对网。

(七)高压球

高压球是指在头上用扣压动作完成的一种击球方式，是对付对方挑高球的一项进攻技术。根据挑高球高低程度不同，高压球可分为落地高压球和凌空高压球两种。高压球的击球动作又包括近网高压球、后场高压球、落地高压球、反手高压球等。

1. 高压球基本技术(图 9.45)

①高压球的握拍与动作和发球的握拍与动作技术相似。当对方挑高球时，立即侧身转体并垫步向后退，同时持拍手上举至头部向后引拍，后腿弯曲，身体重心在两脚前脚掌上。

②准备击球时，另一只手上举指向来球的方向和高度，碎步调整好身体位置。击球时，动作与发球一样，击球点在右上前方。

③近网高球击球点可以偏前，以便于扣球动作的完成，后场高压的击球点可稍靠后，击球动作向前下方挥拍，避免下网。

④击球后的跟进与发球一样，完成随挥动作，如果是起跳高压球，则要保持身体的平衡。

图 9.45　高压球技术

2. 高压球练习方法

①对镜练习高压球挥拍动作。

②重复练习高压球侧身后退交叉步法。

③距墙 6 m 左右,高抛将球击向距离墙根前 1 m 左右的地面,当球反弹向墙面再飞向空中时,用高压球技术将球再击向墙根地面,以此方式重复进行高压球技术练习。

3. 易犯错误与纠正方法

①易犯错误:掌握不好球的落点和击球时机。纠正方法:看准球,体会空间感觉,找准击球点。

②易犯错误:击球无力,没有鞭打动作。纠正方法:注意球拍的击球角度,保证出球的方向与拍面垂直,击球时,协调腿部、腰腹和手臂发力。

③易犯错误:击球的方向不对。纠正方法:击球时保持侧身对网,左肩对球,击球点在头部前上方。

(八)挑高球

挑高球技术主要是针对网前进攻时使用的一项防御技术,但高质量的挑高球有时不仅能变被动为主动,而且还可以直接得分。挑高球技术分为防守性挑高球和进攻性挑高球。

1. 挑高球基本技术

(1)防守性挑高球

当接球时远离场地并在被动的情况下,一般采用防守性挑高球。击球过程中,眼睛注视来球,并在跑动中后摆引拍,击球动作与正反手击球动作相似,击球的下部,可以打下旋球,将球尽量往高处和深处打。击球完成后,注意随挥动作,并马上回到场中有利位置,如图 9.46 所示。

图 9.46　防守性挑高球

(2)进攻性挑高球

进攻性挑高球又称上旋挑高球。击球采用西方式握拍法,击球前,拍头要低于来球,击球时,利用手腕和前臂的滚翻动作,由后向前上挥拍,做弧形击球动作,使球拍与球产生较大的摩擦力,从而使球剧烈地向前旋转,如图 9.47 所示。

2. 挑高球练习

①设定一个目标,在离墙 15 m 左右对墙进行挑高球练习。

②站在底线后,自抛球,做正反手挑高球练习。

图 9.47　进攻性挑高球

③一人在底线中间，一人站在网前，进行挑高球练习，注意控制力度，尽量多回合不失误。

3. 易犯错误与纠正方法

①易犯错误：击球动作不隐蔽，让对方提前有所准备。纠正方法：注意击球的突然性，准备动作应与抽击球动作一样，拍面与地面垂直。

②易犯错误：挑球的高度与深度不够，回球不到位，让对方直接打高压球或高压截击球。纠正方法：重复挑高球练习，提高击球手感，找准目标，尽量把球往高处、深处挑。

三、网球双打战术

1. 协作配合战术

双打要求双方两个运动员配合得像一个人，把两个人的长处结合起来，打出比任何一个人单打水平都高的比赛。由于双打战术的机动灵活，变化比单打复杂得多，无论是高水平的双上网的对攻战还是中低水平的攻防战，能做到瞬间的默契配合是很不容易的，而这一点正是双打战术突出的特点，是双打战术成功取胜的关键。而“默契配合”是建立在两个人相互了解和信任的基础上，经过长期配合而磨炼出来的。好的双打球员应紧密合作、互创条件、扬长避短、相辅相成，在场上有呼有应、相互鼓励、气势如虹，即使由于实力不如对方而失利，两个人合作也是愉快、融洽的。因此，双打的根本是两个人如同一个整体，无论何时都要并肩作战，移动要一致，相互间的距离不能拉开 3.5 m 以上。可以想象为两个人被一根松弛的绳子连接，这根绳子使他们一块向前、向后、向左和向右移动。

2. 协同防守

当自己的同伴回到端线去救高球时，自己不应当继续留在网前，如果发生这种情况，两人之间就会出现漏洞，对方就容易打出落点很好的“破网”球。所以，当同伴退回去时，自己也要跟着退，使自己一方处于最佳防守位置。退回端线后虽然被动了，但一旦出现浅球时，两人还可立即一块向前，回到网前。

3. 抢网战术

(1)在发球前做出抢网决定

抢网是网前人横向移动，拦截对方接球员打过来的斜线球。它要求发球方有敏捷的思维和快速的步法。所以，两人应事先商定好，如果对方打斜线球时，网前人则要去抢网。一些双打配对运动员喜欢用暗号，如网前人把手放在背后，用握拳或张开手指向发球员表示抢不抢网。但在发球开始之前，两名运动员用口头讲述更好一些。一旦做出决定，便必须坚决执行。

(2)防住空出的场地

当网前人扑出去拦截接发球时，则其半个球场无人防守。所以发球员发球之后，不应该直接冲向前，而应向前跑几步，然后向同伴留下的那半场跑去，并继续向网前移动。抢网的人在拦截之后，应当继续进入发球员的场区，两人交叉移动，可以防住对方可能回击的直线球以及抢网人第一次截击没能得分后的回击。

(3)起动要早

抢网时，需要在对方接球员击球的瞬间起动，而不要在接球员击球之前移动，把自己的行动意识暴露给对方。如果接球员察觉到你要抢网，便会打直线球并可能得分。等球时，身体前倾，准备好蹬出去击球。向右边抢网时，蹬左脚并快跑几步到截击位置。绝大多数运动员喜欢用正拍抢网，因为它截击的伸缩度大。但是，不论是正拍抢网还是反拍抢网都要快速起动。

(4)退在后场对付抢网的运动员

当对方网前运动员抢网时，接球员和同伴要掌握好站位。如果你是接球员的同伴，并正在向网前移动，抢网者就可能往下击球到你的脚下，使你难以回击。如果你是接球员，并且也正在向网前移动，抢网者既可以往你的脚下攻击，也可以将球打在你和你同伴之间，所以这两种站位都己方不利。如果退到后场，就有时间移动到位或者挑出高球，使球不死。

(5)打直线球

如果接发球总是打斜线球，对方就会判断出来并积极抢网。所以，一旦对方抢网开始，就要打直线球使对方网前人不敢随意抢网，也可以试用具有攻击性的挑高球过头顶的方法。如果网前人知道你的高球有威力，就会从网前向后退步，这就减少了抢网成功的可能。但是，不要看见抢网的一点动作就改变主意，因为他可能做出假装抢网的样子，使你临时改斜线球为直线球而击球失败。

(6)抢网时向下击球

要抢网成功，必须在球比较高时击球，就是说要向前移动，靠近球和网，才能往下打球。越近网，球就越高，也就越容易被截击。但是，也不要近到击球时球拍触网，因为这是犯规的，即使击球成功，也会被判为失分。抢网者要朝着对方网前人的脚下拦击，或对方的空当，以便直接得分。

4. 发球的配合

双打球经常比单打球更具强烈的攻击性。由于发球员的同伴首先占据了网前制高点的位置，随时准备截击接发球员的第一还击球，因此给对方的压力很大，迫使接发球员势必向发球员还击大角度的球，而且还要求有一定的球速，否则，有可能被对方另一球员抢截，所以难度很大。如果用随发球上网形成双上网，那么威胁就更大了，一旦对方打直线球就会造成一举得分或者给得分创造良好的条件。所以，发球方另一球员必须控制好还击给他的反手直线球，否则将会为对方创造出一个成功的“破网”球。

在双打的每盘比赛中，通常发球技术最好的球员应该是第一发球员，因为这样可使网前的同伴能够较有效地进行偷袭。

四、网球的比赛规则与场地

(一)网球记分方法

1. 胜 1 分

①发球员连续两次发球失误或脚误时。

②接球员在发来的球没有着地前用球拍击球,或球触及自己的身体及所穿戴的衣物时。

③在球第二次落地前未能还击过网时。

④还击球触及对方场区界线以外的地面、固定物或其他物件时。

⑤还击空中球失败时。

⑥在比赛中,击球员故意用球拍拖带或接住球,或故意用球拍触球超过一次时。

⑦“活球”期间运动员的身体、球拍(不论是否握在手中)或穿戴的其他物件触及网、网柱、单打支柱、绳或钢丝绳、中心带、网边白布或对方场区以内的场地地面。

⑧还击尚未过网的空中球(过网击球)。

⑨除握在手中(不论单手或双手)的球拍外,运动员的身体或穿戴的物体触球。

⑩抛拍击球时。

⑪比赛进行中,运动员故意改变其球拍形状。

2. 胜 1 局

运动员每胜一球得 1 分,先胜 4 分者胜 1 局。但遇双方各得 3 分时,则为“平分”。“平分”后,一方先得 1 分时,为“接球占先”或“发球占先”。占先后再得 1 分,才算胜 1 局(其中得 1 分为 fifteen,2 分为 thirty,3 分为 forty)。

3. 胜 1 盘

一方先胜 6 局为胜 1 盘,但遇双方各胜 5 局时,一方必须净胜两局才算胜 1 盘。

4. 决胜局(抢七局)

在每盘的局数为 6 平时,进行决胜局,先得 7 分为胜该局及该盘,若分数为 6 平时,一方须净胜 2 分。

(二)网球的基本规则

1. 发球的基本规则

(1)发球前的规定

发球员在发球前应先站在端线后、中点和边线的假定延长线之间的区域里,用手将球向空中任何方向抛起,在球接触地面以前,用球拍击球。球拍接触球时,就算完成发球。

(2)发球时的规定

发球员在整个发球动作中,不得通过行走或跑动改变原先站立的位置;两脚只准站在规定位置,不得触及其他区域。

(3)发球员的位置

每局开始,先从右区端线后发球,得或失 1 分后,应换到左区发球。发出的球应从网上越过,落到对面的对方发球区内或其周围线内。

(4)发球失误

发球失误包括:未击中球;发出的球,在落地前触及固定物(球网、中心带和网边白布除外);违反发球站位的规定。发球有两次发球权,发球失误后,应在原发球位置进行第二次发球。

(5)发球无效

发球无效的情况包括:发球触网后,仍然落到对方发球区内;接球员未做好接球准备。发球无效应重发球。

(6)交换发球

每局比赛终了,交换发球权。

2. 通则

(1)交换场地

双方应在每盘的第 1、3、5 等单数局结束后,以及每盘结束双方局数之和为单数时,交换场地。

(2)失分的情况

在球第二次着地前,未能还击过网;还击的球触及对方场区界线以外的地面、固定物或其他物件还击空中球失败;故意用球拍触球超过一次;运动员的身体、球拍在发球期间触及球网;过网击球;抛拍击球。

(3)压线球

落在线上的球都算界内球。

(三)双打

1. 双打发球次序

每盘第 1 局开始时,由发球方决定由何人先发球,对方则同样在第 2 局开始时定由何人先发球。第 3 局由第 1 局发球方的另一球员发球,第 4 局由第 2 局发球方的另一球员发球,以下各局均按此次序发球。

2. 双打接发球次序

接发球次序与发球相同,但同伴间应在每局中轮流接发球。

3. 双打还击

接发球后,双方应轮流由其中任何一名运动员还击。如果运动员在其同队运动员击球后,再以球拍触球,则判对方得分。

4. 计分方法

(1)胜 1 局

①每胜 1 球得 1 分,先得 4 分者胜 1 局。

②双方各得 3 分时为“平分”,平分后,净胜两分为胜 1 局。

(2)胜 1 盘

①一方先胜 6 局为胜 1 盘。

②双方各胜 5 局时,一方净胜两局为胜 1 盘。

③决胜局计分制

(3)在每盘的局数为 6 平时,有以下两种计分制。

长盘制(一方净胜两局为胜 1 盘)

①先得 7 分者为胜该局及该盘(若分数为 6 平时,一方须净胜两分)。

②首先发球员发第 1 分球,对方发第 2、3 分球,然后轮流发 2 分球,直到比赛结束。

③第 1 分球在右区发,第 2 分球在左区发,第 3 分球在右区发。

④每 6 分球和决胜局结束都要交换场地。

短盘制(决胜盘除外,除非赛前另有规定,一般应按以下办法执行):

①第 1 个球(0:0),发球员 A 发 1 分球,1 分球之后换发球。

②第 2、3 个球(报 1:0或 0:1,不报 15:0或 0:15),由 B 发球,B 连发两分球后换发球,先从左区发球。

③第 4、5 个球(报 3:0或 1:2、2:1,不报 40:0或 15:30、30:15),由 A 发球,A 连发两球后换发球,先从左区发球。

④第 6、7 个球(报 3:3或 2:4、4:2,或 1:5、5:1或 6:0、0:6),由 B 发 1 分球之后交换场地,若比赛未结束,B 继续发第 7 个球。

⑤比分打到 5:5、6:6、7:7,8:8等时,需连胜两分才能决定谁为胜方。但在记分表上则统一写为 7:6。

(四)网球的比赛场地

1.场地

①球场应为长 78 英尺(23.77 m)、宽 27 英尺(8.23 m)的矩形(双打宽 10.98 m)。中间由一条挂在最大直径为 1/3 英寸(0.8 cm)粗的绳索或钢丝绳上的球网分开。网的两端应附着或挂在两个网柱顶端,网柱应为边长不超过 6 英寸(15 cm)的正方形方柱或直径为 6 英寸(15 cm)的圆柱。网柱不能超过网绳顶端 1 英寸(2.5 cm)。每侧网柱的中点应距场地 3 英尺(0.914 m),网柱的高度应使网绳或钢丝绳顶端距地面的垂直距离为 3 英尺 6 英寸(1.07 m)。在单双打两用场地上悬挂双打球网而进行单打比赛时,球网应该由两根高度为 3 英尺 6 英寸(1.07 m)的“单打支杆”支撑,该支杆截面应是边长小于 3 英寸(7.5 cm)的正方形方柱或直径小于 3 英寸(7.5 cm)的圆柱。每侧单打支杆的中点应距单打边线 3 英尺(0.914 m)。

②球网需要充分拉开,以便能够有效填补两根支柱之间的空间,并有效打开所有网孔,网孔大小以能防止球从球网中间穿过为宜。球网中点的高度应该是 3 英尺(0.914 m),并且用不超过 2 英寸(5 cm)宽的完全是白色的网带向下绷紧固定。球网上端的网绳或钢丝绳要用一条白色的网带包裹住,每一面的宽度介于 2 英寸(5 cm)到 2.5 英寸(6.35 cm)。在球网、网带及单打支杆上都不能有广告。球场两端的界线叫底线,两边的界线叫边线。

③在距离球网两侧 21 英尺(6.4 m)的地方各画一条与球网平行的线,为发球线。球网与每一边的发球线和边线组成的场地再被发球中线分为两个相等的区域,为发球区,发球中线是一条连接两条发球线中点并与边线平行的线,线宽须为 2 英寸(5 cm)。每一条底线都被一条长 4 英寸(10 cm)、宽 2 英寸(5 cm)的发球中线的假定延长线分为相等的两个部分,由一条短线分隔,该短线为“中点”,它与所处的底线呈直角相连,自底线向场内画。除了底线的最大宽度可以不超过 4 英寸(10 cm)以外,所有其他线的宽度均应在 1 英寸(2 cm)到 2 英寸(5 cm)之间。所有的测量都应以线的外沿为准。

④如果广告位于球场后侧司线的椅子后面,则广告中不能包括白色或黄色。浅色只有在不干扰球员视线的情况下才允许使用。ITF 说明:第一,在戴维斯杯、联合会杯和国际网联主办的巡回赛中,对于底线后侧和边线两侧区域大小的具体要求分别包括在各项赛事的相关条款中;第二,对于俱乐部和业余选手,底线后侧场地距离至少为 18 英尺(5.5 m),边线侧面距离至少 10 英尺(3.05 m)。

⑤网球场地上的永久固定物不只包括球网、网柱、单打支杆、网绳、钢丝绳、中心带及网带,以下情况也算永久固定物,如球场四侧的挡板、看台、环绕球场固定或可移动的椅子、观众,以及所有场地周围和上方的配套设施,还有出于各自预定位置的裁判、司网裁判、脚误裁判、司线员和球童。ITF 说明:为使本规则充分执行,“裁判员”的含义为:坐在球场裁判席的裁判,以及所有在比赛中协助裁判执法的工作人员。

2. 球和球拍

①比赛用球外部需要由纺织材料统一包裹,颜色为白色或绿色,接缝处需无缝线痕迹。用球的尺寸介于 6.541 ~ 6.858 cm,重量要介于 2 盎司(56.7 g)至 2 又 1/6 盎司(58.5 g)。

②在从 100 英寸(254 cm)的高度向混凝土地面做自由落体运动时,反弹的高度应该介于 53 英寸(134.62 cm)至 58 英寸(147.32 cm)。当在球上施加 18 磅(8.165 kg)的压力时,向内发生的弹性形变应该介于 0.22 英寸(0.559 cm)至 0.29 英寸(0.737 cm),压缩后反弹形变的范围应该介于 0.315 英寸(0.8 cm)至 0.425 英寸(1.08 cm)。这两种形变数据应该是以球的三个轴测试后得到的平均值。在每一种情况下,任何两个数据间的差异不能大于 0.03 英寸(0.076 cm)。

③如果在海拔 4 000 英尺(1219 m)的高度进行比赛,就需要采用另外两种特殊用球。第一种是除弹跳高度要介于 48 英寸(121.92 cm)至 53 英寸(134.62 cm)之外,还要使球的内压大于外部气压,其他方面则与上面的描述完全相同,这种球通常被称为增压球;第二种球除弹跳高度要在 53 英寸(134.62 cm)至 58 英寸(147.32 cm)外,还要使球的内压大约等于外部的气压,并且能在指定的比赛场地的海拔高度保持 60 天以上,其他方面则与上面的描述完全相同,这种球通常被称为零压球或无压球。

3. 球拍

①球拍的击球面应该是平坦的,由连接在球拍框上的拍弦组成一种式样,拍弦在交叉的地方应该是相互交织或相互结合的;拍弦所组成的式样应该大体一致,中央的密度不能小于其他区域的密度。球拍的设计和穿弦应使球拍正反两侧在击球时性质大体保持一致。

②拍线上不应有附属物或突出物,除非该附属物仅仅并且非常明确的是用来限制和防

止拍弦磨损、撕拉或振动的，而且它的尺寸以及位置也必须是合理的。

③从 1997 年 1 月 1 日起，在职业比赛中使用的球拍拍框的总长度（包括拍柄）不能超过 73.66 cm。从 2000 年 1 月 1 日起，在非职业比网球赛中使用的球拍拍框的总长度（包括拍柄）不能超过 73.66 cm。在此之前，非职业网球比赛中使用的球拍的最大长度为 32 英寸（81.28 cm）；拍框的总宽度不能超过 12.5 英寸（31.75 cm）；穿弦平面的总长度不能超过 15.5 英寸（39.37 cm），总宽度不能超过 11.5 英寸（29.21 cm）。

第四节　轮滑运动

一、轮滑运动概述

（一）轮滑运动

轮滑运动是人们穿脚蹬有轮的特制鞋后，借助于轴承的滚动在坚实平坦的地面上滑行为基础的一项运动，它包括速度轮滑、花样轮滑、轮滑球、极限轮滑和自由式轮滑。

（二）轮滑运动的起源

轮滑运动是一项历史悠久并具有国际性的体育运动。轮滑运动于 1760 年问世，发明者是比利时于伊市的若瑟夫梅兰。1863 年美国纽约市的詹姆斯·普利姆普顿将轮滑鞋发展为四轮式，它可以转弯、前进和向后退，溜冰者穿后很容易移动重心，变换支撑，从而使得轮滑运动逐渐成为人们喜爱的项目。最早的轮滑运动组织是 1866 年在美国成立的“纽约轮滑运动协会”，后来德国、法国、英国和瑞士 4 个国家发起，于 1924 年成立了国际轮滑联合会。

（三）轮滑运动的发展

20 世纪 80 年代，轮滑运动已普及世界各国。1992 年在西班牙巴塞罗那举行的第 25 届奥运会上，轮滑球首次被列为表演项目。现在经常举办的世界性轮滑运动有世界速度轮滑锦标赛、世界轮滑锦标赛以及世界花样轮滑锦标赛。

轮滑运动于 20 世纪 30 年代初期传入我国，1980 年 9 月，我国正式加入国际轮滑联合会。1982 年举行了第一次全国轮滑比赛。近几年，我国的轮滑运动技术水平正在不断提高，特别是在亚洲已居于领先地位，但是与世界先进水平相比，还有一定差距。

由于滑行过程中，装着轮子前后转动的轮滑鞋无法在身体后面找到有效的支撑点，而只能通过在体侧找到合理稳固的支点，也只有通过向侧蹬，才能产生前进的动力。所以，学习轮滑必须克服在陆地上走或跑时后蹬用力的习惯，建立向侧用力的概念，掌握正确的用力方法。

轮滑者一般采用蹲或半蹲的姿势滑行，通过腿的屈伸动作就能产生蹬地的力量，因此要求初学者要时刻想着腿的正确蹲姿，培养良好的习惯。如果习惯于直腿滑行，不仅滑不快，而且还不利于摔倒时进行自我保护。

(四)轮滑运动的特点

1. 娱乐性

轮滑运动有很强的娱乐性和趣味性,这项运动可使人们从平时紧张、压力繁重的学习和工作中解脱出来,达到身心放松的目的。

2. 健身性

轮滑运动是一项全身运动,它能促进心脑血管系统和呼吸系统机能的改善,能增强肌肉的力量和身体各个关节的灵活性,特别是对提升人的平衡能力有很大作用。

3. 刺激性

轮滑运动是融速度、灵活、技巧和平衡于一体,人们可以在轮滑运动中做出许多惊险动作,从中获取成就感。

4. 工具性

轮滑运动还有很多体育项目所不具备的一个特性,就是它可以被当作交通工具。一般情况下,在平整的路面上,轮滑可以代步成为一种流行而且时髦的交通工具。不过当穿着轮滑鞋穿梭于车来人往的大街上时,一定要注意安全。

(五)轮滑运动的种类

1. 速度轮滑

速度轮滑是以单排、双排轮滑鞋为比赛工具的竞赛项目,随着其不断完善,目前已形成多项轮滑竞技项目,且奥运会已出现轮滑运动比赛的身影了。

2. 轮滑球

轮滑球运动看上去像是冰球运动和曲棍球运动的结合体,双方各出 5 人在 44×22 米的场地上进行比赛,规则类似冰球,但不允许身体冲撞或阻挡,一场比赛为 2 或 3 节,每节 5 ~ 20 分钟,进球多者为胜方。

3. 花样轮滑

花样轮滑分为单人轮滑舞 、双人轮滑舞和圆形轮滑舞(规定动作)根据动作的难易程度、舞姿的优美程度打分确定胜方。

4. 极限运动和技巧

利用“U”型台做各种各样的惊险、复杂的技巧表演动作,也是轮滑竞技项目中最吸引人的一项。

(六)轮滑运动的装备

1. 轮滑鞋

轮滑鞋是由内鞋、鞋壳、底座、轮轴、轮子、制动器、轴承等构成。鞋壳保护内鞋,底板上面安装轨道构成轮滑鞋的底座,制动器、轮子、轮轴、轴承安装在上面。

(1)内鞋

内鞋应穿着舒适,脚踝处配有衬垫,并有良好的透气性和包覆性,能够使鞋、脚合二为一。

(2)鞋壳

鞋壳不应太沉,通气性要好,穿着稳固但不束缚脚踝。

(3)底座

底座与鞋必须牢固连接,并安装在鞋的垂直下方。纵轴应与脚跟的中心、拇趾与二趾的中心相吻合。底座还必须有较好的稳固性。

(4)轮子

轮子是轮滑鞋最重要的部分。轮子有大小、软硬度、弹性、材料、外形之分。目前,市场上轮子的外径变化是在50~80 mm;软硬度为74 A~100 A。休闲鞋的轮子硬度为74 A。大的轮子滑行较快,小的轮子则更坚固。外形较尖的轮子阻力更小,速度更快;外形平的轮子滑行时则较安全。轮子的安装,后轮的横轴应与小腿的中心线相一致,前轮的横轴应与脚的纵轴垂直位置一致。

(5)制动器

对轮滑健身并在公路上滑行的爱好者来说,制动器是相当重要的。

(6)轴承

轮滑鞋的中心部分是由16个滚珠轴承构成的。质量好的轴承会减少能量消耗;质量差的轴承会增加能量消耗,使得滑行的速度不能够承受足够的负荷。在轮滑时,应首先对轴承润滑。谁能把轴承润滑得好,谁就能滑得快。

2. 轮滑鞋的分类

①儿童轮滑鞋。有专门为儿童制作的轮滑鞋。

②健身轮滑鞋。种类较多,价格合理。

③软质轮滑鞋。穿起来较舒适,更容易站立,但质地软,稳定性较差。

④特技轮滑鞋。鞋壳坚硬,轴承与轮子也经过特殊的技术处理和高强度的压力测试。

⑤曲棍球轮滑鞋。没有内鞋,由合成材料、皮革或者尼龙构成。能够很好地保护脚的安全并且感觉性能好。

⑥速度轮滑鞋。以五轮为主,底座较长,能够在高速滑行中保持稳定。鞋轻、轮大、轻便、高效,价格昂贵。

3. 轮滑鞋的选用

①一双好的轮滑鞋最重要的是必须合脚。

②如果你仅是每周滑行1~2次的业余爱好者,可以选择价格一般的轮滑鞋。

③如果你是轮滑能手并长期坚持轮滑,你应选用质量较好的轮滑鞋,而不必过多考虑价格问题。

4. 轮滑鞋的保养和维修

①如经常保养轮滑鞋,则滑行起来更安全,寿命也更长。

②经常更换轮子的位置并对底座进行清洗。

③更换磨损严重的轮子要精确、仔细。

④定期地清洁、润滑轴承。

5. 护具

①轮滑运动员的主要护具有护腕、护肘、护膝、头盔。

②护具的穿戴不要太紧,要与关节合为一体并使关节感到舒适。

③护具的穿戴应根据轮滑的项目,如曲棍球或特技轮滑必须加用特殊护具:胫骨护具、特殊运动裤和手套等。

二、轮滑运动的基本动作

直排轮滑是人类追求快速运动的产物之一。在追求轮滑紧张刺激的过程中,千万不能掉以轻心,不能忽视轮滑运动中暗藏的伤害。只有在运动前做好防范措施,并注意避免危险的动作,才能完全享受轮滑的乐趣。

(一)站立和走步

1. 基本站立

正确的站立是滑行的基础。一般初学者初次穿上轮滑鞋站起来而难以保持身体平衡,因此他们首先必须掌握基本的站立方法。

(1)"V"字形站立

两脚张开成"V"字形,脚跟靠拢与肩同宽约45°,上体稍前倾,两膝微屈,两臂自然下垂,重心落在两脚之间,当我们采取这种方式站立时轮子并不会滑动,这是直排轮滑中基本的站姿。

(2)丁字站立法:该方法是前脚丁字步站立,前脚卡住后脚的脚弓,前脚跟卡在后脚两轮之间,轮滑鞋小能滑动,人体站立就会比较稳定,人会因轮子意外滑动两膝微屈前倾。

(3)平行站立法:两脚分开,比肩稍窄,两脚尖梢内扣,保持两脚平行。膝部微屈,上体稍前倾。重心落在两脚之间,平稳站立。

以上三种基本的站立方法,是初学者必须掌握的。练习中要注意:两大腿要稍微绷紧,控制腿的稳定性,不让任何一脚随便滑动。站立时,上体和两臂要保持相对稳定,不能在腰、腿、脚没有准备的情况下乱动。

2. 原地踏步

双脚呈"V"字形站立,脚跟靠拢,脚尖打开,上体保持直立,原地上下踏步。原地踏步时最好扶着栏杆练习或由教练协助练习。

3. 行进间踏步

两脚先以"V"字形姿势站好,两脚依次抬起,要求每步靠近脚跟不离中线,腿直、轮正,落地有声。在练习"V"字形走步时,要认真体会重心转移的感觉。

4. 跌倒站立

一般人若未接受适当训练,摔倒时只有本能的动作反应,没有其他动作,这容易造成下巴、手腕、手肘及臀部严重受伤。轮滑时摔倒常采用安全跌倒法，所谓安全跌倒法是在摔倒时，降低重心向前跪倒，透过身上的护具分散跌倒的撞击力，千万不要往后坐或让单一部位承受强大的撞击力。另一种跌倒补救方法是：摔倒时放松全身，让身体自然在地上滚动，这样可以缓和突然摔倒的撞击力。初学者请记得戴上护肘、护腕、护膝，这是防止摔倒时受伤的有效措施。

摔倒时应掌握的要领是：两膝蹲下，提脚跟把鞋的内侧向前，先以膝盖着地；然后手指完全张开，平贴在地。由于着地后身体仍会向前冲，在前冲的力量被抵消后，双手将身体撑起。撑起身体时，右脚蹲起成单膝跪姿，双手平压在右脚膝盖上，双手用力下压将身体撑起，双脚以“V”字形站姿站好，完成跌倒站立动作。

5. 踏步走路

首先左右脚打开、合并，脚掌力量平放在整个轮滑鞋上，踩直轮滑鞋，尤其轮刀要正，上半身要保持平衡。然后脚后跟靠拢，脚尖打开约60°成“外八字”状，脚尖平均张开。上身保持自然外八字前进步行，身体不要晃动，重心踩在一脚上，另一脚运用大腿力量抬起向前走一个脚掌距离，前脚踏出后，重心转移至前脚，接着后脚抬起向前走到前脚之前，如此一步步踏步而走，踏步走路时脚后跟尽量踩在一条直线上。

（二）滑行

1. 推动前溜

双脚先以“V”字形站姿站好，然后左脚前弓，将身体重心移到左脚，右脚微推，产生向前滑行。滑行时右脚前收到右斜前方放下，右脚平放后，身体重心移到右脚，左脚微推，产生推力保持向前滑行。右脚滑行时左脚收到左斜前方。

要诀：两脚交互推动，双手自然摆动，两眼正视前方，当身体的方向与脚移动的方向即同步可轻松前溜。

2. 弓箭步前溜

前溜时身体微向前倾，膝盖微蹲，左脚前伸，重心向左脚移，并微弓成弓箭步，完成弓箭步前溜。

3. 葫芦形前进

葫芦形前进又称“8”字形前溜，它利用压刃方式前进，两脚平行，在地上画出“8”字形。压内刃使两脚靠近，快碰到时压外刃使两脚分开，便可在地面上画出“8”字。

可以先使用前进滑行推动，待熟练后再体会重心转换及施力的感觉，此为后葫芦形前进的基础。压刃由前进滑行的练习开始，慢慢加长单脚滑行距离即可成为单脚弧线。先单脚滑行，在滑行中练习平刃，方法是：滑行脚踩平刃，使刀刃与滑行方向成一直线，自由脚置于斜后方，成弓箭步，两手平伸，两眼平视。平刃练习完后，开始练习外刃、内刃单脚弧线。注意：当踩外刃或内刃时，身体必须转向弧线的圆心，以增加平衡。

4. 前进滑行

滑行的基础来自于步行，步行时当重心由后脚转移至前脚时，后脚应同时往侧方向蹬出，并向前迈出。滑行时，自由脚先轻拖在地上，滑行脚轻轻向前滑动，待稳定后自由脚再试着腾空，慢慢地加长滑行的距离与时间。前进滑行时应注意上身挺直，眼睛注视前方 2 m 处，两手平举，与腰同高，两臂摆放自然，勿耸肩，尽量使滑行的距离和时间越长越久越好。

5. 交叉前剪

利用前面画葫芦的要领：右脚前左脚后，两脚同时压内刃，利用膝盖下压使脚掌产生动力，向前划过。双脚成交叉状时，两脚同时压外刃，利用双膝上提产生的力收回分开双脚，分开双脚时又是呈压内刃方式准备下一次交叉。

6. 后弓箭步

后溜时两脚先平行，再慢慢地将两脚同时分别滑至呈前后状，前脚膝盖微弯，后脚打直，重心微向前倾持续后滑。

7. 后交叉后溜

先以后画葫芦形的方式将两脚左右张开，然后两脚收回，收回时前后距离须够大，右脚在后，左脚在前呈交叉状。两脚交叉后膝盖微蹲，再利用后画葫芦形张开两脚的方法使两脚张开恢复成第一步骤，反复练习。

（三）刹车

1. 制动器停止方法

双脚平行，把有刹车器的脚向前推进，脚尖向上，让刹车器磨到地面即可。当刹车器压向地面的力越大时，停下来就越快，技术高的人还可以“金鸡独立”。直排后刹时重心一定要放低，且重心保持在两脚中间，不可以太前或太后。直排后刹与普通刹车其实没什么不同，只是直排后刹比较容易学，只要脚往前一伸就可刹车。直排后刹不要上身前倾，不要过早抬脚尖。

2. 单脚跪刹

两脚平行前溜，呈一脚在前，一脚在后的状态，两脚膝盖慢慢蹲下，身体微向后倾；后脚膝盖蹲下时，利用护具与地面摩擦而产生刹车效果。

3.“八”字刹

八字刹适用于平缓、距离较长的下坡。由于需要长时间刹车，若使用“T”字刹（后述），脚则易酸麻，故用“八”字刹。八字刹还用于维持等速，避免加速太快，亦可用于速度较慢时刹车。采用八字时，将身体重心置于后方，两脚张开，摆成“内八字”，两脚弯曲蹲低，身体微向前倾，抬头两眼直视前方。由于脚呈“内八字”形状，两脚会往内滑，此时两脚用力往外撑，就可以慢慢刹车。

需要多练习才能将刹车力度均匀地施于两脚。

4.“T”字刹

前溜时两脚平衡，再转为一前一后的弓箭步，且重心在前，然后身体前倾，膝盖下蹲，后脚斜贴在地上压内刃，并向左转 90°。最后后脚稍微用力，并且缓慢地向前脚靠拢。

5. 转弯刹

前溜时两脚平行且呈前后状，翘起左脚跟，右脚顺势往左方划弧线，双脚压内刃，脚掌内侧出力便可刹车。

6. 前侧刹

平地前溜时右脚前滑，身体下蹲，左脚开始往左转，待左脚与右脚呈蟹步，身体下蹲后倾。身体下压，身体蹲低，右脚脚跟出力压内刃，完成前侧刹动作（图 9.36）。

7. 后侧刹

后溜时右脚向后滑，身体下蹲，右脚脚尖出力；身体蹲低，右脚压内刃斜贴在地上；身体下压，右脚脚跟出力，完成后侧刹动作（图 9.37）。

三、轮滑运动的基本技术与练习方法

（一）练习前的准备

轮滑练习的运动量大，在没有穿上轮滑鞋之前，应先进行一些像慢跑、各种伸展性和柔韧性练习的准备活动，然后再做以下准备：

①选择适宜的轮滑鞋，穿上轮滑鞋后松紧适合即可，然后带上必要的防护用具。

②穿上一只轮滑鞋后，可在地上试一试滑度如何，也可慢慢地用一只脚蹬地，而用穿轮滑鞋的另一只脚滑行一段距离。

③穿另一只轮滑鞋时，初学者尤其是第一次穿轮滑鞋的人一定要小心摔倒，先要蹲稳，然后将身体重心移到两脚之间，再慢慢站起来，必要时也可以扶栏杆或在其他人协助下站立。

（二）基本姿势

基本姿势是滑行的基础，基本姿势的掌握有利于提高人体重心的稳定性，可以帮助练习者掌握正确的动作，在滑行中避免摔跤，少走练习的弯路。

①初学者滑行时的身体姿势一般是上体稍前倾，大腿蹲屈成 140°左右，小腿微前弓成 80°左右。全身自然放松，两脚间跨 20 cm 左右，重心落于脚心和脚掌之间，两脚平均用力，要站平衡。

②速度轮滑的基本姿势：上体前倾背部肌肉放松，背部稍高于臀部，眼看前方 5 ~ 6 m 处，屈膝，两脚平行，两脚并拢或分开在 10 cm 内，两臂自然下垂或背于腰后，手互握，重心在脚掌中部。

（三）移动重心练习

1. 原地移动重心练习

原地移动重心是在不向前滑动的前提下所做的动作，旨在提升控制重心移动时的稳定性和掌握平衡的能力。

(1)原地左右移动重心

在两脚平行站立的基础上,上体向一侧移动,并逐步将身体重心完全移到这支撑腿上。待平稳后,上体再向另一侧腿上移动,并将身体重心完全移到该腿上,左右移动重心的练习要反复进行。

(2)原地踏步练习

在八字站立的基础上,重心移到左脚上;另一腿微屈上抬,使脚离地约 5~10 cm,再落重心移到右脚上,左脚再抬起,交替练习。

(3)原地蹲起练习

两脚平行站或八字站立,做向下蹲再起来的动作。开始时半蹲,逐渐加大蹲的幅度,最后做深蹲。开始时可慢慢做,然后再逐渐加快速度。练习时,应保持上体直立,不可向前屈体再直立,而是只做腿的蹲屈动作。在屈伸踝、膝、髋 3 个关节时,应注意动作的协调性,保持重心的垂直升降。

(4)原地单腿支撑练习

在双脚平行站立的基础上,将身体重心完全移到一条腿上,然后慢慢将另一条腿抬起,脚稍离地,并停留片刻。支撑腿微屈,重心要平稳地落在支撑腿上。平稳地停留一定时间后,抬起的脚落地,再换另一条腿反复练习。

(5)两脚原地前后滑动

在两脚平行站立的基础上,做一脚向前、另一脚向后的来回滑动动作。两臂前后摆动,像走路一样,同两脚配合。两脚滑动时,应始终保持平行,重心要始终抬起保持在两脚中间,两腿伸直,由大腿发力做前后滑动动作。这是提高对重心的控制能力和对滑动的适应能力的练习。

(6)原地高抬腿练习

在原地踏步的基础上,每次抬腿高度逐渐增加,直至大腿与地面平行。抬腿时,应注意身体协调配合,保持重心稳定,防止重心后移,身体后仰。这一练习应在具有初步滑行技术、又有一定控制重心的能力时再做。

2. 迈步移动重心练习

初学者在较好地掌握了原地移动重心的基础上就应进行向前、向左右移动重心的练习。学会正确移动身体重心和迈步是掌握正确滑行的基础。

(1)向前八字走

在丁字步站立或八字步站立的基础上,一脚抬起向前迈出一小步,脚尖稍偏外,呈八字形落地,同时身体重心迅速跟上,待重心完全落于前脚时,后脚抬起再向前迈出,移动身体重心。

(2)横向迈步移动

在平行站立的基础上,一侧脚向同侧迈出一步,身体重心随之迅速跟上,另一侧腿收回,在内侧靠拢着地,并承接体重,然后换腿练习。这是在滑行中横向移动重心的重要基础。

(3)横向交叉步移动

其动作与横向移动基本相同。它们的区别是,这种移动练习的一侧腿的回收是从支撑腿的上方越过,呈交叉步向侧移动重心。

初学者在学习迈步移动重心时,身体不要直立。因为直立姿势重心高,容易摔倒。正确的姿势应该是力求降低身体重心,上体前倾一些,腿部还要适当蹲屈,这样既可提高身体的平衡性,又有利于掌握动作。

3. 初步滑行练习

初学者在掌握了走步移动身体重心后,就可以开始学习向前的滑行动作。

(1)走步双滑练习

在学会向前八字走的基础上,每次连续走几步可产生一定的惯性,然后两脚迅速并拢,并由八字变为两脚平行,借助惯性向前滑行,体会身体向前滑的感觉。然后走几步再并拢双脚滑行,力争连续做几次。

平行滑行的关键在于把重心保持在两脚中间。

(2)高姿势交替蹬地交替滑行

双脚呈“八”字步站立,膝、踝微屈,上体直立。开始时,双脚同时向两侧蹬地,使双脚同时开始前滑,重心随之稍向左腿。左腿成支撑腿,右脚再稍多做一点蹬地动作后迅速收回,向左腿靠拢,脚尖稍偏外侧,落地自然形成八字步,同时,重心向右腿上移,左脚开始侧蹬地,蹬地后也迅速收回,脚尖外分落地,再承接重心由右腿蹬地。两脚交替蹬地,即可连续滑行。

(3)低姿势交替蹬地交替滑行

此练习是在上一练习的基础上,用速度轮滑的深蹲基本姿势做。由于该练习的腿弯曲较大,在动作幅度上比以上的练习大,用力时间也较长、力度也较大。

(四)直道滑行

1. 单脚蹬地双脚滑行

双脚平行站立,距离稍窄于肩。右脚内刃蹬地,将身体重心推送至向前滑行的左腿上,右脚蹬地后迅速收腿与左腿并拢成两脚滑行。接着,用左脚步内刃蹬地,将身体重心推至向前滑行的右腿上,左脚蹬地后迅速收腿与右腿并拢成两脚滑行。

练习方法:

①向前快步行走,利用向前的惯性,上体前倾,两腿半蹲,双脚向前滑行。

②一只脚用内刃向侧后蹬地,双脚滑行。待滑行停止后,再换另一脚用内刃向侧后蹬地,双脚滑行,反复练习。

2. 单脚蹬地单脚滑行

两脚稍分开呈“V”字形站立,上体前倾,两臂自然下垂,两腿弯曲。体重移到右腿上并用右腿内刃蹬地,左脚向前滑出,随着右腿蹬地动作的结束,把体重推送到左腿上,左腿成半蹲支撑惯性滑行,接着向前收右腿,同时左脚蹬地,随着左腿动作的结束,把体重推送到成半蹲支撑惯性滑行的右腿上,如此反复进行。

3. 直道滑行的摆臂动作

滑行时,两臂是顺着身体纵轴前后加速摆动。当两臂向上摆动时,可以增加蹬地腿的蹬地力量。两臂摆动越快,身体重心的移动也越快。如果在提高滑跑的频率,就必须减少摆臂的幅度,加快摆臂的频率。

直道滑行摆臂，前摆时与滑行方向一致，微屈肘，手摆到与肩同高的位置，后摆时臂接近伸直，稍高于肩。

4. 按标准身体姿势进行直道滑行

上体前倾，与地面成15°～20°，肩、背稍高于臀部，两手自然摆动，膝关节弯曲成90°～110°，踝关节成50°～70°。以这种姿势做单脚蹬地、单脚支撑惯性滑行练习。

练习方法：

①先做短步法的单脚支撑滑行练习。

②在掌握练习(1)动作的基础上，逐渐延长单脚支撑滑行的时间。

③练习自然摆臂逐渐过渡到两手放在背后互握的单脚滑行。

(五)弯道滑行

弯道滑行技术要点是：练习者要用交叉步滑行，一脚要用外刃，一脚要用内刃。

(1)左脚支撑

脚连续蹬地滑行，两脚平行站立，左脚用外刃支撑，右脚用内刃向侧后蹬地，左脚支撑做前外曲线滑行，右脚蹬地后迅速与左脚并拢，接着右脚再做一次蹬地动作，左脚继续做前外曲线滑行。

练习方法：

①从左脚步小曲线滑行到大曲线滑行，逐渐延长用外刃滑行的时间。

②在左脚支撑滑行一定时间后，可做外右脚外刃支撑滑行练习。

(2)交叉步滑行

当左脚外刃稳定的平衡时，右脚向左脚左侧前方迈一小步，在左脚步有短暂的滑行之后，左脚步就迅速从右腿后方收回，同时右脚蹬地，左脚直线滑行。

练习方法：

①在圆弧上做直线滑行步时，由做一次交叉步练习开始，逐渐增加交叉步的次数。

②在任意半径弧上做弯道交叉步滑行练习。

③当向左交叉步滑行熟练后，可做向右交叉步弯道滑行练习。

(六)转弯

转弯就是利用已有的滑行惯性，身体侧倒，重心侧移而转弯。

(1)左转弯

向前直滑取得一定的速度后，左脚前伸略领先于右脚，上体稍抬起，臀部下坐并向左移，重心要移到重心的左侧，头向左转，左膝、踝深屈，用力压外侧轮，右腿接近伸直，脚用力压内侧轮。借助惯性及轮滑支架的转向，克服离心力而转弯。

练习方法：

①直滑几步达到一定的速度后，左脚稍前，右脚稍后，身体稍向左倾倒，做慢速大弧度的慢转弯。

②同(1)练习，降低重心，用臀以下侧倒，做速度较快、弧度较小的急转弯。

(2)右转弯

动作要点和练习方法与左转弯相同,只是转弯时动作方法相反。

(七)向后滑行

(1)向后葫芦滑行

两脚平行站立,脚尖稍向内转,同时两腿弯曲,重心稍向后移,用两脚内侧轮向前蹬地。当两脚向后外最大弧线时,两脚跟用力内收,两膝用力撑直,恢复成开始姿势。随后,重复上述动作,继续向后滑行。

练习方法:

①开始练习时,可以在同伴帮助下做两脚用力的扭转脚腕动作的协调配合。

②做小幅度的向后葫芦滑行动作,体会向后滑行的感觉。滑行时两臂可侧举,上体稍前倾,以维持平衡。

(2)向后蛇形滑行

两脚平行站立,两腿弯曲,脚尖稍向内转。右脚内侧轮蹬地,同时重心向左侧移,呈左步向后滑行右,腿在体前自然伸直,随后右脚放在左脚侧面双脚滑行;用左脚蹬地,身体重心向右侧移动,呈右脚向后滑行,左脚在体前自然伸直,随后左脚放在右脚侧面,双脚滑行,反复练习。

练习方法:

①在练习向后葫芦滑行获得一定速度后,即可接做向后蛇形滑行。

②向后蛇行滑行,在左右各做一次后,使双脚向后滑行然后再做一次蛇行滑。

(八)注意事项

①轮滑练习时,一定要遵守循序渐进的原则,要从慢到快,从简到难,不要急于求成。练习过程中,要注意运动量的湿度与休息。

②轮滑练习前,一定要做好准备活动,把身体各部位充分活动开,其是下肢各关节部位。

③轮滑练习时,应戴一些防护用具。

④轮滑鞋的选择是很重要的,不能太大,也不能太小,大小要适宜。

⑤轮滑练习时,失去平衡跌倒的现象是经常出现的,在跌倒时,要注意做自我保护动作,可用双臂或双用撑地缓冲力量,或用背部或臀部着地,切忌用头部直接着地。

⑥在练习场地上应严禁随意追逐、打闹、横穿跑道等。在速滑跑道上严禁顺时针方向滑跑。

⑦在轮滑场上要自觉保持地面清洁,严禁扔果皮、烟头、冰棍杆、碎纸、绳头、空瓶子等杂物。

⑧轮滑场地应具备常用药品,一旦出现外伤可做及时处理。如骨折、脑震荡等,应将患者及时护送医院治疗。

乒乓球基本步法　乒乓球接发球技术　羽毛球基本步法　羽毛球发球技术

羽毛球运动礼仪　网球正手击球　网球反手击球

模块三　体适能篇

第十章　运动疗法

第一节　职业体适能的锻炼方法

一、坐姿类职业体适能锻炼方法

从事不同的职业需要不同的体能。具体职业的身体活动部位是局部的、重复的、固定持续的，因此完成各种动作时人体机能表现形式不同，其素质要求也就不一样。针对本章第一节已谈及的坐姿类职业的身体负荷特点，下面介绍坐姿类职业所应具备的身体素质及其锻炼方法。

(一)力量锻炼方法

人体各种活动都是在身体各部位肌肉牵动着关节和骨骼并克服各种阻力的情况下实现的。因此，肌肉是维持身体各种姿势的基础，坐位姿势是一种静态姿势，维持该姿势的肌纤维长时间处于一定的静力性紧张状态，坐姿时腰背部肌肉是主要的受力肌。有目的地锻炼坐姿，可使机体各部位的主要受力肌群增强肌肉弹性，改善组织，促进血液循环，增强新陈代谢，防止或降低组织疲劳。

根据坐姿类工作对体能的要求，应主要发展以下部位肌肉群的力量和耐力。

1. 颈肩部肌群力量锻炼方法

(1)屈伸探肩

准备要领：坐立姿势，上背挺直，双手叉腰，眼睛正视前方。

动作方法：头缓缓地向左偏，努力接近左肩，保持6～8s，还原；以相同的姿势换方向做，还原。

锻炼要求：动作缓慢进行，以防肌肉，韧带拉伤。

(2)摸耳屈伸

准备姿势：坐立姿势，两手自然放于体侧，眼睛正视前方。

动作要领：右手叉腰，将左手侧上举，越过头顶去摸右耳，同时头向左侧倾斜，还原；再用右手以同样的姿势去摸左耳，还原。

锻炼要求：动作应缓慢进行，以防肌肉、韧带拉伤。

(3)手侧压颈屈伸

准备姿势：坐立均可，上背挺直，眼睛直视前方。

动作要领：左手按头左侧，右手叉在右侧腰间。左手用力把头向右侧推压，而颈部则用力顶住，不让手轻易压倒，但逐渐被压倒。然后，颈部用力把头向上、向左抬起，而左手则用力压住头部，不让其轻易抬起，但逐渐完全竖直。练完一侧，换练另一侧。

锻炼要求：不要用过大、过猛的抗力，前几次用力要小些，以后几次再逐渐加大，以避免颈部扭伤。

切勿让颈部有任何旋转动作。

(4)双手正压颈屈伸

准备姿势：坐立均可，上背挺直，眼睛正视前方，双手十指交叉，按在脑后。

动作要领：双手用力压头部，使其向前下屈，颈部则用力顶住，不让其轻易下压，但逐渐被压倒，下颌触及胸骨。然后，颈部用力把头向上抬起，而两手则用力压住头部，不让其轻易抬起，但逐渐抬到原位。

锻炼要求：头部屈伸时，身体不要前俯后仰，不要用过大、过猛的抗力，前几次用力要小些，以后几次再逐渐加大，以避免颈部扭伤。切勿让颈部有任何旋转动作。

(5)耸肩

准备姿势：坐立均可，上背挺直，双手叉腰，眼睛正视前方。

动作要领：双肩后展，做以肩关节为中心的绕环动作。

锻炼要求：双肩充分后展，不要拱背。

2. 腰背部肌群力量锻炼方法

(1)徒手锻炼

①体后屈伸

准备姿势：身体俯卧在垫子或凳子上。

动作要领：以髋部支撑，双脚固定，两臂前举，并连续做上体后屈伸动作。

锻炼要求：体后屈时，上体尽量抬高。前几次动作幅度应小些，以防腰背肌拉伤。

②俯卧背腿

准备姿势：身体俯卧在垫子或凳子上，两腿并拢伸直。

动作要领：以髋部支撑，两臂自然伸直置于体侧，连续做两腿向上振起动作。

锻炼要求：两腿尽量向上振起，前几次动作幅度应小些，以防腰背肌拉伤。

(2)器械锻炼

①仰卧过顶

准备姿势：身体仰卧在地板或垫子上，两腿并拢伸直。

动作要领：双头重叠握住哑铃把的一端，另一端放下。开始时将哑铃提起，两臂伸直，重量承受在胸部上端，然后慢慢从头顶向下放，直至两臂能舒适地伸展到头顶的后下方，然后开始举回成原来的姿势。

锻炼要求：下放时开始吸气，放至最低点肺部刚好充满气；开始上举时呼气，恢复到原来姿势时结束。

②哑铃单臂划船运动

准备姿势：两脚左右开立，身体前屈，一只手支撑于矮凳上，另一只手提起哑铃。

动作要领：吸气用力，持哑铃手侧上提至胸部高度，再呼气放下。连续 8 ~ 12 次之后，再换另一只手练习。

锻炼要求:动作节奏不宜太快,切勿用猛力。

③杠铃屈体划船运动

准备姿势:两手握紧杠铃,两手距离约同肩宽,上体前倾,头颈及背部保持平直,双膝稍弯曲以减轻下背及腿后部的压力。

动作要领:吸气上拉杠铃至腹部,同时身体呈立正姿势。再慢慢放下,回到准备姿势,同时伴随呼气。

锻炼要求:动作节奏不宜过快,切勿用猛力。

④杠铃提拉

准备姿势:站立于杠铃前,两腿自然开立。

动作要领:两膝稍弯曲,上体前屈,两手正握杠铃,握距约同肩宽,两臂伸直,调整好呼吸后,吸气用力慢慢提拉杠铃,此时头部及背部须保持平直,至腹部再放下。

锻炼要求:臂部低于肩膀,头、背保持平直,杠铃重量应逐渐增加。

3. 腕部肌群肌肉力量锻炼方法

(1)屈伸腕动态练习

准备姿势:立正姿势,一手持哑铃,掌心朝上。

动作要领:一手持哑铃,另一手微托哑铃手肘关节,靠于腰部,手紧握哑铃,以两秒钟一次的频率做屈伸腕运动。

锻炼要求:每个动作的幅度都要尽量做到最大,切记不要太快。

(2)屈伸腕静态练习

准备姿势:立正姿势,一手持哑铃,手掌朝上。

动作要领:一手持哑铃,另一手微托哑铃手肘关节,靠于腰部,手紧握哑铃充分屈腕,静止 15 s,休息 5s,再充分伸腕静止 15 s。

锻炼要求:每个动作的幅度都要尽量做到最大,切记动作不要太快。

(3)"8"字绕环

准备姿势:立正姿势,一手持哑铃,男生可以双手持哑铃,掌心朝上。

动作要领:持哑铃做"8"字绕环运动。

练习要求:每个动作的幅度都要尽量做到最大,切记不要太快。

4. 颈、肩、腰背肌群的自我放松与相互按摩锻炼方法

(1)按揉颈肌

准备姿势:坐立均可,双目微闭。

动作要领:双手十指交叉放于颈后两侧,自下而上用掌跟按揉颈肌。

锻炼要求:主要用两拇指大鱼际按揉颈肌,动作要有节奏,根据个人情况选择按揉力度。

(2)穴旋肩

准备姿势:坐立均可屈肘,双目微闭。

动作要领:两手中指分别点按肩颈穴,前后绕环各 4 拍。

锻炼要求:找准肩颈穴,根据个人情况选择按揉力度。

(3)放松背部肌肉

准备姿势:双腿直立,与肩同宽。

动作要领:双手在背后十指交叉握住,肩膀打开,双手尽量往后伸。

锻炼要求:双肩尽量打开,动作幅度由小到大。

(4)轻揉腰肌

准备姿势:坐立均可。

动作要领:先用双手轻揉腰部肌肉,至有发热感后再以双手掌根推拿腰肌 10 次,最后握空拳轻轻叩击腰部。

锻炼要求:力度均匀,由小到大。

(二)柔韧性锻炼方法

柔韧性锻炼对于需要长久静坐的职业人尤为重要。例如,汽车驾驶员进行伸展性练习,可有助于提高其关节的灵活性,使其头部转动自如,向后转越过肩部观察到一些盲点,从而有助于完成停车以及倒车等动作。

下面简单讲述发展颈部、肩部及腰背部柔韧性的方法。

1. 颈部柔韧性锻炼方法

(1)扭转望月

准备姿势:坐立均可,上背挺直,双手叉腰,眼睛正视前方。

动作要领:头缓缓地向左后旋转,目光注视前上方,尽最大努力,保持 6 ~ 8 秒,还原;以相同的姿势换方向做,还原。

锻炼要求:动作过程要缓慢,切勿转体带动颈部旋转。

(2)屈伸探肩

准备姿势:坐立均可,上背挺直,双手叉腰,眼睛正视前方。

动作要领:头缓缓地向左倒,努力接近左肩,保持 6 ~ 8s,还原;以相同的姿势换方向做,还原。

锻炼要求:动作过程要缓慢,以防肌肉、韧带拉伤。

(3)“米”字形弯曲

准备姿势:坐立均可,上背挺直,双手叉腰,眼睛下正视前方。

动作方法:头部依次向前弯—复位—向左弯—复位—向后弯—复位—向右弯—复位;然后依次做左前弯—复位—左后弯—复位—右后弯—复位—右前弯—复位。

锻炼要求:动作过程要缓慢,幅度由小到大。

(4)前后摆头

准备姿势:坐立姿势,上背挺直,双手叉腰,眼睛正视前方。

动作要领:缓慢低头,下颌尽量靠近胸骨,拉抻颈部肌肉,持续 30 秒,还原;头向后屈伸,保持 30 s,还原。

锻炼要求:动作过程要缓慢,幅度由小到大。

2. 肩关节柔韧性锻炼

(1)双肩绕环

准备姿势:坐立均可,上背挺直,眼睛正视前方。

动作要领:左肩先向前绕环,重复10次左右;右肩再向前绕环,重复10次左右。

锻炼要求:动作过程要缓慢,幅度由小到大。

(2)拉伸肩膀

准备姿势:坐立均可,上背挺直。

动作要领:左手直臂内旋尽量往上升,同时右手屈肘反手经头后握住左手,尽量往右侧拉,保持6~8 s,还原;换另一臂拉伸,还原。

锻炼要求:动作过程要缓慢,幅度由小到大。

(3)体前拉伸

准备姿势:坐立均可,上背挺直,眼睛正视前方。

动作要领:身体面对正前方,左臂经体前向异侧平举,右臂屈肘握住左臂,并向内拉引直臂,五指尽量伸展,保持6~8 s,还原;换另一臂拉伸,还原。

锻炼要求:动作过程要缓慢,幅度由小到大。

(4)肩膀上提

准备姿势:坐立均可,屈肘。

动作要领:两手中指分别放松按于肩膀上,肩部用力往上提,上体充分舒展,在关节活动最大范围处静止20~30 s,还原,放松。

锻炼要求:动作过程要缓慢,幅度由小到大。

3. 腰背部柔韧性的锻炼方法

(1)俯腰

准备姿势:并步站立,两腿挺膝夹紧,两手十指交叉,两臂伸直上举,手心向上。

动作要领:上体弯腰前俯,两手心尽量向下贴紧地面,两膝保持挺直,髋关节屈紧,腰背部充分伸展,两手直臂分别握住同侧踝关节,使胸部贴紧双腿,充分伸展腰背部,持续一定时间后再放松起立,还可以在双手触地时向左侧或右侧转腰,用两手心触及两脚外侧的地面,以增大腰部伸展时左右转动的柔韧性。

锻炼要求:动作过程要缓慢,幅度由小到大。

(2)甩腰

准备姿势:并步站立,上身挺直。

动作要领:练习时一腿支撑,另一腿向后上方直腿摆动,同时两臂伸直,随身体向后弯曲做摆振动作,使腰背部被充分压紧,腹部充分伸展。

锻炼要求:动作过程要缓慢,幅度由小到大。

(3)体侧屈

准备姿势:并步站立,上身挺直。

动作要领:右手叉腰,左手伸直,上体尽量向左侧倾斜,保持6~8 s,还原,换方向做。

锻炼要求:动作过程要缓慢,幅度由小到大,上体不要有扭转动作。

(4)转体

准备姿势:两脚开立,上身挺直。

动作要领:左臂屈肘,反手经体后放至右侧腰部,向左转体的同时右手屈肘,反手经体前绕至颈后部。上体尽量向左转体,保持6～8 s,还原,换方向做。

锻炼要求:作过程要缓慢,幅度由小到大。

二、站姿类职业体适能锻炼方法

从事站立型职业,身体常处于立姿状态,对下肢力量与耐力要求较高,为此在体能锻炼中应以发张下肢和腰腹肌肉的力量为主,并练习一些形体操、健美操,使之形成合理的站立姿势与优美的形态。同时可考虑开设野外生存训练、轮滑等项目,这对发展下肢、腰腹部力量,改善身体的平衡能力和灵敏素质具有良好的效果。

1.腿部肌肉力量的锻炼方法

(1)深蹲

重点锻炼部位:大腿肌群、臀大肌和下背肌群。

起始姿势:站在深蹲架前,屈膝,两手握住深蹲架上的杠铃并担负在颈后肩上。向前走两步,两脚开立,略宽于肩,足趾稍后向外撇,身体伸直。

动作要领:屈膝下蹲到大腿和地面平行或稍低,静止一分钟,大腿和臀部用力使两脚蹬地,使身体恢复到直立。按规定次数和组数重复练习,完成后退回几步,把杠铃放回深蹲架上。

锻炼要求:在做整个动作的过程中,背部要平直,上体勿前倾,臀部不要后突,后腰要下榻,动作要稳定,腿部快伸直时,用力挺直膝关节。

(2)腿屈伸

重点锻炼部位:股四头肌。

起始姿势:坐在装有伸腿架的卧推凳上,两脚背面分别紧贴于下拖棍的下缘,双手握住凳的两边,使上体挺直。

动作要领:用股四头肌的收缩力慢慢使两腿伸直,保持这个静止状态1～2 s,然后慢慢复原。

锻炼要求:可以绷直脚背,也可以把脚后跟内旋或者外转来体会不同的受力方式。

(3)腿弯举

重点锻炼部位:股二头肌。

起始姿势:可以绷直脚背,也可以把脚后跟内旋或者外传来体会不同的受力方式。

动作要领:俯卧于卧推凳上,使膝盖正好抵住凳缘,两腿伸直使脚跟紧贴于上托棍的下缘,双手握住凳的前端。

锻炼要求:集中收缩股二头肌,使小腿彻底收紧,保持这个静止状态1～2 s,然后慢慢复原。

(4)踮脚跳跃

重点锻炼部位:消退后侧肌群。

起始姿势:两脚脚尖踮起并拢站立,两手叉腰。

动作要领:双脚前脚掌起跳,下落时前脚掌先着地,然后全脚掌着地,再踮脚起跳。

锻炼要求:原地向上纵跳,膝盖绷直。为提高锻炼者兴趣,可以采用足跟不着地的跳绳。

2. 腰腹部肌肉力量的锻炼方法

(1)搁腿仰卧

重点锻炼部位:上腹部。

起始姿势:仰卧于垫子上,两小腿平行搁于凳缘,双手交叉抱于头后。

动作要领:慢慢使之双肩向膝盖歪曲,直至肩胛骨离地 3 ~5 cm 即可,保持这个姿势 1 ~ 3 s,然后复原。

锻炼要求:屈体收腹时,下背必须紧贴垫子,使腹部有较强的收缩感。

(2)直腿上举

重点锻炼部位:下腹部。

起始姿势:仰卧于垫子上,两腿并拢伸直,双手防御体侧。

动作要领:双腿并拢伸直,靠腹部的力量将腿慢慢举起,保持躯干与大腿成 120 度°的夹角,静止 5 ~10 s,然后复原。

锻炼要求:直腿并拢。

3. 改善身体姿态的锻炼方法

形体训练是身体姿态训练的一种重要方式。形体训练是静力性活动和控制能力的练习。形体基本素质练习是形体训练最重要的内容之一。在练习中可采用单人练习和双人配合练习两种形式。形体基本素质中,最重要的是力量和柔韧性。它们的好坏涉及形体的控制力和表现力。

形体训练中的主要肌群包括:

(1)颈肌群

重点练习部位:胸锁乳突肌。

(2)肩部肌群

重点练习部位:三角肌、肱二头肌。

(3)胸部肌群

重点练习部位:胸大肌。

(4)背部肌群

重点练习部位:背阔肌。

(5)腹部肌群

重点练习部位:腹肌。

(6)臀部肌群。

重点练习部位:臀大肌。

(7)腿部肌群

重点练习部位:股四头肌。

三、变姿类职业体适能锻炼方法

1. 增强心肺功能的锻炼方法

现场作业时,心脏功能要随工作强度的改变而适当调整,以满足工作的需要,据对建筑工作现场的技术员心肺功能研调发现,有些员工在烈日下工作,常出现因心脏功能不能适应高温环境而昏厥的现象。因此,对室外工作的人员加强心肺功能的训练是必要的。

2. 提高肌肉耐力的锻炼方法

肌肉耐力是肌肉长时间维持工作的能力。高抬举作业,如手举焊枪、紧固螺丝和打孔等,需要保持长时间的肌肉收缩状态。如果肌肉耐力不好,将导致肌肉供血不足,肌肉代谢废物不能及时排除,引起局部肌肉疲劳,工作效率降低,甚至出现工伤事故。提高肌肉耐力的练习应采用小负荷、重复多次的练习方法。

(1)侧弯举

重点锻炼部位:主要发展前臂伸指肌群,同时发展上臂前侧肌群。

动作要领:两手或一手侧握哑铃(拳眼向前),上臂紧贴体侧,持铃向上弯起至肩前,缓慢下放复原。

(2)正握腕弯举

重点锻炼部位:主要锻炼前臂伸肌群和上臂外侧肌群。

动作要领:双手正握杠铃(掌心朝前),握距与肩同宽,上臂紧贴体侧,向上弯举杠铃,举至极限后缓慢放下还原。动作过程中,前臂肌群始终保持张紧用力的状态。

(3)反握腕弯举

重点锻炼部位:主要锻炼前臂屈肌群。

动作要领:坐在凳端,两手掌心向上反握哑铃,握距与肩同宽,前臂贴放大腿上,手腕放松。用力将哑铃向上弯起至不能再弯时为止,然后放松还原。此动作可以将前臂垫在平凳上做,也可单手持哑铃。

(4)手内旋弯举

重点锻炼部位:主要锻炼前臂肌群。

动作要领:坐姿,一手持哑铃一端,另一手支撑,持哑铃手前臂贴平或斜板上。做手的内旋外转动作。可加大重量快速进行,以提高前臂肌的力量和灵敏性。

(5)仰卧后撑

重点锻炼部位:肱二头肌、胸大肌、三角肌和大圆肌等。

动作要领:身体仰卧,两手背后撑在稍高的凳子上,两脚放在较矮的凳子或平地上,身体其他部位悬空,

呼气,两肩放松,两臂慢慢屈肘,身体尽量下沉(尤其要沉臂),稍停 2 ~ 3s,然后吸气,用力伸直两臂撑起身体还原。

3. 抗热、抗寒、抗风雨、抗辐射能力的锻炼

室外工作时,夏天的炎热,冬天的寒冷以及风雨霜雪,都可引起人体免疫能力的降低,导致机体不适,进而引起疾病。对此,应加强有氧运动,以提高免疫力。同时,可参加定向越

野、野外素质拓展等项目，以提高抗疲劳能力，野外生存能力和环境适应能力等。

4. 提高平衡能力的锻炼方法

有效的平衡有赖于柔韧性、躯干主要肌肉的力量，以及良好的肌肉协调性。这对于高空作业者，像高空建筑工人等，是必须具备的能力。因此，在体能训练或运动项目选择时，应考虑发展前稳定性、下肢肌肉静力性耐力、灵敏性的需要。下面重点介绍提高平衡能力的几种方法。

（1）燕式平衡

锻炼目的：增强小腿、后背和腹部主要肌肉的工作的稳定性。

动作要领：由站立开始，右脚向前迈一步，上体前倾，左腿后上举高于头，抬头挺胸，两臂侧举成燕式平衡。做动作时支撑的腿要伸直，两腿交替进行。

（2）静止搭桥

锻炼目的：增强后背和腹部主要肌肉的工作的稳定性。

动作要领：屈腿平躺，脚着地，手臂放在体侧，脊柱位于中间位置，臀部、大腿和躯干肌肉用力提起骨盆，直到肩膀与膝盖连成直线，然后身体缓慢下降，还原。

（3）借球搭桥

锻炼目的：这项训练比较有挑战性，专门增强躯干的主要肌肉、腘绳肌、臀部和股四头肌的工作的稳定性。

动作要领：平躺，双脚放在健身球上，膝盖微屈，手臂置于体侧。做搭桥练习时，脚后跟用力压球面，以保持身体平衡，上手向上伸直，慢慢放下身体，还原。

第二节　坐姿类学生职业性疾病预防与疗法

据临床医学论证，静力坐姿劳动诱发慢性疾病的患病率为55% ~60% ，颈椎病、腰肌劳损、肩周炎以及视觉疲劳综合征的患病人群多于出其他患病人群。调查显示，坐姿类职业者身体素质整体呈下降状态，长期久坐及运动缺乏造成坐姿类职业从业人员耐力、肺活量、爆发力和视力明显下降。

在坐姿类职业从业人员中，下班后能够从事运动锻炼的人占少数，大多数人没有科学的体能训练方案，也不了解针对坐姿类职业的体能训练方法。长期繁重的工作加之疏于身体锻炼，一定程度上阻碍了工作的正常进行，降低了工作效率，增加了从业人员的压力，同时造成较大的医疗支出。从职业角度来看，坐姿类职业以脑力劳动为主，伏案工作的时间较长，长期以单一的身体姿势进行工作。繁忙的工作、精神的高度集中需要从业人员有充足的体能保障，这种体能不仅是满足工作需要的体力，还包括顽强的意志力和较为持久的耐力。坐姿类职业的工作环境要求他们具备足够的心理承受能力和良好的情绪调节能力。加强体能训练，适应工作环境需要，预防职业病发生，对即将从事坐姿类职业学生来说是必要的。

(一)颈椎病

1. 什么是颈椎病

颈椎病是一种常见病,是指颈椎间盘退行性改变、颈椎骨质增生以及颈部损伤等引起颈段脊柱内外平衡失调,刺激或压迫颈部神经、血管而产生的一系列症状。该病的主要症状是颈部和背部的功能障碍和疼痛,表现为颈部、肩部、上肢 麻木和头晕。

2. 致病原因

颈椎病产生的原因有颈部受到风寒、外伤或老化、劳损和代谢失常等。长时间伏案工作,使颈椎长期处于屈曲位或某些特定体位,不仅使颈椎间盘的压力增大,而且也使颈部肌肉长期处于非协调受力状态。颈部肌肉细长而不丰厚,易受牵拉而劳损,椎体前缘相互磨损、增生,再加上扭转、侧屈过度,进一步损伤而引起各种病变。

3. 运动治疗法的作用

运动治疗法可以缓解因炎症而粘连的组织,牵伸肌肉,减轻痉挛,加强局部血液循环,减轻局部疼痛等症状。同时,可以加强颈肩部肌肉力量,改善关节灵活性,使肌肉的收缩运动与放松运动有机地结合起来,能明显减轻疼痛症状和改善运动功能。

4. 预防与运动疗法

(1)预防

在工作时应经常做几秒钟的抬头动作,活动颈部的肌肉。工作中的课间操的编制要增加头颈部的活动内容,如颈部旋转或侧摆运动等。保持颈部温度,不要受凉、受潮,秋冬可穿立领衣服或戴围巾。避免看电视或看书时头部处于屈曲位。

(2)运动疗法

①操化动作。双掌擦颈、左顾右盼、前后点头、旋肩舒颈、颈项争力、摇头晃脑。

②体育运动。打排球、羽毛球和参加游泳等运动时,因经常做头部上扬配合手臂的动作,颈肩肌群能得到很好的锻炼,可增强功能,缓解症状,但疼痛急性期不宜做此类运动。

(二)腰肌劳损

1. 什么是腰肌劳损

腰肌劳损主要是腰骶部肌肉、筋膜等软组织的慢性损伤而引起的,主要症状为腰骶部酸痛或胀痛、部分刺痛或灼痛;其发病率为 15.2%,其中男性患病率高于女性,好发于青壮年中过于肥胖或过于瘦弱的人。

2. 致病原因

腰部肌肉超负荷做功,持续的紧张状态使小血管受压,供氧不足,代谢产物堆积,刺激局部而形成损伤性炎症。如腰部外伤(急性腰扭伤等)、腰姿不正、突然负重、腹压增高、环 境因素、职业因素等。

3. 运动疗法的作用

运动疗法可以松解因炎症而粘连的组织,牵伸肌肉,减轻痉挛,加强局部血液循环,减轻局部疼痛等症状，同时可以改善腰骶部的活动功能，加强肌肉力量，改善和纠正由病变引起的腰部肌力平衡失调，保护脊柱和腰部组织结构。

4. 预防与运动疗法

(1)预防

①养成良好坐姿习惯，保持收腹、立腰，适时起身走动，避免长期保持同一个姿势。

②搬重物时，应贴近物体先蹲下，双手搬起东西，模仿举重运动员的动作，腰部紧张，上身挺直，用腿部力量站起来。

③在业余体育活动中，可以每天倒走几次，每次 3 ~5 min。

④经常参加太极拳、五禽戏、健身操的锻炼，这些传统的健身方法对预防腰肌劳损很有益处。

⑤加强腰部肌群力量和柔韧性练习。

(2)运动疗法

①双手叉腰倒走可加快腰部血液循环，改善腰部营养供应。

②仰卧床上，双腿屈曲，以双足、双肘和后头部为支点(五点支撑)用力将臀部抬高，如拱桥状，故名“拱桥式”。每次持续 3 ~5 s，然后缓慢放下，休息 3 ~5 s，以此为一个周期。

③在地上或床上仰躺，全身放松，呼吸调顺后，手放在身体两侧，双腿伸直，然后将头、上肢和下肢用力向上抬起，不要使肘和膝关节屈曲，要始终保持伸直，如飞燕状。反复锻炼 20 ~40 次。

注意：若“拱桥式”和“飞燕式”锻炼后感到腰部疼痛、发僵等，应适当地减量或停止锻炼，以免加重症状。

(三)肩周炎

1. 什么是肩周炎

肩周炎又称肩关节组织炎，是肩周肌肉、肌腱、滑囊和关节囊等软组织的慢性炎症，此类疾病常见于 50 岁左右的人群，其中女性多于男性，肩周两侧同时发病者少见。

2. 致病原因

肩关节是人体全身各关节中活动范围最大的关节。其关节囊较松弛，关节的稳定性大部分靠关节周围的肌肉、肌腱和韧带来维持。肌腱本身的血液供应能力较差，而且随着年龄的增长而发生退行人体供血能力会退行。办公室的工作人员由于长期伏案工作，肩部的肌肉韧带长期处在紧张状态；加之肩关节活动频繁，周围软组织经常受到各方面的摩擦挤压，因而易发生慢性劳损。

3. 运动疗法的作用

运动疗法可以改善局部血液循环，促进新陈代谢，缓解肌肉痉挛，达到消炎止痛的目的。同时，可松解肩关节周围肌肉、韧带及关节囊的粘连，恢复肩关节的运动功能。

4. 预防与运动疗法

(1)预防

如果坐30分钟到一小时后,应该及时往后伸懒腰,最好起来走动,活动肩部。例如,拉二胡等职业,因肩部长期保持一个状态,应在每次结束时及时按摩肩部肌肉,避免肌肉疲劳。

(2)运动疗法

①弯腰转肩。弯下腰,自然垂下手臂,然后以肩为中心,将患侧肩膀由里向外,或者由外向里做画圈运动,以此带动肩关节活动。

②手指爬墙。患者面对墙壁站立,用患病一侧手指沿墙缓缓向上爬动,使上肢尽量高举,到最大限度停留2~6 s。在墙上做一个记号,然后再徐徐向下,返回原处,反复进行,逐渐增加高度。

③拉拽肩膀。可以把手放在胸前,用正常一侧肩和手帮助拉拽患侧的手和肩,做内收动作;也可以把手放在背后,依旧用正常一侧肩和手帮助拉拽患侧的手和肩,做内旋动作。锻炼后需要进行降温处理,以减少由于组织损伤和出血造成的肩关节活动度受限的加重。

(四)视疲劳综合征

1. 什么是视疲劳综合征

视疲劳综合征是以眼部各种不适症状为突出表现的一组症候群,主要表现为眼球酸胀不适或疼痛,视物模糊,不能久视。

2. 致病原因

电脑工作人员因长时间精力集中于屏幕,眨眼次数会明显减少,眼睛特别容易干涩。美国的一项统计显示,一个人一天持续看电脑超过4小时,每周持续4天以上,持续1年,50%~90%的人会或多或少地出现视疲劳综合征。

3. 预防与运动疗法

(1)预防

与电脑或者手机屏幕需要保持70 cm以上距离,放置位置应比双眼视线略低;注视屏幕1小时后要休息5分钟,望望远处,转动眼球,眨眨眼;把屏幕亮度调整到不使眼睛疲劳的程度;要避免室内的光线直接照射在屏幕上产生干扰光线;眼睛疲劳时,可以用以淡红茶水煮过的湿巾敷几分钟眼睛,充血和疲劳感会很快消除。

(2)运动治疗

运动治疗方法包括转眼法、极目法、烫眼法、洗眼法等。

第三节　站姿类学生职业性疾病预防与疗法

工作引起的慢性肌肉骨骼损伤是一种常见的职业性多发病,此类疾病目前在一些国家已成为主要的职业健康问题。

在诸多因素中,不良的工作体位使得局部肌肉骨骼静力负荷过重,是许多职业人群慢性肌肉骨骼损伤主要因素之一。本节主要讲解站姿类职业中几种常见的职业 性疾病的预防与运动疗法。

一、肌肉骨骼损伤的预防与运动疗法

肌肉骨骼损伤是一种常见的与工作相关的疾病,影响范围很广,各种行业的人群都可能发生,主要有下背痛等常见病症。

立位作业容易引起的疾患中,下背痛是一种常见的劳动损伤,半数以上劳动者在其身强力壮时都曾患过下背痛。职业性下背痛可分为三种:腰肌不全、腰痛和坐骨神经痛。负重且需要经常弯腰或转体的作业下背痛发病率较高,如搬运工、护理人员及其他重体力劳动者和需要长时间维持某种体位或不自然姿势的人患下背痛发病率很高,发病的原因可能与腰部负荷过重、多度疲劳相关。腰肌不全和腰痛表现为下背部疲劳、强直或疼痛,发作时常使人丧失劳动能力,检查可见其沿脊椎肌群极度紧张,触摸患者肌肉或柱骨棘突时有疼痛感。坐骨神经痛呈放射性,可放射到大腿后、侧部和小腿,脚趾常发麻或有刺痛感。

其常见症状有下背、腰骶和臀部疼痛。

(一)职业性下背痛的主要原因

①负重。负荷过大可使腰部肌肉、骨骼和椎间盘等支撑系统发生损伤。

②姿势。长时间保持某种姿势,为了支撑人体上身的重量,腰部处于持续紧张状态,如果不能保持自然姿势,就会相关身体部位负荷增大,特别是增加了腰部负担。

③用力不当。用力要自然、顺畅,避免突然用较大的力。

④负重过程中突然转身是造成损伤的常见原因。

(二)职业性下背痛的三种主要类型

①腰功能不全,表现为下背部疲劳、强直或疼痛。清早起床向前弯腰、持久保持站或坐的姿势均可引起发作,发作时腰不能伸直。

②腰痛。腰部剧烈疼痛,活动受限,多发生于突然用力或转身等动作后。

③坐骨神经痛。疼痛向腿的后、侧部放射,脚和趾有麻木或刺痛感。这几种情况会单独出现,也一种以上同时发生。下背痛一般表现为间歇性,严重发作时可丧失劳动力,间歇期数月至数年不等,不发作时症状消失且能进行正常活动。

(三)运动疗法的作用

运动可增加背部肌肉的柔软度与关节的灵活度,同时增强肌肉的强度和耐力,进而增进全身的气血循环和缓解身心压力,是治疗下背痛行之有效的方法。

(四)预防与运动疗法

1. 预防

预防下背痛的方法主要是保持正确的姿势。站立时尽量使头部、颈部、胸椎及腰成直线，不要驼背，也不要过度前挺腹部。腹肌的收缩也有助于正确的姿势。从事适度的运动，增加肌肉的力量及耐力，也可预防下背痛。选择运动项目时，可考虑太极拳、气功等轻量的运动项目。此外，应注意适度休息。如果工作需要较长的时间，大约 20 min 便要起身做些简单的伸展操，以免肌肉长期处于紧张状态。

2. 运动疗法

①放松运动。先仰卧，闭上双眼，再做深而慢的吸气，然后慢慢将气呼出。做动作时，要让全身放松。

②骨盆斜抬运动。仰卧，双膝弯曲，然后臂部用力夹紧收缩腹部，压迫下背部紧贴在地板上，再抬高臂部 3 ~6 cm。

③单侧抱膝运动。仰卧，双膝弯曲，然后夹紧臂部，收缩腹部，再双手抱单膝靠近胸部，最后恢复到原来位置，重复做 4 ~6 次，再换膝做。

④双侧抱膝运动。平躺屈膝，抱双膝触胸，慢慢抱紧，直到感觉背部被伸展为止，重复 4 ~6 次。

二、下肢静脉曲张的预防与运动疗法

下肢静脉曲张是指下肢浅静脉系统处于伸长、蜿蜒而曲张的状态。由于劳动引起的下肢静脉曲张多见于从事长期站立或行走工作的人，如警察、纺织工等。如果站立的同时需要负重，则发生这种疾患的概率更大。该病随工龄延长而增加，女性比男性更容易患病，发病部位常见于在小腿内上侧。出现下肢静脉曲张后人会感到下肢及脚部疲劳、坠胀或疼痛，严重者会出现水肿、溃疡、化脓性血栓静脉炎等。

(一) 下肢静脉曲张的常见症状

①表层血管像蚯蚓一样曲张，明显凸出皮肤曲张呈团状或结节状。

②腿部有酸胀感，晚上重，早上轻，皮肤有色素沉着，颜色发暗，皮肤有脱屑、瘙痒症状，足踝有水肿。

③腹水、肝脾肿大，呕血、黑便，双下肢广泛水肿，患肢疼痛，运动时疼痛加剧，有时静止时也会疼痛，夜间疼痛会加重。

④肢体有异样感，肢体发冷，肢体潮热，患肢变细，变粗糙，皮肤有针刺感、奇痒感、麻木感或灼热感。

⑤表皮温度升高，有疼痛和压痛感。

⑥趾(指)甲增厚、变形，生长缓慢或停止。

⑦产生坏疽和溃疡。

(二) 运动疗法的作用

从血液动力学的角度进行观察，通过体育锻炼，肌肉规律性收缩，深部静脉血液回流加速，减少皮下静脉的压力。根据国外研究，运动可增加足踝关节的柔软度，而足踝关节的柔软度增加，有助于减少下肢静脉曲张。可见，体育锻炼有助于预防和改善下肢静脉曲张。

(三)预防与运动疗法

1. 预防

①平时要多做双腿上下摆动或蹬夹练习,多做腿部按摩。

②站立时,不要总用两条腿一起支撑全身重量,可有所侧重,让两条腿轮换休息;要经常踮起脚尖,让脚后跟一起一落活动,或经常进行下蹲练习。上述动作都能引起小腿肌肉强烈收缩,减少静脉血液积聚。

③负重前,先将腿脚垫高,用弹性绷带将小腿绑扎,防止下肢静脉瘀血扩张。绑扎时,应从踝部向上绑扎,并尽量扎得稍紧一些。

④每晚睡觉前,要养成用热水洗脚的习惯,忌用冷水洗脚。用热水洗脚,能消除疲劳,有利于睡眠,更能活血化瘀。

2. 运动疗法

下肢静脉曲张的人,因为静脉瓣膜有损坏,故应该避免引起腹压增高的活动,但是可以进行游泳、慢跑、自行车、跳绳等活动。各种呼吸练习有助于调节胸、腹腔的压力,所以在运动中应该注意调节呼吸。运动后可抬高肢体或做向心性按摩,促进下肢静脉的血液回流。平时可做一些医疗操,如平卧于床,抬高患肢45°并维持2~3 min,或直抬腿向上、向下运动数分钟,每日练习3~4次,以促使下肢静脉血液回流加快。三、扁平脚的运动疗法

三、扁平足的运动疗法

扁平脚又称平足症,任何骨、韧带、肌肉生理异常,导致足内侧、外侧纵弓和横弓出现塌陷或消失,都为平足症。它通常分为姿势性平足症和痉挛性平足症。

(一)扁平脚的主要原因

脚部长期承受较大负荷,如立姿作业、行走、搬运或需要用力踩脚控制器,会使胫部肌肉过劳,韧带拉长、松弛,导致脚弓变平,成为扁平脚。扁平脚形成比较缓慢,但青少年期若从事此类作业则该症发生和发展速度均较快。

(二)扁平脚的主要表现

扁平脚症状早期表现为脚跟及跖骨头疼痛,随着病情继续发展,可有步态改变、下肢肌肉疲劳、坐骨神经痛、腓肠肌痉挛等,严重时,站立及步行即出现剧烈疼痛,并伴有胫部水肿。

(三)运动疗法的作用

运动疗法可改善与加强小腿、踝、足部的血液循环,增强胫骨前肌、腓肠肌、胫骨后肌、屈指长肌及足部肌肉韧带的力量及弹性,维持足弓的正常生理曲度,加强足弓对生理负荷的承受能力。

（四）运动疗法

1. 功能锻炼

用足跖行走，屈跖运动，提踵外旋运动。

2. 做矫正操

矫正操主要是锻炼胫骨前肌、腓肠肌、胫骨后肌、屈指长肌及足部肌。其锻炼形式有足尖走、足跟走、足外侧走、踢毽子等，以及坐位时进行足内翻、足趾屈伸和分开并拢、足趾钳物等。每日锻炼2～3次，每次30 min左右。具体的方法有在斜坡上步行，走足尖步，用足外侧缘步行，在屈趾状态下用足外侧缘步行，在鹅卵石、沙滩或凹凸不平的路上行走等。

四、压迫及摩擦所致疾患

1. 胼胝

身体与工具或其他物体接触的部位因摩擦和压迫，局部皮肤反复充血、表皮增生及角化，形成胼胝或胼胝化。胼胝和胼胝化最常见的部位是手部，其次是脚。这种情况一般不影响作业，甚至还具有一定的保护作用，但如果数量多或面积大，也会使活动受限，感觉灵敏度降低，影响人体正常功能。如果发生感染，出现炎症，则会影响身体健康。

2. 滑囊炎

滑囊炎是一种常见疾患，很多工种都会引人体起滑囊炎，尤其多见于从事快速、重复性操作的人群。滑囊炎可发生于各种不同的部位，如包装工的腕部、站姿工作者的膝部等。

滑囊炎发生的原因主要是局部长期受到强烈的压迫和摩擦。职业性滑囊炎呈慢性或亚急性过程，一般症状较轻，表现为局部疼痛、肿胀，对人体功能运行的影响不大。

五、腰椎病

近年来，腰椎病的发病率不断上涨，给人们的生活带来了影响，如不重视对腰椎病的预防，就可能让此病轻易“走进”学习、生活和工作中的人群。

（一）腰椎病常见症状

腰椎病的典型症状是腰痛及腿部放射性疼痛。

①腰痛：患者自觉腰部持续性钝痛，平卧位减轻，站立则加剧，一般情况下尚可忍受。

②下肢放射痛：表现为由腰部至大腿及小腿后侧的放射性刺激或麻木感，直达足底部。轻者可行走，呈跛行状态；重者需卧床休息，喜欢屈腰、屈髋、屈膝位。

③下肢麻木、冷感及间歇性跛行：下肢麻木多与疼痛伴发，少数患者可表现为单纯麻木，有少数患者自觉下肢发冷、发凉。

④马尾神经症状：女性会出现尿失禁，男性会出现阳痿。严重者会出现大小便失禁及双下肢不全性瘫痪。

（二）腰椎病的主要原因

①腹压增高，如剧烈咳嗽、便秘时用力排便等。

②腰姿不当，或长期站立。

③突然负重，在未有充分准备时，突然使腰部负荷增加。

④腰部外伤。

⑤职业因素，如汽车驾驶员长期处于坐位和颠簸状态，易诱发腰椎间盘突出。

（三）预防与运动疗法

1. 预防

站立姿势不良，特别是脊柱不正，会造成椎间盘受力不均匀，其是造成椎间盘突（膨）出的隐伏根源，不利于预防腰椎病。正确的站立姿势应该是两眼平视，下颌稍内收，胸部挺起，腰部平直，小腿微收，两腿直立，两足距离约与骨盆宽度相同，这样整个骨盆就会向前倾，全身重力均匀地从脊柱、骨盆传向下肢，再由两下肢传至足，真正的实现“脚踏实地”。此时，人体的重力线正好通过腰椎椎体或椎间盘后部，可有效地防止髓核突出。

劳动时应采取的站立体位：膝关节微屈，臀大肌轻轻收缩，自然收缩腹肌，这样可使骨盆轻微后倾，腰椎轻度变直，减少腰骶角的角度，增加脊柱支撑力，减轻椎间盘的负担，起到预防腰椎病的积极作用。

长时间一个姿势站立是不可能的，可以适当改为“稍息”的姿势，即一侧脚向前跨半步，让体重放在一侧下肢上，而使另一侧下肢稍加休息，两侧交替。站立不应太久，应适当进行原地活动，尤其是腰背部活动，以解除腰背肌肉疲劳。一旦发现不良站立姿势应及时纠正，良好的站立姿势可在一定程度上避免髓核再次突出，从而有效预防腰椎病。

2. 运动疗法

①反复搓腰：这是最简易可行的一种方法。患者要把双手分别放于同侧腰大肌处，然后由上向下再自下而上反复搓 10～15 次，当双侧腰部发热时即可停止。

②燕飞式锻炼：患者要俯卧在床上，双腿要伸直并交替抬举，双腿伸直同时抬举，上半身后伸抬起，身体两端同时抬离于床等，以上动作交替进行，每日两次。这种运动疗法每次要进行 10～15 min。

③团身运动：这种方法运动量有些大，可以与燕飞式锻炼隔日交替进行。患者仰卧在床上，先后做屈髋、屈膝、仰卧起坐或仰卧起坐接双手抱膝贴胸等动作各十余次。

④倒行疗法：患者可选择一条路面较平坦、空气好的道路，一步一步地向后倒着行走。这种疗法每次要坚持约 20 min，每天早晚各一次。

⑤悬挂疗法：腰椎间盘突出患者可以选择架在一定高度的单杠或横杆，双手抓住横杠（杆），踮起脚，把自己悬挂在上面，这种运动疗法每天进行 10 min 左右。

心肺“助力器”——波比跳

附录 《国家学生体质健康标准》节选

附录一

《国家学生体质健康标准》的实施说明

1.《国家学生体质健康标准》(以下简称《标准》)是国家学校教育工作的基础性指导文件和教育质量基本标准,是评价学生综合素质、评估学校工作和衡量各地教育发展的重要依据,是《国家体育锻炼标准》在学校的具体实施,适用于全日制普通小学、初中、普通高中、中等职业学校、普通高等学校的学生。

2. 本标准的修订坚持健康第一,落实《国家中长期教育改革和发展规划纲要(2010—2020年)》、《国务院办公厅转发教育部等部门关于进一步加强学校体育工作若干意见的通知》(国办发〔2012〕53号)和《教育部关于印发〈学生体质健康监测评价办法〉等三个文件的通知》(教体艺〔2014〕3号)有关要求,着重提高《标准》应用的信度、效度和区分度,着重强化其教育激励、反馈调整和引导锻炼的功能,着重提高其教育监测和绩效评价的支撑能力。

3. 本标准从身体形态、身体机能和身体素质等方面综合评定学生的体质健康水平,是促进学生体质健康发展、激励学生积极进行身体锻炼的教育手段,是国家学生发展核心素养体系和学业质量标准的重要组成部分,是学生体质健康的个体评价标准。

4. 本标准将适用对象划分为以下组别:小学、初中、高中按每个年级为一组,其中小学为6组、初中为3组、高中为3组。大学一、二年级为一组,三、四年级为一组。

5. 小学、初中、高中、大学各组别的测试指标均为必测指标。其中,身体形态类中的身高、体重,身体机能类中的肺活量,以及身体素质类中的50米跑、坐位体前屈为各年级学生共性指标。

6. 本标准的学年总分由标准分与附加分之和构成,满分为120分。标准分由各单项指标得分与权重乘积之和组成,满分为100分。附加分根据实测成绩确定,即对成绩超过100分的加分指标进行加分,满分为20分;小学的加分指标为1分钟跳绳,加分幅度为20分;初中、高中和大学的加分指标为男生引体向上和1000米跑,女生1分钟仰卧起坐和800米跑,各指标加分幅度均为10分。

7. 根据学生学年总分评定等级:90.0分及以上为优秀,80.0~89.9分为良好,60.0~79.9分为及格,59.9分及以下为不及格。

8. 每个学生每学年评定一次,记入《〈国家学生体质健康标准〉登记卡》(附表1~6)。特殊学制的学校,在填写登记卡时可以按规定和需求相应地增减栏目。学生毕业时的成绩和等级，按毕业当年学年总分的50%与其他学年总分平均得分的50%之和进行评定。

9. 学生测试成绩评定达到良好及以上者，方可参加评优与评奖；成绩达到优秀者，方可获体育奖学分。测试成绩评定不及格者，在本学年度准予补测一次，补测仍不及格，则学年成绩评定为不及格。普通高中、中等职业学校和普通高等学校学生毕业时，《标准》测试的成绩达不到50分者按结业或肄业处理。

10. 学生因病或残疾可向学校提交暂缓或免予执行《标准》的申请，经医疗单位证明，体育教学部门核准，可暂缓或免予执行《标准》，并填写《免予执行<国家学生体质健康标准>申请表》，存入学生档案。确实丧失运动能力、被免予执行《标准》的残疾学生，仍可参加评优与评奖，毕业时《标准》成绩需注明免测。

11. 各学校每学年开展覆盖本校各年级学生的《标准》测试工作，《标准》测试数据经当地教育行政部门按要求审核后，通过“中国学生体质健康网”上传至“国家学生体质健康标准数据管理系统”。测试和数据上传时间由教育行政部门确定。

12. 本标准由教育部负责解释。

附录二

《国家学生体质健康标准》测试的操作方法(大学部分)

一、身高

1. 测试目的

测试学生身高,与体重测试相配合,评定学生的身体匀称度,评价学生生长发育的水平及营养状况。

2. 场地器材

身高测量计。使用前应校对0点,以钢尺测量基准板平面至立柱前面红色刻线的高度是否为10.0厘米,误差不得大于0.1厘米。同时应检查立柱是否垂直,连接处是否紧密,有无晃动,零件有无松脱等情况并及时加以纠正。

3. 测试方法

受试者赤足,立正姿势站在身高计的底板上(上肢自然下垂,足跟并拢,足尖分开成60度角)。足跟、骶骨部及两肩胛区与立柱相接触,躯干自然挺直,头部正直,耳屏上缘与眼眶下缘呈水平位。测试人员站在受试者右侧,将水平压板轻轻沿立柱下滑,轻压于受试者头顶。测试人员读数时双眼应与压板水平面等高进行读数,记录员复述后进行记录。以厘米为单位,精确到小数点后一位。测试误差不得超过0.5厘米。

4. 注意事项

(1)身高计应选择平坦靠墙的地方放置,立柱的刻度尺应面向光源。

(2)严格掌握"三点靠立柱""两点呈水平"的测量姿势要求,测试人员读数时两眼一定与压板等高,两眼高于压板时要下蹲,低于压板时应垫高。

(3)水平压板与头部接触时,松紧要适度,头发蓬松者要压实,头顶的发辫、发结要放开,饰物要取下。

(4)读数完毕,立即将水平压板轻轻推向安全高度,以防碰坏。

(5)测量身高前,受试者应避免进行剧烈体育活动和体力劳动。

二、体重

1. 测试目的

测试学生的体重,与身高测试相配合,评定学生的身体匀称度,评价学生生长发育的水平及营养状况。

2. 场地器材

杠杆秤或电子体重计。使用前需检验其准确度和灵敏度。准确度要求误差不超过0.1%，即每百千克误差小于0.1千克。检验方法是：以备用的10千克、20千克、30千克标准砝码（或用等重标定重物代替）分别进行称量，检查指标读数与标准砝码误差是否在允许范围。灵敏度的检验方法是：置100克重砝码，观察刻度尺变化，如果刻度抬高了3毫米或游标向远移动0.1千克而刻度尺维持水平位时，则达到要求。

3. 测试方法

测试时，杠杆秤应放在平坦地面上，调整0点至刻度尺水平位。受试者赤足，男性受试者身着短裤；女性受试者身着短裤、短袖衫，站在秤台中央。测试人员放置适当砝码并移动游标至刻度尺平衡。读数以千克为单位，精确到小数点后一位。记录员复诵后将读数记录。测试误差不超过0.1千克。

4. 注意事项

（1）测量体重前受试者不得进行剧烈体育活动或体力劳动。

（2）受试者站在秤台中央，上下杠杆秤动作要轻。

（3）每次使用杠杆秤时均需校正。测试人员每次读数前都应校对砝码标重以避免差错。

三、肺活量

1. 测试目的

测试学生的肺通气功能。

2. 场地器材

电子肺活量计。

3. 测试方法

首先告知受试者不必紧张，并且要尽全力，以中等速度和力度吹气效果最好。令被测试者面对仪器站立、手持吹气口嘴，面对肺活量计站立试吹1至2次，首先看仪表有无反应，还要试口嘴或鼻处是否漏气，调整口嘴和用鼻夹（或自己捏鼻孔）；学会深吸气（避免耸肩提气，应该像闻花式的慢吸气）。受试者进行一两次较平日深一些的呼吸动作后，更深地吸一口气，屏住气向口嘴处慢慢呼出至不能再呼为止，防止此时从口嘴处吸气，测试中不得中途二次吸气。吹气完毕后，液晶屏上最终显示的数字即为肺活量毫升值。每位受试者测三次，每次间隔15秒，记录三次数值，选取最大值作为测试结果。以毫升为单位，不保留小数。

4. 注意事项

（1）电子肺活量计的计量部位的通畅和干燥是仪器准确的关键，吹气筒的导管必须在上方，以免口水或杂物堵住气道。

（2）每测试10人及测试完毕后用干棉球及时清理和擦干气筒内部。严禁用水、酒精等任何液体冲洗气筒内部。

（3）导气管存放时不能弯折。

（4）定期校对仪器。

四、坐位体前屈

1. 测试目的

测量学生在静止状态下的躯干、腰、髋等关节可能达到的活动幅度,主要反映这些部位的关节、韧带和肌肉的伸展性和弹性及学生身体柔韧素质的发展水平。

2. 场地器材

坐位体前屈测试计。

3. 测试方法

受试者两腿伸直,两脚平蹬测试纵板坐在平地上,两脚分开约 10 ~ 15 厘米,上体前屈,两臂伸直前,用两手中指尖逐渐向前推动游标,直到不能前推为止。测试计的脚蹬纵板内沿平面为 0 点,向内为负值,向前为正值。记录以厘米为单位,保留一位小数。测试两次,取最好成绩。

4. 注意事项

(1)身体前屈,两臂向前推游标时两腿不能弯曲。

(2)受试者应匀速向前推动游标,不得突然发力。

五、仰卧起坐

1. 测试目的

测试学生的腹肌耐力。

2. 场地器材

垫子若干块(或代用品)、铺放平坦。

3. 测试方法

受试者仰卧于垫上,两腿稍分开,屈膝呈 90 度角左右,两手指交叉贴于脑后。另一同伴压住其踝关节,以固定下肢。受试者坐起时两肘触及或超过双膝为完成一次。仰卧时两肩胛必须触垫。测试人员发出“开始”口令的同时开表计时,记录 1 分钟内完成次数。1 分钟到时,受试者虽已坐起但肘关节未达到双膝者不计该次数,精确到个位。

4. 注意事项

(1)如发现受试者借用肘部撑垫或臀部起落的力量起坐时,该次不计数。

(2)测试过程中,观测人员应向受试者报数。

(3)受试者双脚必须放于垫上。

六、引体向上

1. 测试目的

测试学生的上肢肌肉力量的发展水平。

2. 场地器材

高单杠或高横杠，杠粗以手能握住为准。

3. 测试方法

受试者跳起双手正握杠，两手与肩同宽成直臂悬垂。静止后，两臂同时用力引体（身体不能有附加动作），上拉到下颌超过横杠上缘为完成一次。记录引体次数。

4. 注意事项

（1）受试者应双手正握单杠，待身体静止后开始测试。

（2）引体向上时，身体不得做大的摆动，也不得借助其他附加动作撑起。

（3）两次引体向上的间隔时间超过 10 秒停止测试。

七、800 米或 1 000 米跑

1. 测试目的测试学生耐力素质的发展水平，特别是心血管呼吸系统的机能及肌肉耐力。

2. 场地器材

400 米、300 米、200 米田径场跑道，地质不限。也可使用其他不规则场地，但必须丈量准确，地面平坦。秒表若干块，使用前需要校正，要求同 50 米跑测试。

3. 测试方法

受试者至少两人一组进行测试，站立式起跑。当听到"跑"的口令后开始起跑。计时员看到旗动开表计时，当受试者的躯干部到达终点线垂直面时停表。以分、秒为单位记录测试成绩，不计小数。注意事项和成绩记录方法同 50 米×8 往返跑。

八、立定跳远

1. 测试目的

测试学生下肢爆发力及身体协调能力的发展水平。

2. 场地器材

沙坑、丈量尺。沙面应与地面平齐，如无沙坑，可在土质松软的平地上进行。起跳线至沙坑近端不得少于 30 厘米。起跳地面要平坦，不得有坑凹。

3. 测试方法

受试者两脚自然分开站立，站在起跳线后，脚尖不得踩线（最好用线绳做起跳线）。两脚原地同时起跳，不得有垫步或连跳动作。丈量起跳线后缘至最近着地点后垂直距离。每人试跳三次，记录其中成绩最好一次。以厘米为单位，不计小数。

4. 注意事项

（1）发现犯规时，此次成绩无效。三次试跳均无成绩者，应允许再跳，直至取得成绩为止。

（2）可以赤足，但不得穿钉鞋、皮鞋、塑料凉鞋参加测试。

九、50 米跑

1. 测试目的

测试学生速度、灵敏素质及神经系统灵活性的发展水平。

2. 场地器材

50 米直线跑道若干条，地面平坦，地质不限，跑道线要清楚。发令旗一面，口哨一个，秒表若干块(一道一表)。秒表使用前，应用标准秒表校正，每分钟误差不得超过 0.2 秒。标准秒表选定，以北京时间为准，每小时误差不超过 0.3 秒。

3. 测试方法

受试者至少两人一组测试。站立起跑，受试者听到“跑”的口令后开始起跑。发令员在发出口令同时要摆动发令旗。计时员视旗动开表计时，受试者躯干部到达终点线的垂直面停表。以秒为单位记录测试成绩，精确到小数点后一位，小数点后第二位数按非零进 1 原则进位，如 10.11 秒读成 10.2 秒记录之。

4. 注意事项

(1)受试者测试最好穿运动鞋或平底布鞋，赤足亦可。但不得穿钉鞋、皮鞋、塑料凉鞋。

(2)发现有抢跑者，要当即召回重跑。

(3)如遇风时一律顺风跑。

附录三

《国家学生体质健康标准》测试的评分表

表1 大学一年级～四年级男生身高标准体重(体重单位:千克)

身高段(厘米)	营养不良	较低体重	正常体重	超 重	肥胖
	50分	60分	100分	60分	50分
144.0～144.9	<41.5	41.5～46.3	46.4～51.9	52.0～53.7	≥53.8
145.0～145.9	<41.8	41.8～46.7	46.8～52.6	52.7～54.5	≥54.6
146.0～146.9	<42.1	42.1～47.1	47.2～53.1	53.2～55.1	≥55.2
147.0～147.9	<42.4	42.4～47.5	47.6～53.7	53.8～55.7	≥55.8
148.0～148.9	<42.6	42.6～47.9	48.0～54.2	54.3～56.3	≥56.4
149.0～149.9	<42.9	42.9～48.3	48.4～54.8	54.9～56.6	≥56.7
150.0～150.9	<43.2	43.2～48.8	48.9～55.4	55.5～57.6	≥57.7
151.0～151.9	<43.5	43.5～49.2	49.3～56.0	56.1～58.2	≥58.3
152.0～152.9	<43.9	43.9～49.7	49.8～56.5	56.6～58.7	≥58.8
153.0～153.9	<44.2	44.2～50.1	50.2～57.0	57.1～59.3	≥59.4
154.0～154.9	<44.7	44.7～50.6	50.7～57.5	57.6～59.8	≥59.9
155.0～155.9	<45.2	45.2～51.1	51.2～58.0	58.1～60.7	≥60.8
156.0～156.9	<45.6	45.6～51.6	51.7～58.7	58.8～61.0	≥61.1
157.0～157.9	<46.1	46.1～52.1	52.2～59.2	59.3～61.5	≥61.6
158.0～158.9	<46.6	46.6～52.6	52.7～59.8	59.9～62.2	≥62.3
159.0～159.9	<46.9	46.9～53.1	53.2～60.3	60.4～62.7	≥62.8
160.0～160.9	<47.4	47.4～53.6	53.7～60.9	61.0～63.4	≥63.5
161.0～161.9	<48.1	48.1～54.3	54.4～61.6	61.7～64.1	≥64.2
162.0～162.9	<48.5	48.5～54.8	54.9～62.2	62.3～64.8	≥64.9
163.0～163.9	<49.0	49.0～55.3	55.4～62.8	62.9～65.3	≥65.4
164.0～164.9	<49.5	49.5～55.9	56.0～63.4	63.5～65.9	≥66.0
165.0～165.9	<49.9	49.9～56.4	56.5～64.1	64.2～66.6	≥66.7
166.0～166.9	<50.4	50.4～56.9	57.0～64.6	64.7～67.0	≥67.1
167.0～167.9	<50.8	50.8～57.3	57.4～65.0	65.1～67.5	≥67.6

续表

身高段(厘米)	营养不良	较低体重	正常体重	超 重	肥胖
	50 分	60 分	100 分	60 分	50 分
168.0～168.9	<51.1	51.1～57.7	57.8～65.5	65.6～68.1	≥68.2
169.0～169.9	<51.6	51.6～58.2	58.3～66.0	66.1～68.6	≥68.7
170.0～170.9	<52.1	52.1～58.7	58.8～66.5	66.6～69.1	≥69.2
171.0～171.9	<52.5	52.5～59.2	59.3～67.2	67.3～69.8	≥69.9
172.0～172.9	<53.0	53.0～59.8	59.9～67.8	67.9～70.4	≥70.5
173.0～173.9	<53.5	53.5～60.3	60.4～68.4	68.5～71.1	≥71.2
174.0～174.9	<53.8	53.8～61.0	61.1～69.3	69.4～72.0	≥72.1
175.0～175.9	<54.5	54.5～61.5	61.6～69.9	70.0～72.7	≥72.8
176.0～176.9	<55.3	55.3～62.2	62.3～70.9	71.0～73.8	≥73.9
177.0～177.9	<55.8	55.8～62.7	62.8～71.6	71.7～74.5	≥74.6
178.0～178.9	<56.2	56.2～63.3	63.4～72.3	72.4～75.3	≥75.4
179.0～179.9	<56.7	56.7～63.8	63.9～72.8	72.9～75.8	≥75.9
180.0～180.9	<57.1	57.1～64.3	64.4～73.5	73.6～76.5	≥76.6
181.0～181.9	<57.7	57.7～64.9	65.0～74.2	74.3～77.3	≥77.4
182.0～182.9	<58.2	58.2～65.6	65.7～74.9	75.0～77.8	≥77.9
183.0～183.9	<58.8	58.8～66.2	66.3～75.7	75.8～78.8	≥78.9
184.0～184.9	<59.3	59.3～66.8	66.9～76.3	76.4～79.4	≥79.5
185.0～185.9	<59.9	59.9～67.4	67.5～77.0	77.1～80.2	≥80.3
186.0～186.9	<60.4	60.4～68.1	68.2～77.8	77.9～81.1	≥81.2
187.0～187.9	<60.9	60.9～68.7	68.8～78.6	78.7～81.9	≥82.0
188.0～188.9	<61.4	61.4～69.2	69.3～79.3	79.4～82.6	≥82.7
189.0～189.9	<61.8	61.8～69.8	69.9～79.9	80.0～83.2	≥83.3
190.0～190.9	<62.4	62.4～70.4	70.5～80.5	80.6～83.6	≥83.7

注:身高低于表中所列出的最低身高段的下限值时,身高每低 1 厘米,实测体重需加上 0.5 公斤,实测身高需加上 1 厘米,再查表确定分值。身高高于表中所列出的最高身高段时,身高每高 1 厘米,其实测体重需减去 0.9 公斤,实测身高需减去 1 厘米,再查表确定分值。

表 2　大学一年级～四年级女生身高标准体重(体重单位:千克)

身高段(厘米)	营养不良	较低体重	正常体重	超 重	肥胖
	50 分	60 分	100 分	60 分	50 分
140.0～140.9	<36.5	36.5～42.4	42.5～50.6	50.7～53.3	≥53.4
141.0～141.9	<36.6	36.6～42.9	43.0～51.3	51.4～54.1	≥54.2

续表

身高段(厘米)	营养不良	较低体重	正常体重	超 重	肥胖
	50分	60分	100分	60分	50分
142.0~142.9	<36.8	36.8~43.2	43.3~51.9	52.0~54.7	≥54.8
143.0~143.9	<37.0	37.0~43.5	43.6~52.3	52.4~55.2	≥55.3
144.0~144.9	<37.2	37.2~43.7	43.8~52.7	52.8~55.6	≥55.7
145.0~145.9	<37.5	37.5~44.0	44.1~53.1	53.2~56.1	≥56.2
146.0~146.9	<37.9	37.9~44.4	44.5~53.7	53.8~56.7	≥56.8
147.0~147.9	<38.5	38.5~45.0	45.1~54.3	54.4~57.3	≥57.4
148.0~148.9	<39.1	39.1~45.7	45.8~55.0	55.1~58.0	≥58.1
149.0~149.9	<39.5	39.5~46.2	46.3~55.6	55.7~58.7	≥58.8
150.0~150.9	<39.9	39.9~46.6	46.7~56.2	56.3~59.3	≥59.4
151.0~151.9	<40.3	40.3~47.1	47.2~56.7	56.8~59.8	≥59.9
152.0~152.9	<40.8	40.8~47.6	47.7~57.4	57.5~60.5	≥60.6
153.0~153.9	<41.4	41.4~48.2	48.3~57.9	58.0~61.1	≥61.2
154.0~154.9	<41.9	41.9~48.8	48.9~58.6	58.7~61.9	≥62.0
155.0~155.9	<42.3	42.3~49.1	49.2~59.1	59.2~62.4	≥62.5
156.0~156.9	<42.9	42.9~49.7	49.8~59.7	59.8~63.0	≥63.1
157.0~157.9	<43.5	43.5~50.3	50.4~60.4	60.5~63.6	≥63.7
158.0~158.9	<44.0	44.0~50.8	50.9~61.2	61.3~64.5	≥64.6
159.0~159.9	<44.5	44.5~51.4	51.5~61.7	61.8~65.1	≥65.2
160.0~160.9	<45.0	45.0~52.1	52.2~62.3	62.4~65.6	≥65.7
161.0~161.9	<45.4	45.4~52.5	52.6~62.8	62.9~66.2	≥66.3
162.0~162.9	<45.9	45.9~53.1	53.2~63.4	63.5~66.8	≥66.9
163.0~163.9	<46.4	46.4~53.6	53.7~63.9	64.0~67.3	≥67.4
164.0~164.9	<46.8	46.8~54.2	54.3~64.5	64.6~67.9	≥68.0
165.0~165.9	<47.4	47.4~54.8	54.9~65.0	65.1~68.3	≥68.4
166.0~166.9	<48.0	48.0~55.4	55.5~65.5	65.6~68.9	≥69.0
167.0~167.9	<48.5	48.5~56.0	56.1~66.2	66.3~69.5	≥69.6
168.0~168.9	<49.0	49.0~56.4	56.5~66.7	66.8~70.1	≥70.2
169.0~169.9	<49.4	49.4~56.8	56.9~67.3	67.4~70.7	≥70.8
170.0~170.9	<49.9	49.9~57.3	57.4~67.9	68.0~71.4	≥71.5
171.0~171.9	<50.2	50.2~57.8	57.9~68.5	68.6~72.1	≥72.2

续表

身高段(厘米)	营养不良	较低体重	正常体重	超 重	肥胖
	50 分	60 分	100 分	60 分	50 分
172.0 ~ 172.9	<50.7	50.7 ~ 58.4	58.5 ~ 69.1	69.2 ~ 72.7	≥72.8
173.0 ~ 173.9	<51.0	51.0 ~ 58.8	58.9 ~ 69.6	69.7 ~ 73.1	≥73.2
174.0 ~ 174.9	<51.3	51.3 ~ 59.3	59.4 ~ 70.2	70.3 ~ 73.6	≥73.7
175.0 ~ 175.9	<51.9	51.9 ~ 59.9	60.0 ~ 70.8	70.9 ~ 74.4	≥74.5
176.0 ~ 176.9	<52.4	52.4 ~ 60.4	60.5 ~ 71.5	71.6 ~ 75.1	≥75.2
177.0 ~ 177.9	<52.8	52.8 ~ 61.0	61.1 ~ 72.1	72.2 ~ 75.7	≥75.8
178.0 ~ 178.9	<53.2	53.2 ~ 61.5	61.6 ~ 72.6	72.7 ~ 76.2	≥76.3
179.0 ~ 179.9	<53.6	53.6 ~ 62.0	62.1 ~ 73.2	73.3 ~ 76.7	≥76.8
180.0 ~ 180.9	<54.1	54.1 ~ 62.5	62.6 ~ 73.7	73.8 ~ 77.0	≥77.1
181.0 ~ 181.9	<54.5	54.5 ~ 63.1	63.2 ~ 74.3	74.4 ~ 77.8	≥77.9
182.0 ~ 182.9	<55.1	55.1 ~ 63.8	63.9 ~ 75.0	75.1 ~ 79.4	≥79.5
183.0 ~ 183.9	<55.6	55.6 ~ 64.5	64.6 ~ 75.7	75.8 ~ 80.4	≥80.5
184.0 ~ 184.9	<56.1	56.1 ~ 65.3	65.4 ~ 76.6	76.7 ~ 81.2	≥81.3
185.0 ~ 185.9	<56.8	56.8 ~ 66.1	66.2 ~ 77.5	77.6 ~ 82.4	≥82.5
186.0 ~ 186.9	<57.3	57.3 ~ 66.9	67.0 ~ 78.6	78.7 ~ 83.3	≥83.4

注:身高低于表中所列出的最低身高段的下限值时,身高每低 1 厘米,实测体重需加上 0.5 公斤,实测身高需加上 1 厘米,再查表确定分值。身高高于表中所列出的最高身高段时,身高每高 1 厘米,其实测体重需减去 0.9 公斤,实测身高需减去 1 厘米,再查表确定分值。

表 3 男生肺活量单项评分表(单位:毫升)

等级	单项得分	一年级	二年级	三年级	四年级	五年级	六年级	初一	初二	初三	高一	高二	高三	大一大二	大三大四
优秀	100	1 700	2 000	2 300	2 600	2 900	3 200	3 640	3 940	4 240	4 540	4 740	4 940	5 040	5 140
	95	1 600	1 900	2 200	2 500	2 800	3 100	3 520	3 820	4 120	4 420	4 620	4 820	4 920	5 020
	90	1 500	1 800	2 100	2 400	2 700	3 000	3 400	3 700	4 000	4 300	4 500	4 700	4 800	4 900
良好	85	1 400	1 650	1 900	2 150	2 450	2 750	3 150	3 450	3 750	4 050	4 250	4 450	4 550	4 650
	80	1 300	1 500	1 700	1 900	2 200	2 500	2 900	3 200	3 500	3 800	4 000	4 200	4 300	4 400

续表

等级	单项得分	一年级	二年级	三年级	四年级	五年级	六年级	初一	初二	初三	高一	高二	高三	大一大二	大三大四
及格	78	1 240	1 430	1 620	1 820	2 110	2 400	2 780	3 080	3 380	3 680	3 880	4 080	4 180	4 280
	76	1 180	1 360	1 540	1 740	2 020	2 300	2 660	2 960	3 260	3 560	3 760	3 960	4 060	4 160
	74	1 120	1 290	1 460	1 660	1 930	2 200	2 540	2 840	3 140	3 440	3 640	3 840	3 940	4 040
	72	1 060	1 220	1 380	1 580	1 840	2 100	2 420	2 720	3 020	3 320	3 520	3 720	3 820	3 920
	70	1 000	1 150	1 300	1 500	1 750	2 000	2 300	2 600	2 900	3 200	3 400	3 600	3 700	3 800
	68	940	1 080	1 220	1 420	1 660	1 900	2 180	2 480	2 780	3 080	3 280	3 480	3 580	3 680
	66	880	1 010	1 140	1 340	1 570	1 800	2 060	2 360	2 660	2 960	3 160	3 360	3 460	3 560
	64	820	940	1 060	1 260	1 480	1 700	1 940	2 240	2 540	2 840	3 040	3 240	3 340	3 440
	62	760	870	980	1 180	1 390	1 600	1 820	2 120	2 420	2 720	2 920	3 120	3 220	3 320
	60	700	800	900	1 100	1 300	1 500	1 700	2 000	2 300	2 600	2 800	3 000	3 100	3 200
不及格	50	660	750	840	1 030	1 220	1 410	1 600	1 890	2 180	2 470	2 660	2 850	2 940	3 030
	40	620	700	780	960	1 140	1 320	1 500	1 780	2 060	2 340	2 520	2 700	2 780	2 860
	30	580	650	720	890	1 060	1 230	1 400	1 670	1 940	2 210	2 380	2 550	2 620	2 690
	20	540	600	660	820	980	1 140	1 300	1 560	1 820	2 080	2 240	2 400	2 460	2 520
	10	500	550	600	750	900	1 050	1 200	1 450	1 700	1 950	2 100	2 250	2 300	2 350

表4 女生肺活量单项评分表(单位:毫升)

等级	单项得分	一年级	二年级	三年级	四年级	五年级	六年级	初一	初二	初三	高一	高二	高三	大一大二	大三大四
优秀	100	1 400	1 600	1 800	2 000	2 250	2 500	2 750	2 900	3 050	3 150	3 250	3 350	3 400	3 450
	95	1 300	1 500	1 700	1 900	2 150	2 400	2 650	2 850	3 000	3 100	3 200	3 300	3 350	3 400
	90	1 200	1 400	1 600	1 800	2 050	2 300	2 550	2 800	2 950	3 050	3 150	3 250	3 300	3 350
良好	85	1 100	1 300	1 500	1 700	1 950	2 200	2 450	2 650	2 800	2 900	3 000	3 100	3 150	3 200
	80	1 000	1 200	1 400	1 600	1 850	2 100	2 350	2 500	2 650	2 750	2 850	2 950	3 000	3 050
及格	78	960	1 150	1 340	1 530	1 770	2 010	2 250	2 400	2 550	2 650	2 750	2 850	2 900	2 950
	76	920	1 100	1 280	1 460	1 690	1 920	2 150	2 300	2 450	2 550	2 650	2 750	2 800	2 850
	74	880	1 050	1 220	1 390	1 610	1 830	2 050	2 200	2 350	2 450	2 550	2 650	2 700	2 750
	72	840	1 000	1 160	1 320	1 530	1 740	1 950	2 100	2 250	2 350	2 450	2 550	2 600	2 650
	70	800	950	1 100	1 250	1 450	1 650	1 850	2 000	2 150	2 250	2 350	2 450	2 500	2 550

续表

等级	单项得分	一年级	二年级	三年级	四年级	五年级	六年级	初一	初二	初三	高一	高二	高三	大一大二	大三大四
及格	68	760	900	1 040	1 180	1 370	1 560	1 750	1 900	2 050	2 150	2 250	2 350	2 400	2 450
	66	720	850	980	1 110	1 290	1 470	1 650	1 800	1 950	2 050	2 150	2 250	2 300	2 350
	64	680	800	920	1 040	1 210	1 380	1 550	1 700	1 850	1 950	2 050	2 150	2 200	2 250
	62	640	750	860	970	1 130	1 290	1 450	1 600	1 750	1 850	1 950	2 050	2 100	2 150
	60	600	700	800	900	1 050	1 200	1 350	1 500	1 650	1 750	1 850	1 950	2 000	2 050
不及格	50	580	680	780	880	1 020	1 170	1 310	1 460	1 610	1 710	1 810	1 910	1 960	2 010
	40	560	660	760	860	990	1 140	1 270	1 420	1 570	1 670	1 770	1 870	1 920	1 970
	30	540	640	740	840	960	1 110	1 230	1 380	1 530	1 630	1 730	1 830	1 880	1 930
	20	520	620	720	820	930	1 080	1 190	1 340	1 490	1 590	1 690	1 790	1 840	1 890
	10	500	600	700	800	900	1 050	1 150	1 300	1 450	1 550	1 650	1 750	1 800	1 850

表5　男生50米跑单项评分表(单位:秒)

等级	单项得分	一年级	二年级	三年级	四年级	五年级	六年级	初一	初二	初三	高一	高二	高三	大一大二	大三大四
优秀	100	10.2	9.6	9.1	8.7	8.4	8.2	7.8	7.5	7.3	7.1	7.0	6.8	6.7	6.6
	95	10.3	9.7	9.2	8.8	8.5	8.3	7.9	7.6	7.4	7.2	7.1	6.9	6.8	6.7
	90	10.4	9.8	9.3	8.9	8.6	8.4	8.0	7.7	7.5	7.3	7.2	7.0	6.9	6.8
良好	85	10.5	9.9	9.4	9.0	8.7	8.5	8.1	7.8	7.6	7.4	7.3	7.1	7.0	6.9
	80	10.6	10.0	9.5	9.1	8.8	8.6	8.2	7.9	7.7	7.5	7.4	7.2	7.1	7.0
及格	78	10.8	10.2	9.7	9.3	9.0	8.8	8.4	8.1	7.9	7.7	7.6	7.4	7.3	7.2
	76	11.0	10.4	9.9	9.5	9.2	9.0	8.6	8.3	8.1	7.9	7.8	7.6	7.5	7.4
	74	11.2	10.6	10.1	9.7	9.4	9.2	8.8	8.5	8.3	8.1	8.0	7.8	7.7	7.6
	72	11.4	10.8	10.3	9.9	9.6	9.4	9.0	8.7	8.5	8.3	8.2	8.0	7.9	7.8
	70	11.6	11.0	10.5	10.1	9.8	9.6	9.2	8.9	8.7	8.5	8.4	8.2	8.1	8.0
	68	11.8	11.2	10.7	10.3	10.0	9.8	9.4	9.1	8.9	8.7	8.6	8.4	8.3	8.2
	66	12.0	11.4	10.9	10.5	10.2	10.0	9.6	9.3	9.1	8.9	8.8	8.6	8.5	8.4
	64	12.2	11.6	11.1	10.7	10.4	10.2	9.8	9.5	9.3	9.1	9.0	8.8	8.7	8.6
	62	12.4	11.8	11.3	10.9	10.6	10.4	10.0	9.7	9.5	9.3	9.2	9.0	8.9	8.8
	60	12.6	12.0	11.5	11.1	10.8	10.6	10.2	9.9	9.7	9.5	9.4	9.2	9.1	9.0

续表

等级	单项得分	一年级	二年级	三年级	四年级	五年级	六年级	初一	初二	初三	高一	高二	高三	大一大二	大三大四
不及格	50	12.8	12.2	11.7	11.3	11.0	10.8	10.4	10.1	9.9	9.7	9.6	9.4	9.3	9.2
	40	13.0	12.4	11.9	11.5	11.2	11.0	10.6	10.3	10.1	9.9	9.8	9.6	9.5	9.4
	30	13.2	12.6	12.1	11.7	11.4	11.2	10.8	10.5	10.3	10.1	10.0	9.8	9.7	9.6
	20	13.4	12.8	12.3	11.9	11.6	11.4	11.0	10.7	10.5	10.3	10.2	10.0	9.9	9.8
	10	13.6	13.0	12.5	12.1	11.8	11.6	11.2	10.9	10.7	10.5	10.4	10.2	10.1	10.0

表6 女生50米跑单项评分表(单位:秒)

等级	单项得分	一年级	二年级	三年级	四年级	五年级	六年级	初一	初二	初三	高一	高二	高三	大一大二	大三大四
优秀	100	11.0	10.0	9.2	8.7	8.3	8.2	8.1	8.0	7.9	7.8	7.7	7.6	7.5	7.4
	95	11.1	10.1	9.3	8.8	8.4	8.3	8.2	8.1	8.0	7.9	7.8	7.7	7.6	7.5
	90	11.2	10.2	9.4	8.9	8.5	8.4	8.3	8.2	8.1	8.0	7.9	7.8	7.7	7.6
良好	85	11.5	10.5	9.7	9.2	8.8	8.7	8.6	8.5	8.4	8.3	8.2	8.1	8.0	7.9
	80	11.8	10.8	10.0	9.5	9.1	9.0	8.9	8.8	8.7	8.6	8.5	8.4	8.3	8.2
及格	78	12.0	11.0	10.2	9.7	9.3	9.2	9.1	9.0	8.9	8.8	8.7	8.6	8.5	8.4
	76	12.2	11.2	10.4	9.9	9.5	9.4	9.3	9.2	9.1	9.0	8.9	8.8	8.7	8.6
	74	12.4	11.4	10.6	10.1	9.7	9.6	9.5	9.4	9.3	9.2	9.1	9.0	8.9	8.8
	72	12.6	11.6	10.8	10.3	9.9	9.8	9.7	9.6	9.5	9.4	9.3	9.2	9.1	9.0
	70	12.8	11.8	11.0	10.5	10.1	10.0	9.9	9.8	9.7	9.6	9.5	9.4	9.3	9.2
	68	13.0	12.0	11.2	10.7	10.3	10.2	10.1	10.0	9.9	9.8	9.7	9.6	9.5	9.4
	66	13.2	12.2	11.4	10.9	10.5	10.4	10.3	10.2	10.1	10.0	9.9	9.8	9.7	9.6
	64	13.4	12.4	11.6	11.1	10.7	10.6	10.5	10.4	10.3	10.2	10.1	10.0	9.9	9.8
	62	13.6	12.6	11.8	11.3	10.9	10.8	10.7	10.6	10.5	10.4	10.3	10.2	10.1	10.0
	60	13.8	12.8	12.0	11.5	11.1	11.0	10.9	10.8	10.7	10.6	10.5	10.4	10.3	10.2
不及格	50	14.0	13.0	12.2	11.7	11.3	11.2	11.1	11.0	10.9	10.8	10.7	10.6	10.5	10.4
	40	14.2	13.2	12.4	11.9	11.5	11.4	11.3	11.2	11.1	11.0	10.9	10.8	10.7	10.6
	30	14.4	13.4	12.6	12.1	11.7	11.6	11.5	11.4	11.3	11.2	11.1	11.0	10.9	10.8
	20	14.6	13.6	12.8	12.3	11.9	11.8	11.7	11.6	11.5	11.4	11.3	11.2	11.1	11.0
	10	14.8	13.8	13.0	12.5	12.1	12.0	11.9	11.8	11.7	11.6	11.5	11.4	11.3	11.2

表 7　男生坐位体前屈单项评分表(单位:厘米)

等级	单项得分	一年级	二年级	三年级	四年级	五年级	六年级	初一	初二	初三	高一	高二	高三	大一大二	大三大四
优秀	100	16.1	16.2	16.3	16.4	16.5	16.6	17.6	19.6	21.6	23.6	24.3	24.6	24.9	25.1
	95	14.6	14.7	14.9	15.0	15.2	15.3	15.9	17.7	19.7	21.5	22.4	22.8	23.1	23.3
	90	13.0	13.2	13.4	13.6	13.8	14.0	14.2	15.8	17.8	19.4	20.5	21.0	21.3	21.5
良好	85	12.0	11.9	11.8	11.7	11.6	11.5	12.3	13.7	15.8	17.2	18.3	19.1	19.5	19.9
	80	11.0	10.6	10.2	9.8	9.4	9.0	10.4	11.6	13.8	15.0	16.1	17.2	17.7	18.2
及格	78	9.9	9.5	9.1	8.6	8.2	7.7	9.1	10.3	12.4	13.6	14.7	15.8	16.3	16.8
	76	8.8	8.4	8.0	7.4	7.0	6.4	7.8	9.0	11.0	12.2	13.3	14.4	14.9	15.4
	74	7.7	7.3	6.9	6.2	5.8	5.1	6.5	7.7	9.6	10.8	11.9	13.0	13.5	14.0
	72	6.6	6.2	5.8	5.0	4.6	3.8	5.2	6.4	8.2	9.4	10.5	11.6	12.1	12.6
	70	5.5	5.1	4.7	3.8	3.4	2.5	3.9	5.1	6.8	8.0	9.1	10.2	10.7	11.2
	68	4.4	4.0	3.6	2.6	2.2	1.2	2.6	3.8	5.4	6.6	7.7	8.8	9.3	9.8
	66	3.3	2.9	2.5	1.4	1.0	−0.1	1.3	2.5	4.0	5.2	6.3	7.4	7.9	8.4
	64	2.2	1.8	1.4	0.2	−0.2	−1.4	0.0	1.2	2.6	3.8	4.9	6.0	6.5	7.0
	62	1.1	0.7	0.3	−1.0	−1.4	−2.7	−1.3	−0.1	1.2	2.4	3.5	4.6	5.1	5.6
	60	0.0	−0.4	−0.8	−2.2	−2.6	−4.0	−2.6	−1.4	−0.2	1.0	2.1	3.2	3.7	4.2
不及格	50	−0.8	−1.2	−1.6	−3.2	−3.6	−5.0	−3.8	−2.6	−1.4	0.0	1.1	2.2	2.7	3.2
	40	−1.6	−2.0	−2.4	−4.2	−4.6	−6.0	−5.0	−3.8	−2.6	−1.0	0.1	1.2	1.7	2.2
	30	−2.4	−2.8	−3.2	−5.2	−5.6	−7.0	−6.2	−5.0	−3.8	−2.0	−0.9	0.2	0.7	1.2
	20	−3.2	−3.6	−4.0	−6.2	−6.6	−8.0	−7.4	−6.2	−5.0	−3.0	−1.9	−0.8	−0.3	0.2
	10	−4.0	−4.4	−4.8	−7.2	−7.6	−9.0	−8.6	−7.4	−6.2	−4.0	−2.9	−1.8	−1.3	−0.8

表 8　女生坐位体前屈单项评分表(单位:厘米)

等级	单项得分	一年级	二年级	三年级	四年级	五年级	六年级	初一	初二	初三	高一	高二	高三	大一大二	大三大四
优秀	100	18.6	18.9	19.2	19.5	19.8	19.9	21.8	22.7	23.5	24.2	24.8	25.3	25.8	26.3
	95	17.3	17.6	17.9	18.1	18.5	18.7	20.1	21.0	21.8	22.5	23.1	23.6	24.0	24.4
	90	16.0	16.3	16.6	16.9	17.2	17.5	18.4	19.3	20.1	20.8	21.4	21.9	22.2	22.4
良好	85	14.7	14.8	14.9	15.0	15.1	15.2	16.7	17.6	18.4	19.1	19.7	20.2	20.6	21.0
	80	13.4	13.3	13.2	13.1	13.0	12.9	15.0	15.9	16.7	17.4	18.0	18.5	19.0	19.5

续表

等级	单项得分	一年级	二年级	三年级	四年级	五年级	六年级	初一	初二	初三	高一	高二	高三	大一大二	大三大四
及格	78	12.3	12.2	12.1	12.0	11.9	11.8	13.7	14.6	15.4	16.1	16.7	17.2	17.7	18.2
	76	11.2	11.1	11.0	10.9	10.8	10.7	12.4	13.3	14.1	14.8	15.4	15.9	16.4	16.9
	74	10.1	10.0	9.9	9.8	9.7	9.6	11.1	12.0	12.8	13.5	14.1	14.6	15.1	15.6
	72	9.0	8.9	8.8	8.7	8.6	8.5	9.8	10.7	11.5	12.2	12.8	13.3	13.8	14.3
	70	7.9	7.8	7.7	7.6	7.5	7.4	8.5	9.4	10.2	10.9	11.5	12.0	12.5	13.0
	68	6.8	6.7	6.6	6.5	6.4	6.3	7.2	8.1	8.9	9.6	10.2	10.7	11.2	11.7
	66	5.7	5.6	5.5	5.4	5.3	5.2	5.9	6.8	7.6	8.3	8.9	9.4	9.9	10.4
	64	4.6	4.5	4.4	4.3	4.2	4.1	4.6	5.5	6.3	7.0	7.6	8.1	8.6	9.1
	62	3.5	3.4	3.3	3.2	3.1	3.0	3.3	4.2	5.0	5.7	6.3	6.8	7.3	7.8
	60	2.4	2.3	2.2	2.1	2.0	1.9	2.0	2.9	3.7	4.4	5.0	5.5	6.0	6.5
不及格	50	1.6	1.5	1.4	1.3	1.2	1.1	1.2	2.1	2.9	3.6	4.2	4.7	5.2	5.7
	40	0.8	0.7	0.6	0.5	0.4	0.3	0.4	1.3	2.1	2.8	3.4	3.9	4.4	4.9
	30	0.0	-0.1	-0.2	-0.3	-0.4	-0.5	-0.4	0.5	1.3	2.0	2.6	3.1	3.6	4.1
	20	-0.8	-0.9	-1.0	-1.1	-1.2	-1.3	-1.2	-0.3	0.5	1.2	1.8	2.3	2.8	3.3
	10	-1.6	-1.7	-1.8	-1.9	-2.0	-2.1	-2.0	-1.1	-0.3	0.4	1.0	1.5	2.0	2.5

表9 男生立定跳远单项评分表(单位:厘米)

等级	单项得分	初一	初二	初三	高一	高二	高三	大一大二	大三大四
优秀	100	225	240	250	260	265	270	273	275
	95	218	233	245	255	260	265	268	270
	90	211	226	240	250	255	260	263	265
良好	85	203	218	233	243	248	253	256	258
	80	195	210	225	235	240	245	248	250
及格	78	191	206	221	231	236	241	244	246
	76	187	202	217	227	232	237	240	242
	74	183	198	213	223	228	233	236	238
	72	179	194	209	219	224	229	232	234
	70	175	190	205	215	220	225	228	230

续表

等级	单项得分	初一	初二	初三	高一	高二	高三	大一 大二	大三 大四
及格	68	171	186	201	211	216	221	224	226
	66	167	182	197	207	212	217	220	222
	64	163	178	193	203	208	213	216	218
	62	159	174	189	199	204	209	212	214
	60	155	170	185	195	200	205	208	210
不及格	50	150	165	180	190	195	200	203	205
	40	145	160	175	185	190	195	198	200
	30	140	155	170	180	185	190	193	195
	20	135	150	165	175	180	185	188	190
	10	130	145	160	170	175	180	183	185

表 10　女生立定跳远单项评分表(单位:厘米)

等级	单项得分	初一	初二	初三	高一	高二	高三	大一 大二	大三 大四
优秀	100	196	200	202	204	205	206	207	208
	95	190	194	196	198	199	200	201	202
	90	184	188	190	192	193	194	195	196
良好	85	177	181	183	185	186	187	188	189
	80	170	174	176	178	179	180	181	182
及格	78	167	171	173	175	176	177	178	179
	76	164	168	170	172	173	174	175	176
	74	161	165	167	169	170	171	172	173
	72	158	162	164	166	167	168	169	170
	70	155	159	161	163	164	165	166	167
	68	152	156	158	160	161	162	163	164
	66	149	153	155	157	158	159	160	161
	64	146	150	152	154	155	156	157	158
	62	143	147	149	151	152	153	154	155
	60	140	144	146	148	149	150	151	152

续表

等级	单项得分	初一	初二	初三	高一	高二	高三	大一大二	大三大四
不及格	50	135	139	141	143	144	145	146	147
	40	130	134	136	138	139	140	141	142
	30	125	129	131	133	134	135	136	137
	20	120	124	126	128	129	130	131	132
	10	115	119	121	123	124	125	126	127

表 11 男生一分钟引体向上单项评分表(单位:次)

等级	单项得分	三年级	四年级	五年级	六年级	初一	初二	初三	高一	高二	高三	大一大二	大三大四
优秀	100	410	49	50	51	13	14	15	16	17	18	19	20
	95	45	46	47	48	12	13	14	15	16	17	18	19
	90	42	43	44	45	11	12	13	14	15	16	17	18
良好	85	39	40	41	42	10	11	12	13	14	15	16	17
	80	36	37	38	39	9	10	11	12	13	14	15	16
及格	78	34	35	36	37								
	76	32	33	34	35	8	9	10	11	12	13	14	15
	74	30	31	32	33								
	72	28	29	30	31	7	8	9	10	11	12	13	14
	70	26	27	28	29								
	68	24	25	26	27	6	7	8	9	10	11	12	13
	66	22	23	24	25								
	64	20	21	22	23	5	6	7	8	9	10	11	12
	62	18	19	20	21								
	60	16	17	18	19	4	5	6	7	8	9	10	11
不及格	50	14	15	16	17	3	4	5	6	7	8	9	10
	40	12	13	14	15	2	3	4	5	6	7	8	9
	30	10	11	12	13	1	2	3	4	5	6	7	8
	20	8	9	10	11		1	2	3	4	5	6	7
	10	6	7	8	9			1	2	3	4	5	6

注:小学三年级~六年级:一分钟仰卧起坐;初中、高中、大学:引体向上。

表 12　女生一分钟仰卧起坐单项评分表(单位:次)

等级	单项得分	三年级	四年级	五年级	六年级	初一	初二	初三	高一	高二	高三	大一大二	大三大四
优秀	100	46	47	48	49	50	51	52	53	54	55	56	57
	95	44	45	46	47	48	49	50	51	52	53	54	55
	90	42	43	44	45	46	47	48	49	50	51	52	53
良好	85	39	40	41	42	43	44	45	46	47	48	49	50
	80	36	37	38	39	40	41	42	43	44	45	46	47
及格	78	34	35	36	37	38	39	40	41	42	43	44	45
	76	32	33	34	35	36	37	38	39	40	41	42	43
	74	30	31	32	33	34	35	36	37	38	39	40	41
	72	28	29	30	31	32	33	34	35	36	37	38	39
	70	26	27	28	29	30	31	32	33	34	35	36	37
	68	24	25	26	27	28	29	30	31	32	33	34	35
	66	22	23	24	25	26	27	28	29	30	31	32	33
	64	20	21	22	23	24	25	26	27	28	29	30	31
	62	18	19	20	21	22	23	24	25	26	27	28	29
	60	16	17	18	19	20	21	22	23	24	25	26	27
不及格	50	14	15	16	17	18	19	20	21	22	23	24	25
	40	12	13	14	15	16	17	18	19	20	21	22	23
	30	10	11	12	13	14	15	16	17	18	19	20	21
	20	8	9	10	11	12	13	14	15	16	17	18	19
	10	6	7	8	9	10	11	12	13	14	15	16	17

表 13　男生耐力跑单项评分表(单位:分·秒)

等级	单项得分	五年级	六年级	初一	初二	初三	高一	高二	高三	大一大二	大三大四
优秀	100	1′36″	1′30″	3′55″	3′50″	3′40″	3′30″	3′25″	3′20″	3′17″	3′15″
	95	1′39″	1′33″	4′05″	3′55″	3′45″	3′35″	3′30″	3′25″	3′22″	3′20″
	90	1′42″	1′36″	4′15″	4′00″	3′50″	3′40″	3′35″	3′30″	3′27″	3′25″
良好	85	1′45″	1′39″	4′22″	4′07″	3′57″	3′47″	3′42″	3′37″	3′34″	3′32″
	80	1′48″	1′42″	4′30″	4′15″	4′05″	3′55″	3′50″	3′45″	3′42″	3′40″

续表

等级	单项得分	五年级	六年级	初一	初二	初三	高一	高二	高三	大一大二	大三大四
及格	78	1′51″	1′45″	4′35″	4′20″	4′10″	4′00″	3′55″	3′50″	3′47″	3′45″
	76	1′54″	1′48″	4′40″	4′25″	4′15″	4′05″	4′00″	3′55″	3′52″	3′50″
	74	1′57″	1′51″	4′45″	4′30″	4′20″	4′10″	4′05″	4′00″	3′57″	3′55″
	72	2′00″	1′54″	4′50″	4′35″	4′25″	4′15″	4′10″	4′05″	4′02″	4′00″
	70	2′03″	1′57″	4′55″	4′40″	4′30″	4′20″	4′15″	4′10″	4′07″	4′05″
	68	2′06″	2′00″	5′00″	4′45″	4′35″	4′25″	4′20″	4′15″	4′12″	4′10″
	66	2′09″	2′03″	5′05″	4′50″	4′40″	4′30″	4′25″	4′20″	4′17″	4′15″
	64	2′12″	2′06″	5′10″	4′55″	4′45″	4′35″	4′30″	4′25″	4′22″	4′20″
	62	2′15″	2′09″	5′15″	5′00″	4′50″	4′40″	4′35″	4′30″	4′27″	4′25″
	60	2′18″	2′12″	5′20″	5′05″	4′55″	4′45″	4′40″	4′35″	4′32″	4′30″
不及格	50	2′22″	2′16″	5′40″	5′25″	5′15″	5′05″	5′00″	4′55″	4′52″	4′50″
	40	2′26″	2′20″	6′00″	5′45″	5′35″	5′25″	5′20″	5′15″	5′12″	5′10″
	30	2′30″	2′24″	6′20″	6′05″	5′55″	5′45″	5′40″	5′35″	5′32″	5′30″
	20	2′34″	2′28″	6′40″	6′25″	6′15″	6′05″	6′00″	5′55″	5′52″	5′50″
	10	2′38″	2′32″	7′00″	6′45″	6′35″	6′25″	6′20″	6′15″	6′12″	6′10″

注:小学五年级~六年级:50 米×8 往返跑;初中、高中、大学:1 000 米跑。

表 14　女生耐力跑单项评分表(单位:分·秒)

等级	单项得分	五年级	六年级	初一	初二	初三	高一	高二	高三	大一大二	大三大四
优秀	100	1′41″	1′37″	3′35″	3′30″	3′25″	3′24″	3′22″	3′20″	3′18″	3′16″
	95	1′44″	1′40″	3′42″	3′37″	3′32″	3′30″	3′28″	3′26″	3′24″	3′22″
	90	1′47″	1′43″	3′49″	3′44″	3′39″	3′36″	3′34″	3′32″	3′30″	3′28″
良好	85	1′50″	1′46″	3′57″	3′52″	3′47″	3′43″	3′41″	3′39″	3′37″	3′35″
	80	1′53″	1′49″	4′05″	4′00″	3′55″	3′50″	3′48″	3′46″	3′44″	3′42″
及格	78	1′56″	1′52″	4′10″	4′05″	4′00″	3′55″	3′53″	3′51″	3′49″	3′47″
	76	1′59″	1′55″	4′15″	4′10″	4′05″	4′00″	3′58″	3′56″	3′54″	3′52″
	74	2′02″	1′58″	4′20″	4′15″	4′10″	4′05″	4′03″	4′01″	3′59″	3′57″
	72	2′05″	2′01″	4′25″	4′20″	4′15″	4′10″	4′08″	4′06″	4′04″	4′02″
	70	2′08″	2′04″	4′30″	4′25″	4′20″	4′15″	4′13″	4′11″	4′09″	4′07″

续表

等级	单项得分	五年级	六年级	初一	初二	初三	高一	高二	高三	大一 大二	大三 大四
及格	68	2′11″	2′07″	4′35″	4′30″	4′25″	4′20″	4′18″	4′16″	4′14″	4′12″
	66	2′14″	2′10″	4′40″	4′35″	4′30″	4′25″	4′23″	4′21″	4′19″	4′17″
	64	2′17″	2′13″	4′45″	4′40″	4′35″	4′30″	4′28″	4′26″	4′24″	4′22″
	62	2′20″	2′16″	4′50″	4′45″	4′40″	4′35″	4′33″	4′31″	4′29″	4′27″
	60	2′23″	2′19″	4′55″	4′50″	4′45″	4′40″	4′38″	4′36″	4′34″	4′32″
不及格	50	2′27″	2′23″	5′05″	5′00″	4′55″	4′50″	4′48″	4′46″	4′44″	4′42″
	40	2′31″	2′27″	5′15″	5′10″	5′05″	5′00″	4′58″	4′56″	4′54″	4′52″
	30	2′35″	2′31″	5′25″	5′20″	5′15″	5′10″	5′08″	5′06″	5′04″	5′02″
	20	2′39″	2′35″	5′35″	5′30″	5′25″	5′20″	5′18″	5′16″	5′14″	5′12″
	10	2′43″	2′39″	5′45″	5′40″	5′35″	5′30″	5′28″	5′26″	5′24″	5′22″

注：小学五年级～六年级：50 米×8 往返跑；初中、高中、大学：800 米跑。

参考文献

[1] 梁源. 大学体育与健康[M]. 北京:清华大学出版社,2014.
[2] 姚荣,陈功立. 高职高专体育教程[M]. 重庆:重庆大学出版社,2013.
[3] 孙雄华. 体育[M]. 北京:化学工业出版社,2010.
[4] 马骥. 大学体育与健康[M]. 武汉:武汉大学出版社,2017.
[5] 秦虎. 高职体育教程[M]. 5 版. 重庆:重庆大学出版社,2020.
[6] 井文华. 新编体育与健康[M]. 天津:天津科学技术出版社,2018.
[7] 胡红,夏思永. 大学体育理论教程[M]. 3 版. 重庆:重庆大学出版社,2011.
[8] 葛坚,等. 高职体育与健康[M]. 西安:西安交通大学出版社,2015.
[9] 袁建国. 大学体育与健康教育教程[M]. 西安:西安交通大学出版社,2014.
[10] 罗加冰,向超宗. 大学体育[M]. 重庆:重庆大学出版社,2013.
[11] 向超宗,邢峰. 大学体育选项课教程[M]. 重庆:重庆大学出版社,2015.
[12] 张晓威. 定向越野[M]. 北京:星球地图出版社,2013.
[13] 王翔,等. 定向运动[M]. 北京:高等教育出版社,2009.
[14] 田麦九. 运动训练学[M]. 北京:高等教育出版社,2006.
[15] 王翔,彭光辉,梁方勇,等. 定向运动[M]. 2 版. 高等教育出版社,2009.
[16] 何志林. 现代足球[M]. 北京:人民体育出版社,2000.
[17] 刘建国,范秦海. 田径[M]. 3 版. 北京:高等教育出版社,2014.
[18] 陈武山. 游泳运动教程[M]. 北京:人民体育出版社,2007.
[19] 张瑞林. 游泳[M]. 2 版. 北京:高等教育出版社,2010.
[20] 肖光来. 健美操[M]. 北京:人民体育出版社,2008.
[21] 姜桂萍. 舞蹈、体育舞蹈、艺术体操[M]. 桂林:广西师范大学出版社,2000.
[22] 黄宽柔. 形体健美与健美操[M]. 北京:高等教育出版社,1997.
[23] 黄宽柔,周建社. 健美操 团体操[M]. 桂林:广西师范大学出版社,2000.
[24] 张清澍,等. 体育舞蹈[M]. 北京:高等教育出版社,2012.

[25] 王锋. 体育舞蹈[M]. 北京:中国石油大学出版社,1996.
[26] 黄宽柔. 姜桂萍. 舞蹈与健美操[M]. 北京:高等教育出版社,2001.
[27] 刘东智. 健身教练[M]. 北京:高等教育出版社,2009.
[28] 陶志翔. 网球运动教程[M]. 北京:高等教育出版社,2003.